与最聪明的人共同进化

HERE COMES EVERYBODY

the CHEERS

U0583942

指数型组织实施手册

Exponential Transformation

Evolve your organization (and change the world)
with a 10-week ExO Sprint

[西] 弗朗西斯科·帕劳（Francisco Palao）
[加] 米歇尔·拉皮埃尔（Michelle Lapierre）　著
[加] 萨利姆·伊斯梅尔（Salim Ismail）

黄静 译

浙江人民出版社
ZHEJIANG PEOPLE'S PUBLISHING HOUSE

Salim Ismail
萨利姆·伊斯梅尔

享誉硅谷的创业家

萨利姆·伊斯梅尔1965年出生于印度，后移民加拿大。

1989年，萨利姆·伊斯梅尔毕业于加拿大滑铁卢大学，专业是理论物理和计算。毕业后，他去伦敦发展自己的事业，先后任CSC欧洲软件构架师和ITIM Associates公司商业顾问。

1999年，萨利姆·伊斯梅尔被纽约商业论坛聘为首席运营官。2002年，他与朋友联合创立了PubSub Concepts，并担任董事长兼首席执行官。

2006年，萨利姆·伊斯梅尔与朋友联合创建了会议社群网站Confabb.com。

2006年年底，萨利姆·伊斯梅尔来到硅谷寻找发展机会。2007年年初，他被雅虎聘为副总裁和新产品开发部Brickhouse的负责人。Brickhouse的目标就是建立一个团队，围绕新想法开展颠覆性工作。在萨利姆·伊斯梅尔的领导下，研究的产品和新发布的产品包括WildFire、Yahoo Pipes和Fire Eagle。2008年，在微软计划收购雅虎的风潮中，萨利姆·伊斯梅尔离开了雅虎，与他的朋友罗欣特·卡瑞（Rohit Khare）联合创建了社交网络公司Angstro，谷歌看上了这家公司并于2010年将其收购。

2003年，萨利姆·伊斯梅尔入选瑞恩媒体（Crain）"40位40岁以下商业人士"名单。丰富的阅历，让萨利姆·伊斯梅尔成为享誉硅谷的创业家。

奇点大学创始执行理事和全球大使

2008年9月，美国国家航空航天局邀请萨利姆·伊斯梅尔参加在艾姆斯研究中心（Ames Research Center）举行的奇点大学成立大会。10月，萨利姆·伊斯梅尔被聘为奇点大学创始执行理事。经过两年的努力，萨利姆·伊斯梅尔、彼得·戴曼迪斯和雷·库兹韦尔在美国国家航空航天局、谷歌、思科、Autodesk 和Genentech的支持下成功创办奇点大学，组建教职人员团队，精心设计课程，并亲任最初几个项目的负责人。2010年底，萨利姆·伊斯梅尔被任命为奇点大学"全球大使"。

2014年，萨利姆·伊斯梅尔与迈克尔·马隆、尤里·范吉斯特合作出版了《指数型组织》一书，这本书与已出版的《创业无畏》《富足》以及本书一起，构成了关于创新创业与人类未来的"指数型增长书系"。

《指数型组织》是美国亚马逊网站有史以来评分最高的商业书（4.8分，满分5分），并被全球企业增长咨询公司Frost & Sullivan评为2014年最佳商业书（Best Business Book of the Year 2014）。

影响巨大的演讲人

　　萨利姆·伊斯梅尔是一位广受欢迎的演讲人，在世界各地的众多会议上都做过专题演讲。他的演讲主题聚焦在前沿技术的未来以及技术对企业和社会的影响上。

● 他是奇点大学的核心演讲人，推进了奇点大学的众多项目。

● 他给美国国防部做过报告。

● 他出席在美国和欧洲举办的上百场会议，并做主题演讲。

● 他是《纽约时报》《连线》《福布斯》《财富》以及BBC的热点人物，经常在电视上露面，向各国政府首脑和跨国公司的高管就"技术与社会的未来"发表深刻见解。

● 作为奇点大学的全球大使，他经常代表奇点大学参加各种会议并发表演说。

● 他还是TED演讲人，他的TED演讲广受好评。

　　通过演讲，萨利姆·伊斯梅尔把奇点大学的宗旨和他对技术与社会发展的洞见传播给全世界，他是影响巨大的演讲人。

我们要感谢极具天赋的指数型组织实践者社群，感谢该社群成员们以指数级的步伐，孜孜不倦地致力于塑造一个属于全球的光明未来！

——弗朗西斯科·帕劳、米歇尔·拉皮埃尔、萨利姆·伊斯梅尔

前言　这是最好的时代

历史上任何一段时期的变革都从未如今日的这般迅猛激烈。随着以人工智能、3D打印、合成生物学和纳米技术为代表的指数型技术的迅速发展，我们正在实现能源、食品、医疗保健和教育等领域的去物质化、去货币化及大众化。希望在不久的将来，我们能将每一项技术以接近零的成本惠及世界每个角落的每个人。这个概念被称为"富足"，这一概念对社会的最终影响不可估量。

虽然，这些变革发生得太过迅速，让人难以看清，但我们能看到，它们带来的影响正加速传统企业的衰败，取而代之的则是创新灵活的新兴一代。俗话说得好，"时不我待"，技术正在使变革的速度加快。为了适应这种变化，我们需要制定新的规则，这已经是为商界认可的趋势。

技术是一种力量，它能让曾经稀缺的资源变得富足。面对由新兴技术释放而出的富足，你能如何加以应用？当稀缺的资源变得富足时，你又将如何应对由此带来的行业常规范式的颠覆？

一种新型的企业已经出现，它们清楚地知道如何应对这种颠覆，那就是指数型组织（Exponential Organization，简称ExO）。这种组织因其增长速度是现有企业的10倍而得名，指数型组织不仅是为能在这个技术爆炸的时代存活而建立的，它们正是因为这个技术爆炸的时代而得以蓬勃发展。指数型组织之所以成功，是因为它们能利用并管理好被传统公司看作混乱的东西。

我经常谈到我的6D框架，它就像是一个镜头，通过它，我能够把所有的技术变革同机遇相连。《指数型组织实施手册》这本书则像一本路线导览图，告诉你把握机遇的正确时机，并将指导你带领组织进行全公司范围内的变革。而这场变革，更是关系到组织的荣辱存亡。

如果你已经做好准备，踏上创建一个崭新的指数型组织的道路，或者你有想法将现有的组织转型升级为指数型组织，我建议你学习本书给出的专业建议，跟随指令一步步操作。因为，本书中所提供的策略和战术都经过实际项目的有效性验证。通过为期10周的高强度指数型组织冲刺计划（ExO Sprint），你的组织将成功地实现指数化转型。这条转型之路上并非只有你孤身一人。相反，全球范围内的众多知名品牌已经踏上了转型之路：Visa、史丹利百得（Stanley Black & Decker）和宝洁为了创建新的子公司，或是对现有的业务线进行重大变革，已经执行了指数型组织冲刺计划。

改造一个现有的组织或创建一个新的指数型组织，需要知晓两点：（1）转型必备的要素；（2）将这些要素成功组合的方法。本书所描述的指数型组织具备的属性是你所需的转型要素，指数型组织冲刺计划则是你需要的方法。师傅领进门，修行靠个人，你可以用这本书创造什么成就完全取决于你自己！

本书的作者都是出色的实干家，几十年来，他们一直致力于同公司合作，帮助企业组织实现积极有效的转型。他们制定的策略和战术在建设创新实验室和世界一流加速项目的过程中不断完善。

弗朗西斯科和萨利姆共同创建了指数型组织工作室，以测试改进指数型组织冲刺计划的有效性。米歇尔作为指数型组织工作室的首席运营官，在转型的实战中，与早期的转型组织一同摸索冲刺计划过程中卓有成效的方法，同时，她也对其中还须改进的部分进行了深入的思考。

等待"合适的时机或公开募股机会"的想法并不可行。因为现如今，人们往往意识不到威胁的存在，而发觉危机临近时，往往为时已晚。在指数化时代，成为尽早行动、多做尝试、数据驱动，并且能够针对客户的反馈快速迭代的组织，已经成了新的成功机制。

在撰写本书的过程中，弗朗西斯科、米歇尔和萨利姆已经将指数型组织冲刺计划的方法论公开，让所有有志实施彻底的组织变革以释放巨大组织潜力的人能从中受益。这是在信仰驱动下的超凡行为，因为笔者相信，如果你不能造福社会，即便拥有最好的技术也无济于事。

现在是最好的时代，我们拥有最好的机会。在未来的10年里，我们能够创造比20世纪更多的财富。我们要对曾经有效运作的体制和程序进行全面改革。如果你下定决心，要带领组织进行积极的变革，企业的未来将比现在更加辉煌。

彼得·戴曼迪斯
X大奖创始人、首席执行官
奇点大学执行主席
《富足》《创业无畏》[1]作者

①《富足》《创业无畏》中文简体字版已由湛庐文化策划、浙江人民出版社出版。——编者注

目录

前言　这是最好的时代　　　　　　　　　Ⅵ

引言　开启指数化转型升级　　　　　001

第四次工业革命　　　　　　　　004

向富足转变　　　　　　　　　　006

何为指数型组织　　　　　　　　008

随转型而来的挑战　　　　　　　010

指数型组织冲刺计划　　　　　　012

谁最应该阅读这本书　　　　　　014

本书的使用方法　　　　　　　　016

01　指数型组织模型　　　　　　　019

宏大变革目标　　　　　　　　　022

指数型组织的5大外部属性（SCALE）　034

随需随聘的员工　　　　　　036

社群与大众　　　　　　　　038

算法　　　　　　　　　　　040

杠杆资产　　　　　　　　　042

参与　　　　　　　　　　　044

指数型组织的5大内部属性（IDEAS）　046

用户界面　　　　　　　　　048

仪表盘　　　　　　　　　　050

实验　　　　　　　　　　　052

自治　　　　　　　　　　　054

社交技术　　　　　　　　　056

指数型组织画布　　　　　　　　058

扫码下载"湛庐阅读"App，
搜索"指数型组织"，
获取作者演讲
和更多精彩内容。

02 指数型组织冲刺计划   065

指数型组织冲刺计划   066

转型的挑战   068

指数型组织冲刺计划方法说明   072

指数型组织冲刺计划的结构   076

指数型组织方案（核心VS.边缘）   078

指数型组织冲刺计划中的各个角色   082

组建你自己的指数型组织冲刺计划团队   084

支持指数型组织冲刺计划的IT工具   086

准备阶段   088

筹划   091

明确范围   092

选择成员   094

设置一个日程安排表   096

创设空间   098

接受指导原则   100

准备工作自查表   102

觉醒   105

觉醒   106

练习：线性思维VS.指数型思维   108

同步   111

同步   112

练习一：指数型组织核心v/边缘方案的构思   114

练习二：指数型组织画布设计   116

练习三：商业模式画布的设计   118

练习四：蓝海战略画布设计   120

练习五：实验的设计与开展   122

执行阶段   124

执行边缘流程   129

第1周：探索   132

第2周：概念的形成   142

第3周：分享   150

第4周：遴选   158

第5周：颠覆   172

第6周：产品原型   182

第7周：测试   194

第8周：改进   200

第9周：组合   208

第10周：呈现与批准   220

执行核心流程   231

第1周：探索   234

第2周：概念的形成   246

第3周：分享   254

第4周：遴选   262

第5周：颠覆   274

第6周：产品原型   284

第7周：测试   298

第8周：改进   306

第9周：组合   314

第10周：呈现与批准   326

后续跟进阶段   336

你的指数型组织冲刺计划成果   339

指数型组织边缘方案的实施   340

指数型组织核心方案的实施   341

完成指数化转型   342

03 指数型组织模型成功案例研究   345

INTERprotección   346

迪拜水电局   348

史丹利百得   350

惠普宽幅印刷   352

Grupo Cuerva   354

附录   357

指数型组织研讨会   358

针对冲刺计划中不同角色的温馨提示   362

推荐阅读   367

引言
开启指数化转型升级

欢迎来到人类历史上最具变革性的时代！今天，我们生活在一个技术呈指数级喷发、极限不断被突破的世界，所有这些都为我们提供了无限的机会。然而，想要抓住这些机会，需要组织变革。如果不能适应指数级变革所带来的技术更迭，任何企业都将无法生存，更别说繁荣。

本书正是指导你的组织实现转型的引路石。

摩尔定律预言计算机的处理能力平均每两年就会提升一倍，因此，任何由信息技术驱动的事物，其性能也会每两年提升一倍。任何数字化的事物都将保持与计算机处理能力相同的速度增长，也就是成指数级增长。

指数型技术的融合与发展引发了第四次工业革命，这为每个行业带去了富足。与此同时，这些革新也以不同的方式给行业带来颠覆。传统的商业模式在以稀缺为基础的环境中能够有效运转，但该模式却并不适用于即将实现富足的世界。

经过了数千小时的指数型组织原则实践，本书才得以展现在你面前。萨利姆·伊斯梅尔等人所著的《指数型组织》①是第一本论述指数型组织原则的书籍，书中解释了为什么向指数型组织转型的时机已经成熟，还详细解释了指数型组织为什么有效。根据实践，我们建立了一套标准化流程，让所有类型的企业都可以运用其中的原则，在这个崭新的世界里获得成功。

历时10周的指数型组织冲刺计划经过测试被证实有效，它能够让任何组织克服变革的内部阻力，实现指数化转型，以应对行业因新的技术变革带来的挑战。本书将对冲刺计划所需的每一步骤进行概述，最终助你实现指数型升级，也就是实现公司范围内思维方式、行为习惯和企业文化的转变。

不论你是企业家还是创业者，管理的企业或大或小，就算你仅仅是个变革拥护者，这本书都将帮助你完成一个与自身目标相匹配的指数化转型冲刺。在这段旅程中，你将对周边世界产生全新的理解。本书将为你提供变革所需的流程指南、相关工具以及技术，帮助你的组织跟上转型的步伐。你还会发现，你和那些应你招募而来的伙伴将实现个人及职业的转变。实际上，组织的变革主要就是个人的变革。这就是组织变革的奥义所在。

指数型组织地冲刺计划中实现的转型将为你带来指数级的影响，从而加速你的业务发展，带动世界变得更加美好。

欢迎开启属于你自己的指数化转型升级之旅。让我们开始这段旅程吧！

①《指数型组织》中文简体字版已由湛庐文化策划、浙江人民出版社出版。
——编者注

第四次工业革命

我们所创造的技术，包括机器，都是人性的一部分。人类创造它们为的是拓展自身能力，这也是我们作为人类的独特之处。

——雷·库兹韦尔（**Ray Kurzweil**），谷歌技术总监，奇点大学创始人、校长

现在，我们正处于第四次工业革命的初期。这次革命带来的远不止数字化的变革，更是科技能力、智能和联通性的融合。它所带来的新技术融合，模糊了物理、数字和生物之间的界限。

第四次工业革命造成的结果是：全世界工业的大规模改革。

从前的几次工业革命都给社会带来了极大的影响，其间产生的创新都以某种方式影响着人们日常生活的方方面面。然而，正如世界经济论坛的创始人兼执行主席克劳斯·施瓦布（Klaus Schwab）在其著作《第四次工业革命》（*The Fourth Industrial Revolution*）中所描述的一样，这一次工业革命有着史无前例的规模、影响范围和复杂性。

新兴技术指数级的发展速度带来了人类历史上前所未有的变革速度及规模。这在一定程度上是因为其中的许多技术发明同时产生，而且又相互依存，建立在彼此的基础之上。在每个行业里，加速发展的技术相互交叉，极大地改变着人们的生活、工作和互动方式。

这些改变自然也会影响我们创建和管理公司的方式，不仅仅是让我们把已经做到的事情做得更好、更快或是降低成本，这些技术本身更是让我们有能力去发展与过去完全不同的业务。

工业1.0
水和蒸汽的使用让机械化成为可能。

工业2.0
电力的应用让大规模生产成为现实。

工业3.0
计算机和互联网的出现让人类踏入自动化的世界。

向富足转变

富足不是我们要费力获得的事物，它是世界的趋势，需要我们调整自身去适应。

——韦恩·戴尔（Wayne Dyer），心理学家、畅销书作家

传统的商业模式建立在稀缺的基础之上，通过销售有限供应的产品或服务获得价值。然而，指数级发展的技术能够实现所有物质的富足。

奇点大学的联合创始人兼执行主席彼得·戴曼迪斯用他所说的6D模型来描述技术进步带来的连锁反应，这种反应在带来剧变的同时，也带来机遇。

一旦某样东西能被数字化，就会有更多的人能接触到它。如果先进的技术对于每个人都触手可及，那么个人和企业便有机会创造下一个技术上的重大突破。

随着问题空间向以富足为基础的新经济模式转移，整个行业都受到了影响。当产品或服务通过数字手段变得可用，并能摆脱物理限制时，它们的生产和分销便可以实现规模化，以边际成本为零的方式达到富足。

柯达的破产便经常作为证实数字化所带来的破坏的最好例证被引用。照片从实物格式向数字格式转变，导致了柯达"大厦"的倾覆。但我们必须思考，这种转变对现有商业模式有何实际影响。摄影行业原本处于一种基于稀缺的模式中，每卷胶卷只有12、24或36次曝光，而胶卷与发行的成本密切相关。该行业之后转变为一种基于富足的模式，在这种模式下，每个人都可以用接近零的成本获得无限数量的照片。所以，问题空间便从需要拍摄多少张照片转变为如何共享照片，成本不再是我们需要考虑的问题。这样从稀缺到富足的转变，使仅有13名员工的Instagram大获成功。就在柯达关门之际，Instagram被Facebook以10亿美元收购。

除了摄影行业，再想想音乐、电影、住宿和交通，多少陈旧的商业模式已经遭到技术的彻底颠覆。再看看正发生在医疗、保险、制造、银行和能源行业的变化。最终，没有哪个行业能够置身事外。同样，对我们而言，最重要的是要认识到大部分的颠覆并非来自行业本身，而是来自行业之外。这意味着，那些对变革的必然性和变革速度毫无准备的人将被打得措手不及。

目前，所有行业面临的最大挑战，是找到能够适应这种新环境的、卓有成效的新型商业模式。企业必须在资产、用户或是机遇从基于稀缺的模型（受你拥有的数量的限制）向基于富足的模型（如何管理无限的供应）转变时能够灵活调整，适应这种变化，并对这种变化做出恰当的预期。

大多数指数型组织已经在构建基于富足的商业模式。例如，Waze利用人们手机上的GPS提供的富足信息，爱彼迎（Airbnb）利用全世界富足的空余房间，99designs利用市场上富足的设计师。

当新企业推出旨在"吃掉所有人的午餐"的商业模式时，传统的商业模式仍专注于销售稀缺的产品或服务。事实上，大多数管理思想和组织动态仍然服务于一个线性的、可预测的时代。

我们需要通过实验来发现一个全新的商业模式，来利用富足和基于服务的思维。富足的现实让人们产生了对新工具和新实践方法的需求，以管理这种富足。这些新工具和实践方法正是指数型组织所掌握的。

数字化（Digitized）

任何能被数字化的东西，也就是能用1和0来表示的东西，都可以被计算机访问、共享和散播。这些东西呈现出与计算机运算能力相同的的指数级增长。

欺骗性（Deceptive）

指数化的趋势在早期并不易被发现。在进行整体衡量之前，经济的增长会较为缓慢，这种缓慢的增速极具欺骗性。

颠覆性（Disruptive）

数字技术在效率和成本方面都优于以往的非数字化模型，颠覆了产品及服务的现有市场。

去货币化（Demonetized）

随着科技的日益平价，有时甚至到了免费的程度，金钱也慢慢被排除在我们的考虑之外。

去物质化（Dematerialized）

随着如收音机、相机、GPS导航系统、录拍设备、电话、地图等体积庞大或价格昂贵的一次性实体产品被整合到智能手机中，人们对这些产品的需求也逐渐消失。

大众化（Democratized）

一旦某样东西被数字化，就有更多的人可以使用它。每个人都可以接触到先进技术，这让个人和企业都有机会创造下一个重大突破。

何为指数型组织

为在20世纪取得成功而设计的公司，在21世纪注定要失败。

——戴维·罗斯（David Rose）

一种新的商业模式已经出现，事实证明它能够释放新兴技术所提供的富足，并且能够适应迅速变化的商业环境。这些公司之所以被称为指数型组织，是因为它们的增长速度是传统组织模式的10倍以上。

萨利姆·伊斯梅尔等人所著的畅销书《指数型组织》在全球掀起了一场组织指数化的运动。在这本书中，他对该类型组织的定义是：

指数型组织是指运用了高速发展的技术，并在新型组织方法的帮助下，其影响力或产出较同行相比，呈现出不成比例的大幅增长的组织。

在历时数年的研究之后，伊斯梅尔精练出指数型组织的11个属性，构成现在的指数型组织模型。该模型的结构能够帮助你识别指数型组织，并适应指数型组织的时代，最终帮助你在这个指数化的时代中大放异彩。

指数型组织到底是什么模样？典型的例子包括亚马逊、谷歌、爱彼迎、优步、Facebook以及Skype。指数型组织正在掀起行业的变革，其范围涉及制造业、零售业，服务业，甚至慈善事业也不例外。

指数型组织模型能够让组织适应第四次工业革命带来的变化，因为它构建的目的就是利用高速发展的技术。指数型技术让实现富足成为可能，并且指数型组织本身就是为利用富足而生的。

指数型组织模型建立在一系列具有标志性的创新工具和框架之上。

- W. 钱·金（W. Chan Kim）和勒妮·莫博涅（Renée Mauborgne）在他们合著的《蓝海战略》（*Blue Ocean Strategy*）中，专注于产品创新以及创造无竞争市场。
- 史蒂夫·布兰克（Steve Blank）在《创业者手册》（*The Startup Owner's Manual*）中介绍了客户开发的具体流程，并提倡"跳出自己所在的一方天地"，实现高效学习。
- 埃里克·莱斯（Eric Ries）在其著作《精益创业》（*The Lean Startup*）一书中，介绍了自己如何通过短平快的实验方式，掀起了一场影响广泛的持续创新运动。
- 亚历山大·奥斯特瓦德（Alexander Osterwalder）和伊夫·皮尼厄（Yves Pigneur）的《商业模式新生代》（*Business Model Generation*）提供了定义及塑造商业模式的共享语言及流程。

指数型组织模型（ExO Model）并不是为创新而创设的新概念。它创设的目的是为今天世界上已经在发生的，甚至是已经发展得风生水起的事情提供有效的框架，它是应对第四次工业革命的正确方法，该模型建立在以往经验精华的基础之上，且补充了相应的内容，用来处理指数级发展的技术及其6D内涵。指数型组织框架是本书的基础，也是本书应对这个指数化时代所提出的解决方法。

今天，我们所在组织的方方面面都在经历着指数级的变化，其变化的深度和广度都远超过去数年的数字变革。面对变革的浪潮，我们的应对之策只能是利用变革本身的力量。要做到这一点，必须将现有的线性组织向指数型组织升级。

想要变革，你要从哪里开始？这便是本书的目的所在：为组织转型提供一系列的任务、方向、支持和指导，以达成最终的指数化变革成果。

《指数型组织》

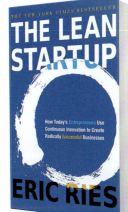

《精益创业》

产业转型

《蓝海战略》

商业模式
创新

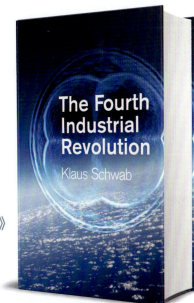

《第四次工业革命》

产品创新

随转型而来的挑战

旁人说我已经落伍，总是活在过去。但有时，我觉得是世界变化太快了。

——苏斯博士（Dr. Seuss），儿童文学家

本书提供的信息能为你的组织开辟新的道路，触及新技术所提供的巨大力量，但这条转型升级之路并非康庄大道。我们要拓展边界，速度还要很快，这种比以往更快的推进速度肯定会让人不安。不过，请放心，最具突破性的创新极有可能在最令人不安的领域率先出现。

在指数化转型的道路上，你将面临的最大挑战之一就是你所在组织自身的免疫系统。几乎可以肯定的是，它会利用所有的防御手段，阻止你的进步，并抵制任何转型的尝试。每个组织都有自己的免疫系统，其主要目标便是维持组织的现状。你甚至可能会发现，自己也是免疫系统的组成部分！

除了企业自身的免疫反应之外，组织在尝试转型时还会面临其他挑战：

- 如何找到合适的商业模式，才能与以富足而非以稀缺为基础的经济相接。
- 如何将组织内部基于效率的思维方式向注重创新的思维方式转变。
- 如何在组织内部发展并保持创新的能力。
- 如何从组织外部获取知识。
- 如何克服组织内部缺乏速度和参与度的问题。

指数型组织冲刺计划能破解以上难题，并且能够压制公司的免疫系统，为企业突破难点、成功转型留出足够的时间。

指数型组织冲刺计划

本书将指导你开展指数型组织冲刺计划。它将解释在冲刺的过程中，如何使用特定的工具，例如商业模式画布以及我们自己的指数型组织画布。本书还对你所在的组织在转型开始之后将经历的变化进行了详细说明，包括组织人员、高级流程及技术应用的变化，这些变化将逐渐辐射整个组织。

高速的变化会出现在你的组织当中，因为参与指数型组织冲刺计划的人员也会产生相应的改变。正是他们的改变，为你所渴求的组织变革撒下燎原的火星。

根据公司规模的不同，转型可能会一个部门接着一个部门，在整个组织内部接连发生。又或许，转型就像特斯拉创建伊始时一般，在某个大仓库不起眼角落的小帐篷里生根发芽。

在接下来的章节中，你将了解指数型组织冲刺计划的构建及执行方法。同时，你也将知晓冲刺计划启动之前需要的准备工作。除此之外，你还将学到如何选择最优秀的员工执行这项冲刺计划，以获得最大的转型成功率。

指数型组织冲刺计划已经成功地在世界各地的大、中、小型组织中得到运用，这些工具在宝洁、史丹利百得、惠普和Visa等不同行业的佼佼者之间得到了检验。你可以在本书结尾的案例研究部分找到相关案例。

我们开展过的指数型组织冲刺计划项目已经证明该模型有效。超过200多名创新咨询人员参与了这些项目的交付。他们给出的反馈以及在此过程中提出的优化方案最终形成了本书呈现的最终版本。

指数型组织冲刺计划主要囊括两条活动流程。第一条是边缘流程，它关注现有组织及业务线之外的开发计划。第二条是核心流程，强调开发处于当前组织内部的实施计划。我们稍后将讨论其中区别的重要性，以及每种流程的价值所在。选择使用哪种流程，或是同时使用两种流程，取决于你的目标以及你所在公司的具体需求。

指数型组织冲刺计划提供了一种"干"中学的方法，它能帮助你找到合适的商业模式，从而与富足相连。该方法也能帮助你解决组织在尝试转型过程中遇到的挑战，并将创新能力整合进你的团队之中。冲刺计划将会产生可操作的指数型组织项目，一旦这些项目获得成功，项目将自动向指数型组织转化，转化的成果甚至可能不止一个。

谁最应该阅读这本书

永远不要怀疑这一小群肯思考、有决心的公民能够改变世界，事实上，他们一直是推动历史变革的中坚力量。

——玛格丽特·米德（Margaret Mead），人类学家

不论目前你所在的组织是行业大佬还是无名小卒，在面对不知来源的行业动荡时，若想要取得一番成就，就必须进行组织转型。行业的新玩家更该从一开始就培养组织的灵活性。本书及书中给予你指导的流程，均适用于所有类型的组织，不论你的组织是大是小。

不论你的身份是企业家还是创业者，是大企业或小企业的领导者，就算你只是变革的倡导者，指数型组织的内部原则依然相似。

你是一名企业家或创业团队的成员，怀着创立新型指数型组织以颠覆所在行业的宏大愿景吗？如果答案是肯定的，那么你很幸运，因为你处在一个能够从零开始的位置。这样的话，请你使用边缘流程转型。

你是一个现有组织的领导者，希望自己的企业能够不断适应外部动荡以实现企业的稳健运营吗？如果答案是肯定的，你应该使用核心流程转型，对现有的业务投入更多关注。

你是一个现有组织的领导者，想要改变的不仅仅是你自己的企业，甚至还想改变你所处的行业吗？甚至，你想开拓一片新的天地？如果这些是你的愿景，请你使用边缘流程和核心流程相结合的方案来实现你的目标。

为了确保你没有误入歧途，在开始指数型组织冲刺计划之前，问问自己以下几个问题：

在尝试任何对现有组织程序的颠覆时，我们的组织是否会遭受来自组织免疫系统的不良反应？

我们希望引领行业的颠覆，或者至少在行业出现颠覆之时保持领先吗？

我们希望企业的业务增长10倍吗？

我们是否希望所在组织的新陈代谢能够加速，对外部世界的变化能够做出更加灵活的反应？

我们是否已经做好尝试新方法的准备？

我们是否已经做好准备，接受低成本的失败，吸取教训，利用其带来的洞见，实现更快、更深远的发展？

我们希望在这个世界实现积极的改变吗？

如果你对上述任何一个问题的答案是肯定的，那么恭喜你，你已经踏上了转型升级之旅。本书接下来的内容将对转型的模型组件进行概述，并一步步向你展示如何应用这些组件指导指数化转型旅程。

本书的使用方法

伟大的梦想不应仅是愿景，更应是同战略相连的、能够实现的愿景。

——阿斯特罗·特勒（Astro Teller），企业家、科学家、智能技术专家

如果你对本书前面涉及的内容十分陌生，请你多花一些时间详细了解。深刻理解行业颠覆的缘由及具体过程将为你的业务转型奠定坚实的基础。为了让你开始行动，我们提供了一个资源列表，能够帮你夯实基础（详见本书末尾的推荐阅读部分）。

也许你非常清楚转型或开拓业务的必要性，想通过转型分享高速发展的技术所带来的帮助，但对于如何应对相应的挑战，你并不了解。在这种情况下，你下一步就要清楚地了解新指数型组织的构建模块。请仔细阅读本书下一章节对指数型组织11个属性的详尽介绍，以及帮助你落实这些属性的商业模式画布。

如果你已经做好开始工作的准备，也就是已经清楚转型业务的必要性，并了解了指数型组织模型的组件，请直接阅读本书的指数型组织冲刺计划部分。

一旦你完成了属于自己的第一个指数型组织冲刺计划，你必将在自己的组织中积累无价的知识基础。经验丰富的冲刺计划团队成员会把指数型思维和技术发散到他们的日常工作之中。除此之外，他们还可以利用本书独立完成其他冲刺项目。

当你执行指数型组织冲刺计划之时，把《指数型组织实施手册》这本书当作你的教练、同伴和向导。每个章节，包括核心流程和边缘流程的任务，都是作为独立章节进行编写的。如果你有需要，可以直接用来参考。

你是否已经做好准备，开始一场非同寻常、激动人心且收获颇丰的旅程了呢？

一切准备就绪，现在就开始指数化转型之旅吧！

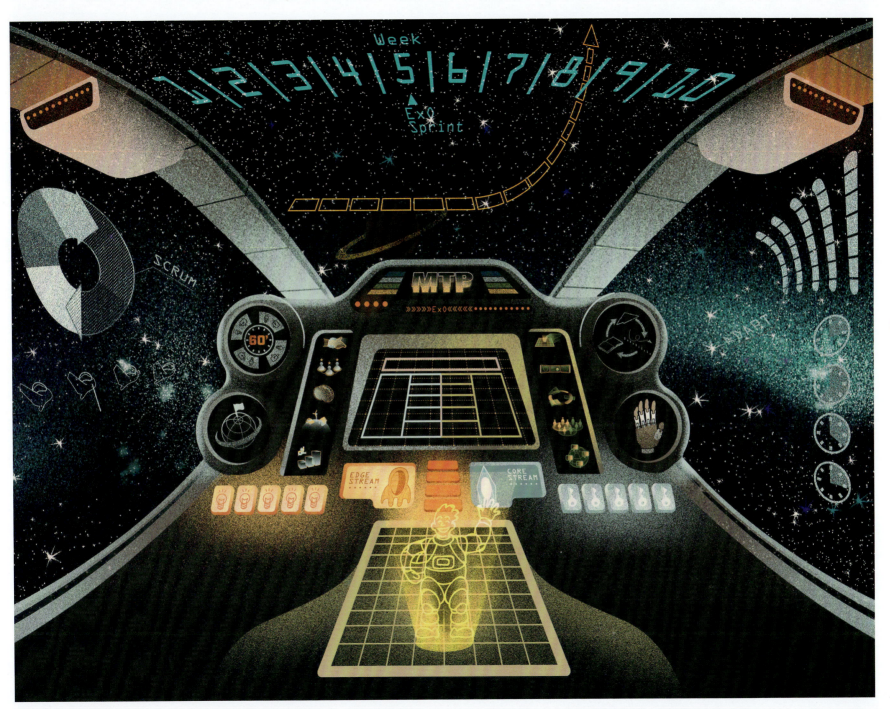

01
指数型组织模型

深刻理解指数型组织模型是成为指数型组织的第一步。你是否已经做好准备，利用高速发展的技术，跨入那些具有超同行10倍影响力的组织行列？本章将对指数型组织模型的每个组件进行详细介绍，为冲刺计划做好充足的准备。

指数型组织模型由11个组件组成，或者叫作11个属性。这些属性是指数型组织的建构模块，有了它们，你便能够创建影响力触及全球的指数型组织。它们利用现有的和新兴的技术，帮助组织连接并管理以可用资源、潜在客户或是有用信息形式存在的富足。简而言之，这些模块是让你从所在行业领导者中突出重围的关键。

一个包罗万象的宏大变革目标（Massive Transformative Purpose，简称MTP）定义了组织不断奋进的方向。

5个侧重于组织外部的指数型组织属性帮助组织与全球范围内的富足相连：

- 随需随聘的员工；　● 社群与大众；
- 算法；　　　　　　● 杠杆资产；
- 参与。

随需随聘的员工
STAFF ON DEMAND

社群与大众
COMMUNITY & CROWD

算法
ALGORITHMS

杠杆资产
LEVERAGED ASSETS

参与
ENGAGEMENT

5个侧重组织内部的指数型组织属性能够让企业对富足进行卓有成效的管理,实现企业文化的驱动,最终帮助企业实现指数级的增长:

- **用户界面**; 　　**仪表盘**;
- **实验**; 　　　　**自治**;
- **社交技术**。

以上每个属性均为组织提供了机会,让组织从管理稀缺资源的传统思维向管理富足及其带来的大量机遇的指数型思维转变。

这一部分末尾介绍的指数型组织画布是个简便的工具,能够助你设计符合自身需求的指数型组织。

在你阅读指数型组织的属性时,如果遇到任何不甚熟悉的术语,请积极地上网查询。因为,检索特定术语及主题能够帮助你了解该词汇的各种现实用法。

花点时间研究指数型组织的属性目前以何种形式在当今世界得到应用。对实际应用案例进行探索有助于将枯燥的概念变得生动,从而激发你思维的火花。

用户界面
INTERFACES

仪表盘
DASHBOARDS

实验
EXPERIMENTATION

自治
AUTONOMY

社交技术
SOCIAL TECHNOLOGIES

宏大变革目标

新一代的组织专注的不再仅仅是为追求利润而提供产品或服务，更是怀抱为世界带来积极影响的根本目标。事实上，如今最大的商业机遇就隐藏在解决世界级挑战的过程之中。

宏大变革目标直接反映出一个组织的抱负，它是组织之所以存在的最重要原因。它描述了该组织想要掀起的世界级变革，同时也对该目标短期内无法实现有着清醒的认识。宏大变革目标能够激励行动、传递激情、锻造出某种情感联系，驱动你我向有意义的改变积极前进。

宏大变革目标是一种"走得更高"的方法，它超越了传统的愿景陈述。传统的愿景陈述会具体到某个组织或某个任务，详述一个组织期望如何实现目标。与此相反，宏大变革目标明确地表述了组织不遗余力所要达成的目标。

对组织而言，宏大变革目标是耀眼夺目但遥不可及的北极星，能在组织做关键抉择时指引方向。随着组织自治水平的不断提高，工作队伍日渐分散，宏大变革目标为组织行动的集中提供了行之有效的参考框架。因为宏大变革目标并未对目标的实现方法做出说明，因此，它允许组织根据现实的变化修改具体的执行方法，甚至核心方法也可以改变。

值得我们注意的是，宏大变革目标也是许多指数型组织属性的构建基础。任何组织想要实现指数化转型，都必须从定义自身的宏大变革目标开始。组织自身的宏大变革目标一旦确立，便能让组织上下行动一致，确定一个为大家认可的共同方向，从而吸引你需要的人员，实现你的伟大目标。

指数级发展的技术让富足成为可能，而指数型组织的建立则是为了与富足相连。如今，每个行业关注的焦点都是如何从以稀缺为基础的商业模式向以富足为基础的商业模式转变，该转变为指数型组织的蓬勃兴起奠定基础。构建符合自身的宏大变革目标为你提供了一个机会，去思考如何将自己的组织与特定领域的富足相连，不论是资源的富足还是获得富足影响力的机会。

例如，谷歌的宏大变革目标是"管理全世界的信息"，这与管理日益富足的信息相关。"以所有人的健康为名"（Health For Everyone）既是公司名称，也是它的宏大变革目标，这一目标也与富足相连。在某种意义上，这个宏大变革目标是一个大胆的宣言，希望以一种富足的方式解决存在的问题。

MTP

如果你所在公司的愿景不能伟大到让你望而却步，那只能说明这个愿景太过小家子气。

——理查德·布兰森（Richard Branson），维珍集团创始人

宏大变革目标是……

坚定的意志
你想完成怎样的使命？

对世界的描述
宏大变革目标一旦实现，世界将会变成什么模样？

简明扼要
宏大变革目标是否简短、明了？是否直白到不需要任何解释？

宏大
目标是否着眼于全球？是否有着眼全球的可能性？

雄心壮志
宏大变革目标是否大胆又宏伟？它是否看起来遥不可及，甚至有些不可能实现？

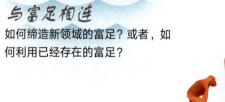

与富足相连
如何缔造新领域的富足？或者，如何利用已经存在的富足？

变革
如果我们的宏大变革目标得以实现，世界将以何种方式变得更好？

振奋人心
如果你和一个陌生人分享你的宏大变革目标，是否会激励他，甚至吸引他的参与？

充满激情
宏大变革目标中传达出你的激情了吗？

积极向上
如何实现各方的共赢？

宏大变革目标自检清单

是否简单易懂？ ☐

是否足够大胆、掷地有声且极具挑战性？ ☐

是否能够反映出某个重要且有意义的目的？ ☐

是否能够使世界向更好的方向革新？ ☐

是否独一无二？ ☐

是否定义了组织之所以存在的原因？ ☐

是否能反映企业领导层的热情？ ☐

在整个组织中是否针对该目标进行过良好的
沟通，以达成组织上下的一致理解？ ☐

是否能够吸引大众组成社群，并给予组织团结
周围人的力量？ ☐

该目标是否不大可能完全实现，但现实的需求
非常迫切，推动着我们跃跃欲试？ ☐

一个快速自测

根据字面意义对某个宏大变革目标进行检验：

该目标是否足够宏大？ ☐

是否具有足够的变革性？ ☐

是不是真正的目标？ ☐

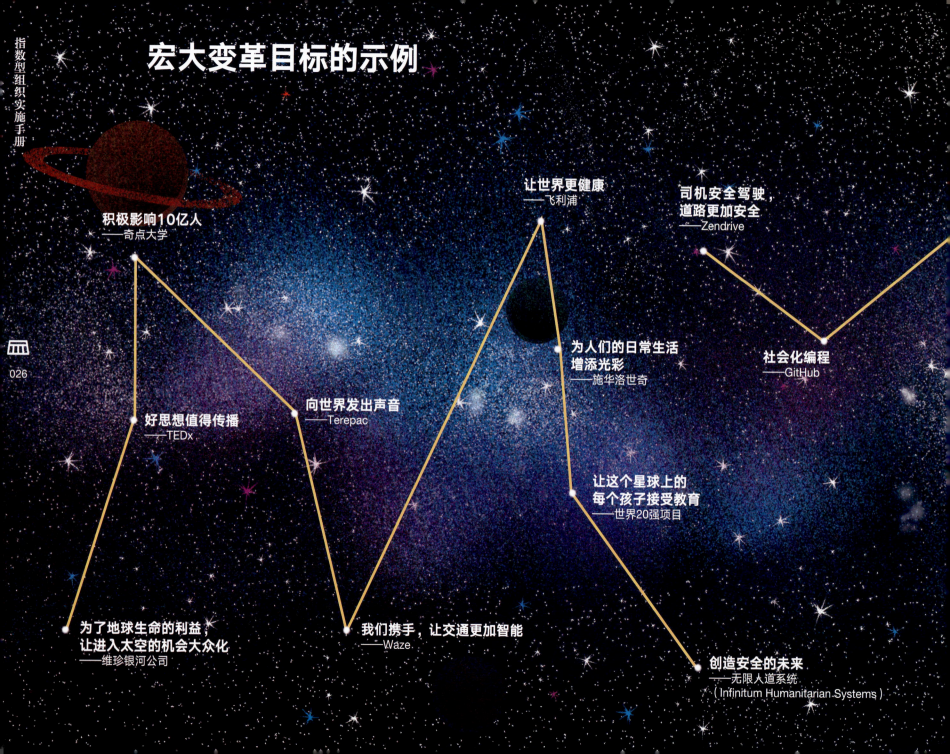

宏大变革目标的示例

积极影响10亿人
——奇点大学

让世界更健康
——飞利浦

司机安全驾驶，
道路更加安全
——Zendrive

为人们的日常生活
增添光彩
——施华洛世奇

社会化编程
——GitHub

好思想值得传播
——TEDx

向世界发出声音
——Terepac

让这个星球上的
每个孩子接受教育
——世界20强项目

为了地球生命的利益，
让进入太空的机会大众化
——维珍银河公司

我们携手，让交通更加智能
——Waze

创造安全的未来
——无限人道系统
（Infinitum Humanitarian Systems）

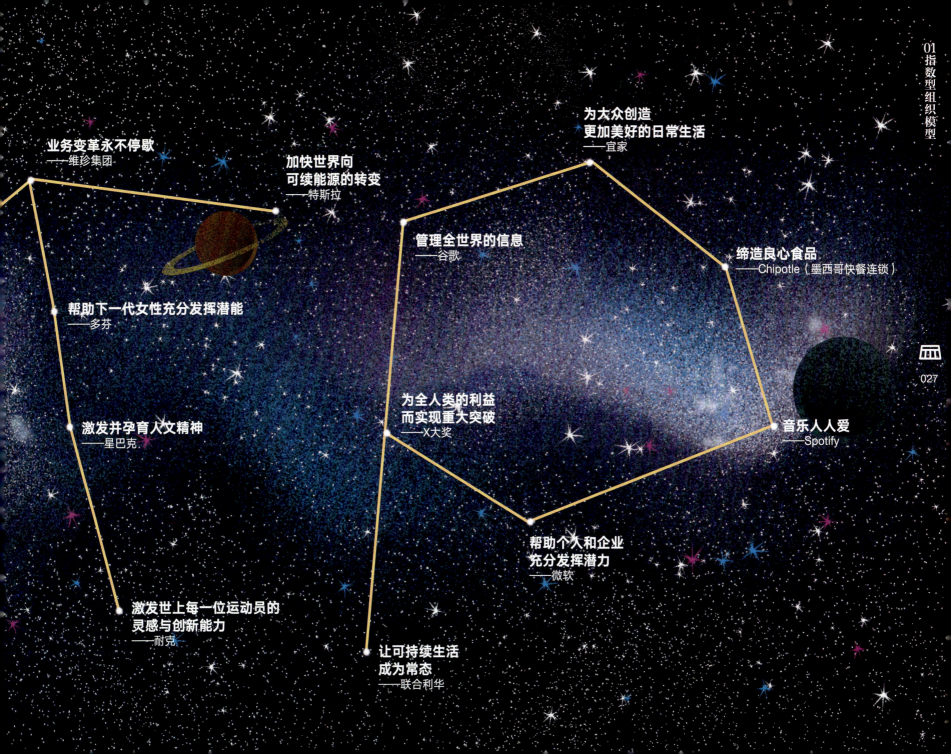

业务变革永不停歇
——维珍集团

加快世界向
可续能源的转变
——特斯拉

为大众创造
更加美好的日常生活
——宜家

管理全世界的信息
——谷歌

缔造良心食品
——Chipotle（墨西哥快餐连锁）

帮助下一代女性充分发挥潜能
——多芬

激发并孕育人文精神
——星巴克

为全人类的利益
而实现重大突破
——X大奖

音乐人人爱
——Spotify

帮助个人和企业
充分发挥潜力
——微软

激发世上每一位运动员的
灵感与创新能力
——耐克

让可持续生活
成为常态
——联合利华

宏大变革目标不是……

一个关于组织定义的陈述，或是组织将来要如何发展的愿景陈述

关于组织如何达成目标的使命声明

推销产品或服务的营销口号

面向客户（通常使用"你"这类称谓）

面向公司（通常使用"我们"这类谓称）

限定公司未来业务重心的声明

以下陈述愿景的例子并非宏大变革目标，描述的是公司未来想要变成的模样，而不是想要实现的变革。

成为世界上最成功、最伟大的信息技术公司之一。
——IBM

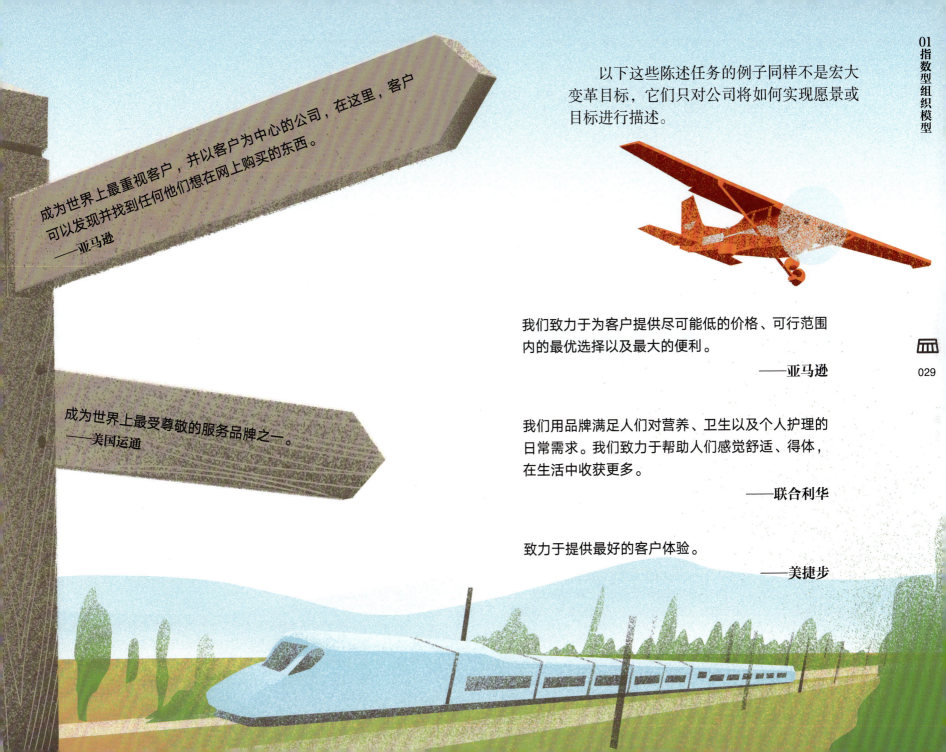

成为世界上最重视客户，并以客户为中心的公司，在这里，客户可以发现并找到任何他们想在网上购买的东西。
——亚马逊

成为世界上最受尊敬的服务品牌之一。
——美国运通

以下这些陈述任务的例子同样不是宏大变革目标，它们只对公司将如何实现愿景或目标进行描述。

我们致力于为客户提供尽可能低的价格、可行范围内的最优选择以及最大的便利。

——亚马逊

我们用品牌满足人们对营养、卫生以及个人护理的日常需求。我们致力于帮助人们感觉舒适、得体，在生活中收获更多。

——联合利华

致力于提供最好的客户体验。

——美捷步

如何打造一个宏大变革目标

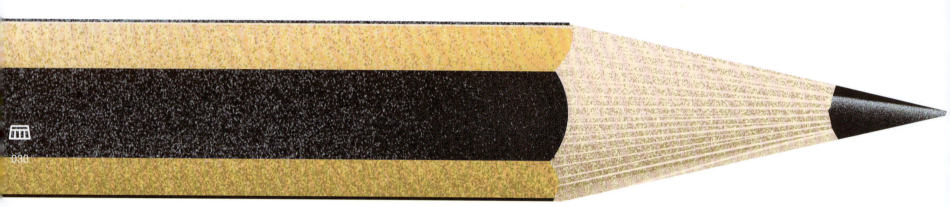

　　打造一个宏大变革目标并不容易。在目标成形的早期阶段，可以尝试把意图，也就是想要实现的与实际的行文分开考虑。因为，当你还处于明确实际目标的阶段时，很容易被措辞的细节问题分散注意力。

　　一个专注于定义宏大变革目标的初创公司可以从零开始。已有一定规模的组织则又受到一系列的限制，比如必须考虑如何提升现有产品的水平和优势，以适应更宏大的目标。

　　留出时间对你的目标草稿进行测试及完善。一个宏大变革目标在成为凝聚员工的黏合剂之前，大家都会把它看作是"疯狂的想法"。与你周围的变革先行者，也就是那些与你有同样热忱的人讨论一下，看看如果将这个目标付诸实践，是否能在现实的考验中站稳脚跟。这个目标对他们而言，是否意义重大？该目标是否不需解释或是不需要特定语境就能轻易理解？它是否能够唤起人们的兴趣、让人兴奋，或是形成激励？

　　请你保留好宏大变革目标的所有修改版本。因为，随着它的不断完善，你可能会返回早期版本中寻找新的价值，或是利用这些版本中的某些元素。

　　你的终极目标是要明确宏大变革目标追求的是吸引形成某个新的社群，还是被某个现有的社群所接受。要做到这一点，它必须简明扼要，从而方便你与他人谈论，同时它所反映出的价值需要能够让他人产生共鸣。在正式公布你的宏大变革目标之前，应该在小组中检测它的效果，并分析由此得到的反馈。

打造宏大变革目标

"三问法"

为什么? 怎样? 什么?

通过以下三个问题,尝试使用
"三问法"定义你的宏大变革目标

组织

为什么

存在?

定义组织的
问题空间

组织将

怎样

满足新的需求
或是应对新的
机遇?

想象变革将以
何种方式展开

组织
将向外界
提供

什么?

通过头脑风暴
产生新的创意

根据以上三大问题建构思维,将有助于你从宏大变革目标的执
行思维中抽离出来。你将在"组织为什么存在?"的问题栏中找到
属于你的宏大变革目标。

打造你的宏大变革目标

"为什么"法

"为什么"法为你提供了一个头脑风暴的技巧，帮助揭示你的深层目标。你可以邀请组织各个部门的同事参与这场头脑风暴。但要确定你邀请了属于不同层级、不同职能的同事。不要忘记，重要的客户或合作伙伴也可以提供颇有价值的观点。

首先问这样一个问题：

"组织为什么存在？"

每个人有90秒的时间在便笺上写下自己的想法，一个便笺上写一个答案。然后，让每个人大声朗读自己写的答案。在听取每个人的意见之后，小组合作，选择组内的一个答案，进一步讨论。

对于大家选择进行下一步讨论的内容，你需要继续提问：

"我们为什么要这样做？"

然后重复第一个讨论的步骤。

将以上流程再重复三次。每一轮中，使用不同颜色的便笺，每一轮过后，把所有的便笺贴在墙上，并按颜色分类。

最终，小组将得出"拯救世界"这一类的答案。一旦

"拯救世界"

的答案出现，重新回到上一轮的答案之中，在其中，你将很可能发现小组成员认可的宏大变革目标。

你们需要花点时间来反思结果，并将类似的想法分组以明确它们的共同主题。通过这样的方法，你们才能最终确认，对组织而言最重要的是什么。

打造宏大变革目标

公开讨论法

要组织好成员之间的对话，从而引出隐藏在宏大变革目标之下的激情，需要让讨论组的每个参与者花些时间对以下这些问题的回答做些记录。

你想在
这个世界上看到
怎样的变化？

该变化将以
何种形式对我们的社会
产生积极影响？

每天早上
唤醒你的理想
是什么？

怎样的
伟大事业让你乐意
为之奉献时间？

打造宏大变革目标

讲故事法

讲故事法和以上方法一样，也是寻找宏大变革目标的有效方法。隐藏在组织激励背后的故事是什么？我们以巴西南部地区的一家名叫Wellness的健身中心为例。

我们相信所谓的"超能力"。

我们的超能力是与生俱来的。当我们还是孩子的时候，都相信自己是忍者、超级英雄、足球明星或各种各样的运动员。随着时间的流逝，环境变得越来越严肃，不再适合谈论超级英雄了，因为你需要付出、成长，最后变成一个成年人。突然之间，我们就陷入了困境。到底是什么原因，让我们失去了小时候就拥有的无限魔力？

我们Wellness的成员相信，这个魔力并未消失，只是进入了休眠状态。运动能够"点燃"我们的自信，帮助我们克服困难。体育锻炼是开启自我认知的单程之旅，当你充分了解自我之后，你就能够意识到你拥有做出超凡成就的能力。

我们相信每个人都拥有无限的能力，通过体育锻炼，我们可以让这个世界成为人们更加活跃和自觉的运动场。但我们要如何做到这一点呢？要诀就是：唤醒每个人心中沉睡的超级英雄。

最后，该组织选择了"唤醒每个人心中的超级英雄"作为它的宏大变革目标。

指数型组织的5大外部属性（SCALE）

SCALE是指数型组织5大外部属性的首字母缩写，因此，这几个属性也被称为SCALE属性，它们能帮助你的组织与世界上的富足相连。找到现存且尚未被人发掘的富足是建立一个指数型组织的基础。以下5个指数型组织属性，着眼于组织的外部，它们能够帮助你与富足相连：随需随聘的员工、社群与大众、算法、杠杆资产，以及参与。

你需要了解每个属性的特殊性质，并清楚哪个属性最能给你的商业模式以及规模化的目标提供支撑，这是成为指数型组织的第一步。最重要的是，这5大属性允许组织在利用技术实现快速灵活增长的同时，保持较小的资源占用。

世界上哪里存在尚未开发的富足资源可以助你实现宏大变革目标呢？

你目前的业务所依赖的稀缺或是有限资源属于哪个领域？如果这些领域的资源从稀缺的变为免费的，你的业务还能够继续存在吗？

科学家们预测，在接下来的几年里，通过科技相互连通的人数将从30亿增加到50亿，甚至到70亿。人数的增加能为你的企业创造何种机会？

SCALE

随需随聘的员工
STAFF ON DEMAND

社群与大众
COMMUNITY & CROWD

算法
ALGORITHMS

杠杆资产
LEVERAGED ASSETS

参与
ENGAGEMENT

随需随聘的员工

不管你和你的企业有多么厉害，大多数天才都不为你工作。

——比尔·乔伊（Bill Joy），计算机科学家

如果你的业务成指数级增长，或者你想要它实现指数级增长，你必须持续改进产品或服务。同时，调整员工结构、技能基础和岗位职责的能力也需要与时俱进。如果你能够不"拥有"员工，并且放弃相关基础设施的权重，便可以在组织内部实现灵活机动。

员工随需随聘的属性要求根据企业的需求，建立资格预审制度，进行相应的员工储备，以满足企业随时的需求。这些员工用于核心业务的运营。随需随聘的员工的职责范围不限，下至简单任务，上至复杂工作，甚至可能还包括执行与组织战略息息相关的任务。

利用组织范围之外的资源再加上传统的企业招聘流程，你可以获得难以想象的财富和多样化的人才。遍布全球的员工能够为企业提供不同的全新视角，从而为组织带来源源不断的创意。同时，他们还能为你带来新知识，实现产品或服务的快速更新。使用该属性可以让你接触到所在行业内最顶尖的头脑，同时挖掘出未被开发的潜能。

在最极端的情况下，利用该属性的指数型组织，能够以相对小的核心团队撬动所有的外部资源，最终完成业务。请注意，随需随聘的员工这一属性具备的以低到零的边际成本获得资源的可伸缩性，是实现指数型组织增长的关键。

温馨提示与注意事项

▪ 不要把随需随聘的员工这一属性同杠杆资产属性混淆。随需随聘的员工利用的是外部的人员，而你将在后面的部分看到，杠杆资产属性利用的是外部的有形资产。

▪ 随需随聘的员工这一属性与社群属性密切相关。随需随聘的员工正是广泛社群的组成部分。想想你与二者之间的关系有什么不同。

▪ 通过任何形式与富足资源相连都需要一个用户界面对其进行管理（详见下一节中关于用户界面属性的介绍）。通过使用随需随聘的员工的用户界面，你能够吸引员工的到来，同时，你也要为他们提供所需的资源和工具，并对他们的付出做出及时的反馈。

▪ 后面会谈到的仪表盘是指数型组织的另一属性，它是实现外部员工规模化管理的基础。使用仪表盘可以跟踪项目的结果，并在设置好明确绩效指标的前提下，实现关键绩效指标的可视化。

▪ 明确具备哪些资质、哪方面的培训及反馈将有助于提高外部员工的整体质量，并使用参与属性将他们纳入企业的关系网当中。

▪ 对员工的贡献进行衡量，并奖励高绩效者。收集来自同行或前任雇主的评价是一种高性价比且颇具时效的方法，可以帮助组织衡量每个员工的能力水平，从而有助于让最优秀的员工获得大家的认可。

▪ 任何企业都可以从员工随需随聘这种方法中获得某种形式的好处。区别在于，你是像优步那样基于随需随聘的员工这一属性构建业务，还是仅仅利用随需随聘的员工来提高现有业务的效率，比如说，在需要帮助时找到临时帮手。

如何实现

1 明确且详述任务内容
明确地了解你对员工的要求，并能将其准确无误地传达，这是至关重要的。清晰具体的要求能够让人更容易理解共同的任务是什么、任务有哪些时间节点、何时及如何进行补偿。

2 利用外部平台
使用已有的随需随聘服务平台可以帮助你快速启用该属性。你可以从雇用企业外部的临时劳动力填补专业知识和实用性方面的空白开始。

3 利用你的宏大变革目标，招募顶尖的人才
如果上述平台还未出现，你也可以选择使用人工流程，跳出现有的工作团队，找到志同道合的伙伴。你的目标是传播你的宏大变革目标，以此招募团队的创始人员，他们与你拥有相似的热情，怀抱共同的理想。根据工作的性质，你要根据需求为新员工建立资格认证流程或与之相关的认证流程。

4 创建一个用户界面，实现随需随聘员工参与工作的自动化
高效管理你的工作团队，以及实现关键的人员可伸缩性，需要一个用户界面，从而实现交互的自动化。你的界面要能够允许你收集、传播与工作相关的所有信息。可以与早期成员测试界面的可用性，以便对其进行改进。

实用案例

Gigwalk

Gigwalk成立于2010年，其目标是"在移动的世界中重新定义工作"。Gigwalk利用Gigwalkers平台提供员工随需随聘的众包服务，帮助消费者品牌以及零售商了解自己产品或活动的实际情况，并将需求以任务或称"临时工作"（Gigs）的形式在Gigwalkers平台上发布。一般来说，这项服务的使用者想要确定他们的产品在货架上有售，并能正常显示、定价准确，或是希望保证市场推广活动能及时进行。

Gigwalkers平台拥有120万用户，用户可以使用移动应用软件选择要执行的任务，待任务完成之后，能够通过PayPal进行支付或是获取酬劳。所有的工作都是在这款应用中完成的，包括上传带有地理标记的照片以提交相应的工作成果。根据具体的评分标准，比如工作的成功完成度或者活跃度，每位"跑腿员"会获得相应的跑腿评分。分数越高的跑腿员，将来就有更多的机会接触到更为复杂、收入更高的外包工作。

当各家企业看到某个跑腿员能够一直保持优秀的工作水平时，他们便会将他添加到自己私募队伍中，在这个自己创建的外包团队中直接分派任务。

加油探索

从随需随聘员工的角度思考右图中的企业。他们做了什么工作才能吸引并留住工作人员？基于员工随需随聘这一属性，他们要如何建立相应的业务？

为达成功的自检清单

是否存在充足的高素质外部人才，能满足我们的需求？

我们能否使用已有的平台，确保随需随聘人员的快速启动？

我们能否根据需要迅速地找到相匹配的员工？

我们是否明确了任务和期望的细节内容？

我们是否对成功完成任务设定了明确的门槛和指标？

我们是否会从同事和用户那里收集对个人工作的客观反馈？

我们是否设置了激励措施以鼓励我们赞赏的员工行为？

我们是否与优秀员工保持联系？

优步
TaskRabbit
Kaggle
Roamler

Upwork
（原Elance外包服务网站）
Fiverr
Topcoder
Eden McCallum

社群与大众

如果你建立了某个社群，并且行事开诚布公，你便不需要主动寻找合适的工作伙伴，他们自然会找上门来。

——克里斯·安德森（Chris Anderson），DIY无人机创始人

世界很大。在业界崭露头角并大获成功的指数型组织有个共同之处，那就是他们有能力接触到全球范围的用户群，能够将大量具有相同目标的个体聚集在一起，并将这些个体作为资源加以利用。一个具有高度吸引力的宏大变革目标，以及一个高效的平台是指数型组织的成功标志，表明他们在这方面做得很好。

在指数型组织的语境下，社群是由一大批遍布全球的个人组成的，他们对你提出的宏大变革目标充满热情，并且直接参与到你所创建的组织的运营中来。他们忠诚于你们共同的奋斗目标，致力于解决围绕在组织目标周围的艰难挑战。

在某些情况下，社群是公司业务的基础。像TEDx或爱彼迎这样的公司完全由聚集在他们周围的社群所定义。在其他情况下，社群与核心业务相邻，并为企业提供与主要产品互补的价值，例如苹果社群。在最优秀的指数型组织之中，除了最终的组织目标，其他一切都由社群驱动。

大众是由范围更广的个体所组成的团体，那些不活跃的用户也包含其中，他们可能是在周围人的影响下，被动地对你提出的宏大变革目标产生兴趣，但还未到与组织直接相接触的程度。大众可以为你提供创意、检验和支持。你的目标是让这些具有无限能量的大众，以一种更加便捷、更满怀憧憬的方式进入你的社群。

你应充分利用社群和大众对宏大变革目标的共同热情，同时为同行的网络参与提供相应的平台。这将助力你开放业务，拥抱这个充满机遇的世界。众包创意和反馈、众筹用于发展新概念的资金、培养与你并肩开发产品和服务的"产品消费者"，以及为新产品提供既成的市场，这些都可以通过社群与大众这一属性实现。

温馨提示与注意事项

■ 现有的社群与大众在哪里，你可以对其加以利用吗？

■ 如果你拥有的是一家成熟的企业，那么现有的客户和追随者便是很有价值的起点，你可以以此为基础发展你的社群。

■ 指数型组织并不创建大众群体，而是将大众催化成资源。领袖、行业趋势或是某种运动通常能创造出你能利用的社群与大众。指数型组织为其中的成员提供平台，帮助成员更好地相互联系，共同成长。

■ 社群成员为一种归属感、一个共同的目标或是被认可的价值观，彼此相互吸引，聚集到一起。一个强有力的宏大

变革目标是社群与大众这一属性的基础，是吸引社群、激发大众参与的关键所在。

■ 在帮助个体发现、提升并实现个人的宏大变革目标这一方面，社群能够发挥强大的推动作用。这样的互惠互利才能带来深入、持久的社员参与。

■ 采用合理的系统化激励方式，招募最优秀的贡献者，才能缩短你与他们之间的距离。你必须为社群成员提供有价值的服务，才能保持他们的积极参与。

■ 赢得并保持社群的信任至关重要。记住，你的社群由许多个体组成，他们重视你所展示的领导能力、真实性以及透

明度，并把这当作他们与组织建立联系的动力。

■ 社群的构建与维护需要耐心。对社群的需求要保持密切的关注，并及时响应。请注意，你在社群的建立上每花费1美元，便大约需要5美元进行维护。

■ 利用社群和大众增强你快速产生、测试、迭代想法的能力。每个小组的回复会告诉你哪些方法有效，哪些地方需要改进，哪些部分行不通。

■ 社群与大众这一属性同参与和用户界面属性密切相关。你将如何把这三个属性一并实现？

社群成员的类别多种多样。每一层级的成员对宏大变革目标的投入水平也各不相同。所以，请根据投入水平的不同，给予他们不同等级的关注。

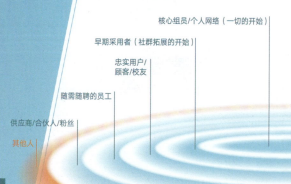

核心组员/个人网络（一切的开始）

早期采用者（社群拓展的开始）

忠实用户/顾客/校友

随需随聘的员工

供应商/合伙人/粉丝

其他人

社群 ■

大众 ■

如何实现

1 充分利用宏大变革目标，吸引初始成员，并让他们参与到你的组织工作中来

在早期阶段，你需要投入个人的关注，并身体力行地去接触已有的群体，与他们分享交流你的宏大变革目标，用它吸引怀抱共同目标的伙伴，组成最初的团队。你也可以寻找现有的社群加以利用。

2 发展关系

与实验小组合作，可以帮助你了解目前大众的需求和偏好。找到最优秀的成员（通常，他们会主动找到你）并建立联系，从而获取他们对社群进一步发展的宝贵意见。

3 培养社群

社群创建的早期阶段就好像用一根火柴点火：你需要小心翼翼地照料那个火苗，并保持一定时间的高质量的关注，在合适的时间添加燃料，这样才能让火焰烧得更旺。你必须保证你的领导力真实、可信，并且在组织的管理层中有影响力。

4 为先行者创建一个平台

一个优秀的平台对于组织在未来的拓展而言是必不可少的。要让社群社员与你的互动变得简单且富有吸引力。社群成员的一个重要价值在于，他们能够与同行交流和协作。与先行者们一起，对第一版平台的实用性进行测评，从而对其进行改进。

5 拓展平台的覆盖范围，吸引新成员的加入

公开经过测试的自动化平台，范围不再局限于最初的实验小组，这样才能接触到更广泛的受众。受到宏大变革目标及平台访问的吸引，与你怀抱共同理想的人现在可以顺藤摸瓜地找到你，源源不断地向你走来。

创建、发展和管理社群的方法在不同的阶段各不相同。

打造你的宏大变革目标（这是你燎原的"星星之火"），并尽早吸引对目标表示认同的社群成员，这是必须迈出的第一步。

发展你的社群，需要你精心呵护，有求必应。

管理一个成熟的社群需要领导力和关注度。

为达成功的自检清单

- 我们是否使用宏大变革目标，吸引并推动全球范围内的社群与大众的参与？
- 社群成员个人的宏大变革目标或者宣言是否与我们的目标保持一致？
- 我们的社群是否参与价值的创造？
- 我们是否使用游戏化的方式提升社群内部成员的参与度？
- 我们是否为社群成员和大众的参与设定了清晰的门槛和明确的期望？
- 我们是否已经引起该领域先行者，包括那些稀缺的专业人士的注意？
- 我们是否收到过来自社群和大众对产品或服务的反馈，以及他们对市场的洞见？
- 我们是否为成员提供表现的机会和参与的奖励，从而激励外部成员从大众等级进入内部社群？

实用案例

维基百科是一个免费的在线百科全书，其内容由它的用户合作编写。每月维基百科的全球访问量超过4亿人次，在最受欢迎的网站中名列第5。它拥有共计298个语言版本的超过4700万篇文章。任何用户都可以在任意时间在网站上创建或编辑词条，每小时都有数千次的更新及精进。

"维基人"是撰写和编辑维基百科文章的志愿者。维基百科鼓励他们要大胆，要求他们"找到任何可以改进的地方，让维基百科变得更好"。维基百科拥有超过3700万注册用户，这些注册用户都是维基百科的贡献者。他们这个社群团结一心，希望地球上的每一个人都能获得全人类的知识。

WIKIPEDIA
The Free Encyclopedia

加油探索

从社群和大众的角度看看这些公司。他们都做了些什么，才吸引大家的注意并积极参与其中？

爱彼迎
DIY 无人机
小米全球社群
TopCoder

Gustin
Lending Club
99designs
Purchx

算法

人工智能并不会取代我们，而是帮助我们提升自己。事实总是如此。

——雷·库兹韦尔

我们一头扎进数字时代，现实世界中越来越多的元素也在不断地朝数字化方向发展。在这样的大环境下，算法的重要性变得显而易见，算法提供了理解所有信息的方法，它代表企业生存的根基。

算法其实就是一组用于自动完成某项任务或解决特定问题的指令集合。而人工智能领域探索的则是如何让算法变得"智能"，也就是学习在没有预先设定指令的情况下解决问题，并且在没有人类干预的情况下为新问题创建新的解决方案。人工智能让计算机系统能够像人类一样行动和"思考"，也就是解决复杂问题，并随着时间的推移，不断学习以提升自身性能。

算法和人工智能能够识别文本、图像、视频、语音以及任何其他基于数字的数据，通过发掘蕴含其中的模型进行学习。系统还可以通过经验和分析从前的案例进行自学。学习型算法并非什么新兴事物，但是现如今，丰富的数据及强大的计算能力终于使它们能够为企业提供具有现实意义的价值和结果。科幻小说正在变为"科幻现实"。

指数型组织使用算法将本来需要人类操作的工作自动化。这样，即便业务增加，也没必要以同样的速度扩大员工规模。目前的趋势是使用人工智能和算法实现组织的自动化操作。在将来，人工智能的操作能力将不断得到完善和提高，也会越来越多地用于当前由核心团队和工作人员所执行的复杂任务，这些自动化操作系统的水平有望在未来几十年里进一步接近人类的智力水平。

对算法运用的能力变强，意味着你有更强的能力处理已有的和新兴的技术所提供的信息。美国思科公司预计，到2030年，全球范围内大约有5000亿台设备将实现相互连接，每台设备上均装有收集数据的嵌入式传感器。

对于指数型组织，算法帮助他们在充分扩张组织业务的同时，通过寻找更优解决方案不断提高业务质量，比如运用决策支持系统。指数型组织允许算法对大规模的数据进行操作以充分发挥其计算分析的优势。这些系统可以根据需要经常更新，它们能够弥补人类的偏差。不仅如此，它们每天都在不断学习和提升。因此，算法是你在大规模经营时的竞争优势。

温馨提示与注意事项

- 可以通过多种渠道获取数据，例如，除了文本之外，还可以通过语音、视频和可穿戴设备。

- 你可以购买算法，不一定需要自己开发。什么样的第三方算法以及数据对你有利？

- 目前，你有哪些已经拥有但尚未充分利用的数据？

- 哪些公共数据集是你可以使用，以补充你的自有数据库的？

- 随着传感器被更广泛地使用，你可以额外获取哪些数据？你将如何从中受益？

- 人工智能可以在哪些方面与人类的活动相结合，以获得加倍的效果？

- 哪些重复性的工作可以实现自动化？哪些知识工作者的角色可以实现自动化？哪些人与人之间相接触的环节对你的市场至关重要，因此不应该被自动化？

- 哪些部分可以利用算法开启组织的自治属性？

- 某些现在由随需随聘的员工完成的任务，最终可能会被算法取代。在将来，算法和人工智能有多大可能取代你对随需随聘员工的需求？

- 当算法和人工智能与人类智力水平相当时，你将如何利用它们？

- 你要如何利用不断增加的可用数据实现你的宏大变革目标？

如何实现

1 摸清需求

你需要解决的用户需求是什么？记住这个最终目标，这对你集中精力至关重要。基于数据的自动化决策如何满足这一需求？该需求与你的宏大变革目标是否保持一致？

2 数据源专家

根据你需求的性质以及它对核心业务的整合程度，你可能希望在企业内部培养软件开发的能力、将软件开发外包或是根据需要雇用相应的技术人员。探索第三方的算法和数据，可以从以下企业中寻找：Kaggle、IBM Watson和亚马逊网络服务（Amazon Web Services，简称AWS）。

3 收集与问题解决相关的数据

识别数据的来源，包括人、传感器和公共数据集，并与你的技术团队一起，确定实现数据收集自动化的最佳方法。

4 数据的系统化

数据如果只是胡乱地堆砌则毫无意义，除非你能以一种可分析的方式将其进行组织分类。一个名为ETL（提取、转换、加载）的程序使用编程工具将某项数据从源数据库（收集到数据的地方）移动到另一个数据库（在那里可以对数据进行评估）。

5 算法的应用

既然数据可访问，你就可以利用算法将流程自动化、寻找新问题的解决方案、挖掘洞见、判断趋势并优化新算法。对想要解决的客户需求保持关注，你可以执行具有一贯性的解决方案。

6 向社群公开数据

想要真正扩展指数型组织的规模并创造价值，你也许会希望向公众开放你的应用程序接口（API）。应用程序接口允许应用程序轻松地与其他服务进行通信并对其负载。开放应用程序接口将允许第三方开发人员基于你所提供的服务，设计新的产品，为你的产品创造额外的功能，并让你完全沉浸在基于网络的机会王国之中。

为达成功的自检清单

- 我们是否收集了足够的数据？能否找到外部数据集以充实内部的数据？
- 传感器可以用在哪里？
- 我们测量的对象是否正确？
- 我们的数据质量是否足够高，比如说能避免垃圾输入和垃圾输出？
- 我们是否已经探索过如何充分利用我方数据？
- 我们是否在不断地更新并精进我们的算法？
- 我们是否将算法应用于日常，进行基于数据的决策？
- 我们是否使用算法提供的分析，驱动我们对产品或服务进行决策？
- 我们是否对组织内部由此产生的文化转变进行了管理？

实用案例

NETFLIX

奈飞（Netflix）是世界领先的互联网电视网络，它的用户数量高达1.04亿，遍及全世界190多个国家，用户每天观看电视节目及电影的时长超过1.25亿小时。由于它的个性化算法，用户每次登录时都会获得不同的观看体验。基于用户浏览历史记录，该算法每24小时会重置一次，以确保订阅用户看到的内容符合他们的喜好。

奈飞意识到，在任何时刻，用户都有大约1.3万部电影可供选择，由于可选择的数量太过庞大，用户很容易被内容淹没，而感到不知所措。据Business Insider称，奈飞公司也知道，在用户放弃节目订阅转而使用其他服务之前，他们有大约90秒的时间说服用户：我们提供的有些东西刚好符合你的胃口。因此，个性化推送是留住节目订阅者的关键。为此，奈飞有大约1000名员工负责定制产品以及个性化算法。

加油探索

从算法的角度来看这些公司。算法以何种方式构成其商业模式的基础？

谷歌
Siri
亚马逊
FICO

Facebook
爱彼迎
优步
联合包裹服务
（UPS）

杠杆资产

万豪希望在2014年内增加3万间酒店客房，而我们会在接下来的两周内完成这个目标。

——布莱恩·切斯科（Brian Chesky），爱彼迎联合创始人兼首席执行官

优步不拥有汽车，却管理着全球最大的车队，优步的业务遍布数十个国家。爱彼迎也没有自己的酒店房间，但在2017年，其全球房源数量已达到400万套，超过世界品牌排名前五的酒店房间总和。这些典型的指数型组织案例说明，如何巧妙地利用实体资产，而非拥有这些资产，可以显著地改变业务的发展状况。

租用、存取或是共享资产，即便是对公司业务至关重要的资产，能够让你的组织保持灵活，所向披靡。在这种模式下，组织供应的边际成本将显著降低，尤其在高度扩张的组织模型中，其边际成本几乎为零。如果不拥有实体资产，与管理资产相关的成本，以及所有相关的基础设施成本都会消失不见。

与随需随聘的员工属性类似，杠杆资产属性为你提供随需访问资源的能力，这种方式取代了组织对资产所有权的需求。例如，云计算将你的数据存储在供应商的服务器上，而非你自己的服务器或硬盘驱动器，创客空间（hackerspaces）为你提供进入共享工作空间和使用项目工具的访问通道。

利用客户的资产是实现杠杆作用并创造可拓展的产品或服务的高效方法。奈飞利用客户的设备播放电影，Waze从每个用户的智能手机或平板电脑上收集实时的交通信息，避开了对专用设备或网络的需求。

在极端情况下，应用杠杆资产属性的指数型组织旗下没有任何实体资产，这在本质上消除了拥有资产产生的固定成本，为组织带来极大的灵活性。

温馨提示与注意事项

- 杠杆资产不包括人员的外包，人员外包含括在随需随聘的员工属性之下。
- 组织资产负债表上的哪些资产可以被转移到其他地方？
- 客户拥有的哪些资产能让你的企业获益？
- 选择能够提供信息或是正在商品化的资产是最明智的。

- 可以利用云计算获得基于信息的解决方案，为解决硬件问题，可以考虑使用创客空间。
- 实时自动化的用户评论可以为你的杠杆资产的质量提供低成本的反馈。
- 如何使用杠杆资产创造可扩展的产品或服务？

如何实现

1 了解你的商业模式和目标

每个企业都可以从某种形式的杠杆资产中获益。你要分清楚，你的业务是建立在杠杆资产的基础之上的（如优步和爱彼迎的业务），还是仅利用杠杆资产来提高现有业务的效率（如随需访问的办公空间）。一个完全建立在杠杆资产基础上的企业才具有真正的指数型组织的潜力，这样你才可以进行接下来的步骤。

2 确定具有富足性的高价值资产在哪里

想想世界上还有哪些地方存在这种闲置的生产力可以让你重新利用，无论是用于目前生产关系的内部还是外部。还有哪些未开发的富足资源可以支持你的宏大变革目标？

3 发展关系

确定杠杆资产社群的早期成员，并与他们保持密切合作。你需要对他们的需求了然于心，同时清楚他们对这段合作关系的重视程度。

4 创造一个交互界面

对于任何形式的富足，包括杠杆资产，想要对其进行有效管理，都需要使用一个界面实现交互的自动化。你的界面应该能够让你实现对工作相关信息的收集与传播。同早期使用者一起测试界面的实用性，在反馈的基础上对界面加以改进。

5 利用你的界面以及你能提供的价值，吸引新成员到你的杠杆资产社群

将自动化测试平台的使用范围扩大，以获得更广泛的受众。在潜在机会和可获利的商业关系的吸引下，自然会有认为产品符合自己需求的人找上门来。

为达成功的自检清单	
	我们利用杠杆资产是否能使业务扩张？
	当我们需要资产时，是否能够轻易地得到它们？
	我们是否有明确的参与要求？
	我们是否会衡量结果？
	我们是否在收集自动的实时用户评论？

实用案例

Zendrive是一家在美国和印度均设有总部的公司，它们利用用户智能手机上自配置的传感器来监测并改善用户的驾驶行为。该项目以"安全驾驶，平安你我"为主题，为车队、保险公司以及个人提供对道路的安全分析。该公司的视野超越了目前的驾驶模式，如拼车以及汽车共享服务。Zendrive希望在未来自动驾驶车队出现之时，能够提供实时通信信息以监控和分析数据，从而主动防止汽车相撞。

Zendrive是利用杠杆资产的典型案例，该公司拥有的硬件量为零。该公司的业务完全建立在收集并分析数据的基础之上，这些数据来自用户智能手机内置的传感器。因此，他们不需要昂贵的独立硬件或与安装相关的投资。该公司只是对大量已经在使用的智能手机进行巧妙利用。

加油探索

从杠杆资产的角度观察这些公司。他们是通过何种方式，可以在无须固定资产投资的情况下建立企业，或者如何让其他人这样做的？

Lyft/优步
爱彼迎
Getaround

WeWork
Waze
亚马逊 S3

参与

没有参与度的增长是无源之水，迟早要干涸。

——尼尔·埃亚尔（Nir Eyal），企业家、作家

在创造价值和大规模行动方面，最有力的激励因素是归属感以及对共同事业的参与。你的宏大变革目标是吸引客户、大众和社群的起点。参与属性是使用诸如信誉系统、游戏化、忠诚度计划和激励奖项等手段，保持这些群体的兴趣、参与度以及对共同目标不断增加的投入。

通过参与属性，你将收获客户和社群的忠诚，并创造出一种将大众转化为社群成员的有效方法。参与可以让你更加深入地了解你的客户、大众以及社群，更好地理解如何满足他们的需求。

这些群体的动机分别是什么？应用不同的参与技巧，能够为你提供一个利用营销并对不同方法进行实验的机会。创造或是分享相关的内容，有助于让大众向社群成员转化。你要利用数字化信誉系统吸引、激励社群成员，并让成员间建立相互的信任。充分参与的用户的积极反馈可以产生良好的组合效果，在社群之中形成良性的循环。

服务透明度在客户的参与中扮演着重要的角色。联邦快递（FedEx）和联合包裹让你能跟踪包裹从发货到投递的整个流程。优步允许你知晓行程从发布、调度到送达的全过程。鉴于许多传统业务和流程的透明度不足，我们可以通过组织的变革实现业务的透明化，让用户切身体会到自己的参与以及对业务产生的影响。

游戏化和结果激励机制在提高社群参与度上非常有效。在学习平台中，你可以找到许多应用参与技巧的优秀案例，它们能够应用于你的业务之中，帮助你改进产品或服务。你将采用何种方式，"促使"人们高频率地使用你的产品或服务？

温馨提示与注意事项

■ 游戏化是一种吸引大众加入社群的好方法，通过奖励机制，将大众层级的成员转变为社群成员。

■ 参与属性跟社群与大众以及实验这两个属性密切相关，它们都依赖于你的宏大变革目标来吸引大家的兴趣。

■ 组织内部的员工是你社群成员中非常有价值的一部分。运用参与技巧，你可以从他们独特的视角出发进行实验，并从中学习。你将从哪里着手提高公司的内部文化？

■ 市面上有大量创新的管理软件。仔细检索目前市场上的这些软件，找到专门为提高你的员工、客户及合作伙伴参与度并让他们分享想法而设计的工具平台。

■ 如何有效地使用虚拟货币或游戏点数？

■ 设定清晰可靠的规则、目标和奖励机制。根据结果给出奖励并提供及时的反馈。

■ 努力带动积极的情绪，而非消极的情绪。

■ 合作和"竞争"能够加速创新。把竞争变得有趣，激励有意义的行动。提出一些能够提高人们参与度的问题。

■ 根据收到的反馈进行实验和调整。

如何实现

1 确保你有一个宏大变革目标
一个引人注目且易于理解的宏大变革目标是吸引大众参与社群的第一步。

2 清楚地识别你的客户、大众与社群
确定客户、大众和社群内的子集。选择那些你想要开始进行实验的对象，开始研究吸引该子集成员的因素。

3 构思提高参与度的技巧
确保你设定的目标清晰、客观且可测。是否有激励措施鼓励他人加入并成为社群的积极分子？你的激励竞争机制是否需要创新思维或是变革性的新产品才能获得成功？建立数字化的信誉系统，发展信任关系，壮大社群。

4 从参与度实验开始
在较小的测试组中开展参与度实验。在实验范围扩大以前，以先前你所了解的内容为基础。

5 收集并分析所有的用户互动
要想有效地加强人们的参与度，你需要不断地改进，你需要实时知晓你的用户是谁，充分了解什么对他们有效或是无效。用于提高参与度的活动将基于所收集的数据不断更新。

为达成功的自检清单

我们是否拥有充分参与的社群和大众？
我们是否彼此建立了信任关系？
我们是否在培养忠实用户？
我们是否正在提高营销的有效性？
游戏化是否被构建在了我们的核心业务流程之中？
我们在设计产品和服务时是否考虑到用户的参与？
我们为提高参与度所设置的技巧是否有效地利用了我们的社群，是否同时对社群形成挑战和激励？

实用案例

X大奖致力于为人类的利益带来根本性的突破。同时，该组织也相信创造激励机制能够带来想要的结果。该公司没有把资金投入在寻求自身的突破上，而是通过向世界发起挑战解决具体的问题，来激励解决方案的产生。凭借超过100万美元的奖金，以及不限制参赛团队背景的指导方针，X大奖正在推动创新，加快积极变革的步伐。

加油探索

从参与的角度来看看这些公司。它们以何种方式激励自己的社群？

Eyewire
多邻国
Kaggle
爱彼迎
优步

Gigwalk
CarePay
Spigit
GitHub

指数型组织的5大内部属性（IDEAS）

IDEAS是由指数型组织5大内部属性首字母组合而成的缩略词，因此它们也被称为IDEAS属性。通过外部的SCALE属性，你将找到尚未被发掘的富足；而内部的IDEAS属性，将帮助你管理指数型组织，从而实现所谓的富足。指数型组织的5大内部属性分别是：用户界面、仪表盘、实验、自治和社交技术。了解你所寻求的每种富足的本质，可以帮助你决定哪个属性最能支持你们公司的商业运作。

你在哪里利用了自己选择的SCALE属性开发出了新的富足？

有哪些相应的IDEAS属性能够对这种富足进行有效的管理，从而使组织业务具有灵活性和适应性？

IDEAS

用户界面
INTERFACES

仪表盘
DASHBOARDS

实验
EXPERIMENTATION

自治
AUTONOMY

社交技术
SOCIAL TECHNOLOGIES

用户界面

信息大爆炸正在发生，但人们却不满足于信息的数量，而是要求更快的访问速度和更高的准确性，以便在混乱之中找到想要的答案。

——安妮·马尔卡希（Anne M. Mulcahy），施乐公司前总裁兼首席执行官

你的用户，比如你的客户、合伙人、员工以及其他人，将如何与你的公司进行互动？你和他们之间如何进行有效的数据交换？外部的富足需要经过过滤和管理，才能为你所用。用户界面让你能以一种高效、有针对性且无缝衔接的方式实现你对外部富足的管理需求。

用户界面是一个或多个SCALE属性的自动化。用户界面拥有匹配和过滤程序，能使用算法并使工作流程自动化，由此帮助组织将海量数据转换为可操作的有意义信息。它们是连接指数级增长（外部）驱动力和稳定（内部）驱动力之间的桥梁。

用户界面自动地将可操作的输入块定向到适当的内部部门进行操作。自动选择路径避免了人工处理中常见的限制和错误，这一点对业务的扩张至关重要。

用户界面既可以与用户进行交互，也可以与其他系统进行交互。对用户而言，用户界面（UI）是他们进行交互的应用程序的可视化部分。为了高效，构建用户界面必须对用户体验（UX）有着深刻到位的理解，以确保界面以一种令人愉快、简明易懂的方式，让客户参与到你的产品或服务之中。对于系统，应用程序接口（API）是你的系统与外部或内部系统之间基于代码的连接，发挥收集和交换数据的功能。

温馨提示与注意事项

■ 用户界面属性可与一个或多个SCALE属性配合。

■ 在界面的开发过程中，应运用以人为本的设计理念。

■ 你的用户界面最终能实现自配置吗？

■ 如何将算法属性与用户界面属性结合？

■ 你的应用程序接口可以通过筛选和集成外部数据创建内部值，并通过提供内部数据创造对外价值，从而加速价值交换。

■ 目前发生在现实领域中的用户体验是否会随着新兴技术的使用而转移到数字领域？

如何实现

1 确定富足的来源
你需要从所处的环境中获得富足的输出，从而为你的业务创造富足的输入。

2 使交互人性化以定义正确的用户体验，或是实现交互自动化以定义正确的应用程序接口
接触外部资源的有效方式是什么？通过人工交流和模型测试你对此的假设。你从这些测试中学到的东西将帮助你对交互进行优化。

3 创建标准化流程
对信息流以及在每个步骤中执行的操作做出明确的定义。用人工方式对流程进行实验，以验证你的假设。同样，从实验中学到的东西将帮助你优化该操作流程。

4 应用算法实现流程的自动化
要实现业务的规模化，用户界面需要成为能够进行自配置的平台。创建有效的算法实现这一点是你的业务的核心竞争力。

5 在试点人群中测试用户界面
在开展大范围推广之前，必须确保用户界面有效。进行小规模的实验，据此进行学习和优化。

6 定期更新用户界面
持续监控用户界面的有效性，在新数据的基础上不断优化。

为达成功的自检清单	我们的用户界面是否能让我们扩张业务？
	我们的用户界面能否创造价值？
	我们的用户界面能实现哪些SCALE属性？
	我们是否会对算法和自动化工作流程进行有效性测算？
	我们的用户界面能否吸引用户？

实用案例

CarePay是一家位于肯尼亚的公司，该公司的宏大变革目标是"让世界各地的每个人享有更好的医疗保健服务"。通过移动技术，他们将资助者、患者以及医疗服务提供者联系到一起，该公司的目标是对肯尼亚的医疗行业进行改革，然后将改革经验向世界的其他地区推广。

CarePay的M-TIBA平台是一个"健康钱包"（即用户界面），可以通过手机进行访问，并将公共及私人资助者所提供的医疗服务资金直接交给患者。这些资金仅限肯尼亚各地的特定医疗保健机构使用，支出也有一定的限制条件。在每一笔交易中，数字支付技术与实时医疗财务数据收集系统相结合，使医疗服务对于患者和医疗服务提供者来说都更安全、更透明。到目前为止，CarePay已经与肯尼亚各地的2000多家医疗机构签订合同，致力于为千万肯尼亚民众提供优质的医疗服务。

加油探索
从用户界面的角度看看这些公司。他们做了哪些努力，让他们的用户界面能够吸引用户，为公司创造价值？

谷歌广告
(Google Adsense)
爱彼迎
优步
Apple App Store

LivePerso
林登实验室
Pokemon Go

仪表盘

衡量一切可衡量之物，并为不可衡量之物设定衡量标准。

——伽利略

传统的年度或季度报告已经无法跟上当前商业环境的飞速变化。指数型组织的特点是高速增长，因而需要严格的监控框架和快速纠正错误的能力。现在，影响你决策的信息需要立即可取，越快越好。

仪表盘能够提供业务运营所需的实时信息。它反映了公司和员工的基本指标，还能够执行简短的反馈循环。业界流行的说法"能被度量的东西就能被管理"在这里也同样适用。对于高速增长的指数型组织，想要让管理决策能跟上变化的步伐，仪表盘的使用至关重要。

仪表盘只是一个屏幕，为查看者提供可视化的重要数据。仪表盘的设计形式多种多样，以满足特定的目的。但其关键的功能是将重要的性能指标整合到同一个地方，让用户能够轻松地更新与业务相关度最高的信息。

保持仪表盘的透明度，并向组织成员开放，能够促进组织成员间的学习，实现相互激励，还能支持团队协作，形成开放的团队氛围。

温馨提示与注意事项

■ 哪些指标的实时反馈对你来说具有价值？

■ 你所定义的度量标准必须具有可操作性，这样的标准才能为公司的提升提供相应的建议。注意避免设置一些花里胡哨的度量标准，那只能满足你的虚荣心。同样，要分清度量标准中的先行指标和滞后指标。先行指标易受外界影响而产生变动，滞后指标则恰好相反。

■ 指数型组织应该执行测量如实验等关键指数型组织属性的仪表盘，以便在实现宏大变革目标的过程中取得进步。

■ 仪表盘需具有适应性。你所测量的应是重要的实时增长驱动力，包括来自组织内部及外部的数据。

■ 仪表盘能够支持组织的自治属性。

■ 使用仪表盘实现整个组织范围内的公开交流。组织中的每个人都应当参与到目标的设定中来，每个人也有义务提供相关数据并进行反馈。

■ 将仪表盘跟目标与关键成果指标（OKR）或关键绩效指标（KPI）的实际值结合使用。寻找各类在线资料和纸质资料，对该方法进行深入探索。

■ 在用户界面中加入仪表盘可以为客户参与产品或服务提供支持，但这并不是仪表盘属性的应用案例，该属性侧重的是在组织内部利用仪表盘，支持组织的日常决策。

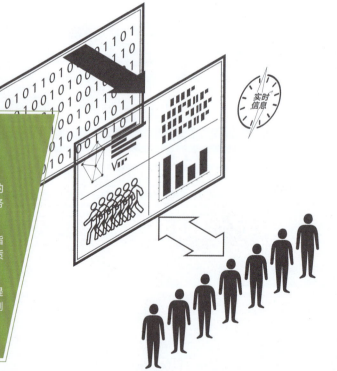

实时信息

如何实现

1 明确业务的关键指标

避免使用传统的虚荣心指标，如注册用户数量、下载次数或是页面浏览量。相反，你需要明确业务成功的基础是什么。你是基于何种假设、关键的学习内容以及某些其他元素，才需要搜集信息？基于何种指标你才会采取相应的行动？

2 明确你的受众

组织内部不同级别的度量指标是不同的，例如，决策层与操作层指标不同。确定某个仪表盘的使用对象以及它的用途，并在此基础上完成该仪表盘的设计，将为仪表盘的使用者带来无法衡量的价值。仪表盘的应用在今天已是无处不在，它为灵感的迸发，以及灵感迸发所需的资源提供了大量案例。

3 实时跟踪、收集并分析数据

应从客户相关的指标开始，再到员工相关的指标。实时读取让反馈周期缩短成为可能，这也提高了决策的速度。

4 落实一个目标设定框架

为公司范围内的个人和团队定下相应的目标和关键成果，或是与之类似的东西，帮助大家集中精力，推动产出。本质上，"目标"定义了你想要去的地方，"成果"让你知晓是否已经到达。根据你不断获得的新知识对目标与关键成果做出改进。

5 确保设置的指标透明且可访问

组织中的每个人都应拥有查询关键指标的访问权限。然而，如果想要让这些指标起作用，它们就必须得到员工的接受，而且能够被视作公司文化的一部分，企业员工也相信它们能为组织带来价值。

为达成功的自检清单

- 我们是否对业务的驱动因素进行了衡量？
- 我们是否得到了能帮助我们更快做出最优决定所需的信息？
- 我们正在收集的数据是否能决定我们接下来的行动？
- 我们的数据解决了什么问题？
- 仪表盘所带来的测量效益是否显著大于收集和分析数据所消耗的资源？
- 我们能从员工那里得到何种反馈？仪表盘对他们来说是否具有价值？
- 我们是一家数据驱动型公司吗？我们能否为各个团队的日常决策提供支持，并允许团队成员基于他们提升绩效的能力提出创新、想法和改进？

实用案例

Facebook深知，高效的组织内部沟通对于业务的快速发展至关重要。想要为2.5万名员工带来的生产力提供支持，就需要采用创新的方式实现信息共享。

Facebook的内部工具团队创造了一个工具框架，让组织上下的各个部门都能轻松地创建或是定制仪表盘。某个仪表盘的发起人可以呈现某些统计数据，如活跃用户数量、每天创建的好友关系数量；或是能够展示员工活动的组织内部新闻，如公司的内部员工状态或代码复核工程师所在特定团队的相关新闻。

举个例子，Facebook的内部沟通团队创建了一个公司仪表盘，其中涵盖产品发布、企业公告、重大事件、内部人员记录方面的信息，以及组织内部状态的更新流，员工也可以在其中发布自己感兴趣的主题，方便与同事进行讨论。

考虑到员工数量之大，业务需求之广泛，可定制的仪表盘能够让Facebook的团队实时监控与他们相关的数据趋势和相关信息，同时也促进了整个组织的开放和透明。

加油探索

从仪表盘的角度看看右图中的公司。对于左边圆圈中的前4个案例，考虑怎样的实时度量标准对它们而言必不可少。对于其他案例，探索它们如何支持仪表盘在组织内部的落实和应用。

Facebook
Twitter
领英
Zendrive
甲骨文公司
（Oracle）

Aha!
Stocktouch
Perdoo
Tableau
Geckoboard

实验

衡量成功的真正标准是24小时内可以进行的实验数量。

——爱迪生

在创立的早期阶段，指数型组和其他类型的初创企业一样，都还在寻找可扩张的商业模式。正如史蒂夫·布兰克所建议的一样："在初创企业中，没有哪个商业计划能在与客户的第一次直接接触中就获得成功的。"任何新的商业模式在刚开始的阶段都不是一系列可以执行的行动，而是一系列需要验证的假设。

然而，指数型组织也可以是一个成熟的现有组织，想要适应行业的动荡，甚至想要带头颠覆行业。在这种情况下，指数型组织必须要不断地提出新的想法，例如推出新产品、服务或是流程。所有的这些都需要进行假设，而且在大规模执行之前，必须对这些假设进行测试。

传统的业务或是产品计划建立在大量关于市场需求的假设基础上。在这种情况下，实验是进行重大投资之前对假设进行验证的行为。每次实验都能为你带来一套学习方法，用来改进你的产品、服务或是流程。

无论你的指数型组织是刚刚建立还是已经成熟，都必须不断地开展实验，以学习如何最好地进行改进。在指数型组织中开展实验的最佳方法之一便是"精益创业法"（Lean Startup methodology），这种方法重点聚焦于建立"快速反馈循环"。这让组织能在还未在某条路径上花费大量时间和费用时，整合新学的知识，实现自我调整。

实验是在多个组织部门中进行的，从而能使组织文化承受创新所带来的风险。风险耐受能为组织提供一种战略优势，实现组织上下的高效学习。这将让组织的流程与高速变化的外部事物保持一致，同时也让组织的产品符合市场的实际需求。

温馨提示与注意事项

■ 组织目前的文化是否适合做出变革？员工是否愿意为组织流程的透明化相互支持、合作，并积极地参与其中？这些因素将成为支撑实验成功的重要因素。

■ 失败是实验的基本组成元素。结果不理想的领域恰恰是学习和改进的机会所在。所以，应当积极地看待失败（看看我们学到了什么！）而非消极地叹息（我们又没得到高分），这需要我们转变心态。

■ 奖励"有益的失败"，也就是那些让我们洞察未来且帮助我们学习的失败，它们有助于在组织内部灌输实验这一核心价值观，消除进行实验的阻力，避免失败带来的污名。

■ 把针对个人与部门的激励同实验步骤相结合，例如，计算已进行的实验数量或已验证的假设数量。

■ 组织外部的随需随聘员工能告诉你什么？随需随聘的员工是一个适合进行实验的优秀团队，因为他们在业务上投入了足够多的精力，所以能够为组织提供独特的见解。除此之外，他们还与组织的改进有直接的利益关系。与此同时，随需随聘的员工并非扎根于组织内部，他们的可移动性让他们的反馈能够保持足够的客观性。

■ 现有的客户和供应商也是在你接触范围内能进行有效实验的团队。所以，遵循"离开办公楼"的咒语，勇敢地检验你的假设！

■ 在设计产品和服务的时候，注意采用让它们能够轻松实现迭代的方式。你能持续地整合客户的反馈吗？

■ 给你的实验设定相应的时间限制，提前预测结果，确定结果的评估方式，仅使用可证伪的假设。同时，在设计问题时避免证真偏差的发生。

实用案例

TATA MOTORS
Connecting Aspirations

塔塔汽车公司（Tata Motors）是印度最大的汽车公司，该公司通过建立子公司和战略合作的方式实现了全球运营。该公司深知，要在风云变幻的商业环境中赢得未来，就需要在先进的移动解决方案领域跟上时代步伐。

为此，塔塔引入了TAMO。TAMO是一个独立且垂直分工的部门，作为一个开放的平台，它负责与全球范围内的初创企业和领先的科技公司建立合作。同时，TAMO的建立，旨在改变与客户及更广泛社群之间的交互体验。通过TAMO的生态系统，塔塔汽车公司可以进行数量低、投资小的车型实验，以便为新技术和新概念提供快速的验证反馈。这些实验的结果有助于未来主流产品及服务的设计。

如何实现

1 对团队进行教育，辅以相应的激励措施

在提问的重要性方面对员工进行培训，同时让他们知晓优质问题的设计方式和发掘有价值答案的方法。展示你作为领导的支持态度，帮助企业内部创造一种文化，激励并授权员工进行快速、高质量的实验，甚至可以为了学习而失败。

2 定义你的假设和价值主张

你在检验什么？检验的结果是否会影响你目前的工作？你需要对那些关于客户的假设进行持续的检验。你的商业模式画布是在业务中做出的所有假设的集合。你可以以它为始，对假设进行验证。

3 设计并开展实验以评估你的假设

仔细思考你的实验设计，实验的结果是否可以量化？其结果将以何种方式帮助你进行创新？以创新的方式提出问题，才能发现真正的需求。明确定义成功的决定性因素，包括需要达到的门槛。

4 收集实验结果并从中分析数据

追踪实验并测量结果，以获取知识。

5 从数据中学习

你从实验结果中学到了什么？实验数据是验证了还是否定了你的假设？基于新学得的知识，要做好改变或是适应新方向的准备，包括不断改进你的商业模式，因为它也可能在实验之后产生变化。

6 迭代你的方法

你可以在哪些方面进行调整，以提高实验结果的质量？对你想法的各个方面进行不间断的实验，包括实验的设计以及具体的执行方法。

本质上，精益创业开始于一些新的想法，然后，在此基础之上，执行一系列的"构建—评估—学习"的循环，对这些想法进行评估：

构建 → **评估** → **学习**

构建

在想法的基础之上，你可以简单地设计一组问题，询问客户或利益相关人士对新想法的意见或是建议（"客户开发法"非常适用于这种情况），或者，你甚至可以先建构一个最小可行产品。最小可行产品能够让你更快地将产品推向市场，以便更早地收到产品的反馈。这两种方法其实都是实验。

评估

精益创业的一个关键原则是进行数据驱动的决策，这意味着你需要收集与实验相关的数据，不管数据的来源是面试、最小可行产品还是其他类型的实验。

学习

在对实验结果进行了分析之后，你便能够确定所检验的假设是否有效。当然，无论假设有效与否，从实验中获得的新知识都无法用金钱衡量。因为，这些结果能够帮助组织进一步发展最初的想法，然后重复"构建—评估—学习"的循环，直至创业成功。

"构建—评估—学习"的循环降低了你对如创新产品等新想法的投资，并且减少了浪费。因为，对于尚未确定的需求，你没有必要花时间对这些功能进行大力开发。执行这三步循环的速度越快、频率越高，你便能够在更短时间内学到更多的东西，成功的可能性也就相应越大。

该流程的变体可能非常适合你的业务。谷歌投资（Google Ventures）的杰克·纳普（Jake Knapp）在他参与撰写的《设计冲刺》（*Sprint*）中概述了一个跳过"构建"步骤的设计冲刺模式。坦尼·皮涅罗（Tenny Pinheiro）的《服务创业：设计思维精益化》（*The Service Startup: Design Thinking Gets Lean*）倡导在学习过程中进行设计冲刺。我们也可以针对何时引入最小可行产品、实物模型或原型以进行探索。

为达成功的自检清单

- 我们是否对驱动业务的假设进行了明确的定义？
- 我们所问的问题是否具有价值？
- 我们的实验是否产生了有价值的结果？
- 我们是否在结果的基础上不断改进，不断成长？
- 实验是不是我们组织的核心价值观？
- 我们是否定义了一个顺畅、灵活的流程以便获取和利用新知识，包括利用工具对实验结果进行分类？
- 我们的预算和计划中是否包含了收集产品反馈和进行改进的时间？

加油探索

从实验的角度看看这些企业。你认为他们从哪些类型的实验中受益？

Dropbox
Adobe
通用电气公司
Google X

亚马逊
优步
Groupon

自治

那些嘟囔着"这项任务不可能完成"的人不应同那些正为目标不懈努力的人站在一起。
——萧伯纳

当团队不仅不再受僵化的组织流程、内部规则以及报告结构的束缚，而且允许企业内部发展自发组织以实现共享的目标时，这样的团队将实现决策速度的提高、创新的加速以及针对新想法的快速测试。

自治属性指的是利用自组织的、多学科的、去中心化的团队。这种方式与传统的以等级结构和流程为特征的组织形成鲜明的对比。指数型组织所采用的自治属性以扁平化为特征，内部成员具有极高的积极性，是具有创新能力的主见者。

自治可以应用于不同的形式之中。在一个组织中，该属性可以帮助核心团队以更强的敏捷性和灵活性执行操作，从而使组织以更快的速度适应动态环境。该属性也可以用于公司的外部员工，如随需随聘的员工，让他们能够以一种更为独立的方式执行项目，从而为组织带来更高的指数增长潜力。

自治并非取消对员工的控制，相反，它带来的是个人及组织的自律，而自律即自由。它为企业提升了敏捷性和灵活性，对企业而言益处不胜枚举，比如，反应时间更短、学习更高效、员工士气更昂扬。

一些支持自治属性的常见框架包括：

● **敏捷产品开发框架**，如Scrum或看板管理等此类框架，支持跨产品开发团队的自治。这些框架经常用于软件开发公司，但它也可以应用于其他类型的组织。

● **目标与关键成果**，该框架支持跨组织的自治，并且兼具灵活性。它使用的范围超越产品开发的界限，扩展到整个组织，确保整个团队及个人的努力既具凝聚性又不失灵活性。

● **合弄制（Holacracy）** 是一个组织设计和管理模型的典型案例，其特征是网络化而非线性化。它让组织能够动态组建团队，以处理临时出现的目标和挑战。另一个例子是弗雷德里克·莱卢（Frederic Laloux）在《重塑组织》（*Reinventing Organization*）中描述的Teal组织。

● **黑色行动或边缘小队** 是指在现有组织的边界上或是边界外建立的小团队，他们在其工作和项目方面具有独立决策的权力。这显然提高了小队的决策速度，并为团队带来更多的创新、敏捷操作以及突破性的想法。

温馨提示与注意事项

■ 团队受益于固定员工和随需随聘员工的组合。

■ 探索合弄制和类似的原则，为产生新想法和灵感创造合适的土壤。

■ 自治仍然离不开问责制。

■ 组织如何才能更加相互信任，更明确角色定位，同时也降低共同合作的成本和努力？

■ 接纳组织文化是实现公司内部自组织的关键。

■ 自治可以与参与属性一并使用。

■ 区块链技术可以帮助实现自治属性，因为该技术允许分散式的节点或人员在无须中心控制系统的情况下进行交互。

如何实现

1 定义你的宏大变革目标
与其他指数型组织属性一样，宏大变革目标对于吸引志同道合的员工和指导决策至关重要。

2 找到适合的人
自主创业的员工和企业家最适合这种创新风格的组织。你需要新的领导模型和技能，以支撑敏捷型框架和自组织团队的动机、组织和创新。

3 建立团队
建立一个小而独立，且多学科交叉的团队，创造团队文化。雇用兼具才华和创新精神的开创者。

4 执行框架和工具
明确定义团队所拥有的自治级别，也就是它的自由度，并建立团队与母公司之间的连接节点。根据你的宏大变革目标和公司的价值观，明确指导原则。同时确定一个组织运作并履行职责的框架。

5 就目标进行沟通
针对这种组织方法，明确定义你的目标，并就目标与团队进行沟通。鼓励员工启动符合公司宏大变革目标的新项目，或是从正在进行的项目中进行相应的筛选。

6 仪表盘的执行
创建开放且透明的仪表盘，让团队能够根据数据做出更好的决策。

为达成功的自检清单	
	我们是否鼓励员工自己做决定？
	组织的决策权是否分散？
	我们的组织文化是否支持自治和独立？
	我们是否实施同伴问责的制度？
	我们组织内部的角色是不是动态变化的？
	我们是否有一个清晰的流程让自治团队能以有效的方式处理风险和失败？

实用案例

博组客（Buurtzorg）是一家成立于荷兰的先锋医疗组织，以由护士主导的社区整体护理模式为特色。该模式为全球范围内的社区护理模式带来了创新。在该模式下，首先需要成立社区办公室。然后，由注册护士、持照执业护士和助理护士组成的12人团队与当地社区群众、全科医生、治疗师和该地区的其他专业人士见面，通过治疗的口碑和相互推荐积累起他们的病例数。每个自我管理团队决定如何开展工作、分担责任并做出决策。

这种模式提高了护理的质量（他们的客户满意率高于全荷兰所有医疗机构），既提高了工作满意度，又降低了总体成本。尽管每小时的花费高于其他医疗机构，但博组客在治疗同样数量的病人上花费的时间减少了50%。

加油探索
从自治属性的角度看右图中的公司。它们将以何种方式行使或下放权力？

Enspiral
Medium
美捷步
维尔福软件公司
（Valve Corporation）

ING Direct
Axosoft
Scaled Agile
海尔

社交技术

一个人能做的事情少之又少，但如果大家聚集在一起，将迸发出无限的力量。

——**海伦·凯勒**

社交技术是一些工具，可以让你的固定员工、随需随聘的员工、客户以及其他人所在的社群进行快速且便利的交流。这些工具可以提高沟通效率、缩短决策周期，还能让员工更高效地学习。共享、接受和实现想法之间的延滞时间基本可以被消除。

社交技术这一属性与鼓励使用以营销为目的的社交媒体无关。相反，它是利用包括沟通、协作和工作流程在内的技术鼓励员工增强同社会的互动，以增强内部运营；同时，它也要我们去探索如何才能把这项工作做好。

社交技术包括通信工具（如社交消息通信及论坛讨论组）、协作工具（如基于云的共享文档管理及实时编辑）和工作流工具（用于管理任务及活动流）。这些工具让你的组织从完全数字化的通信基础中获益。这些工具创造了透明度，也降低了组织内部的信息延迟，也就是信息从一个地方传递到另一个地方所花费的时间。

指数型组织在内部使用社交技术属性让员工能够实时协作，这大大缩短了时间周期。即使外部出现快速的变化，团队内部也能保持稳定并进行实时互联。维基百科、博客、社交网络和网络会议是主流的组织协作方式，与此同时，虚拟现实和增强现实工具也在不断推陈出新。

指数型组织同样也利用社交技术，跨越组织边界，与客户和社群中的其他成员进行联系。可以创建社交环境，驱动用于开发产品及服务的信息，同时也支持社群与大众这一属性。组织的产品和服务在设计阶段可以结合相应的社交元素。

温馨提示与注意事项

■ 想要社交技术发挥其应有的作用，必须建立企业内部的合作文化。你的工作环境是否具有足够的支持性、激励性和透明度？如果答案是否定的，你该采取哪些措施进行改善？

■ 实现组织内部的横向和纵向沟通。

■ 新兴的社交工具，如远程呈现、虚拟世界和情绪传感等，如何在组织中得到应用？

■ 虚拟工作的能力将为组织带来何种影响？

■ 随着社交工具的引入，交流与协作的互动方式将发生巨大的变化。例如，公司领导层、市场以及公关部门可能习惯于单向沟通，而社交技术则带来实时、双向甚至多向通信的转变。

■ 在组织的边界之外使用社交技术，可以支持与客户之间进行零延迟通信。因此，该属性也能支持指数型组织的用户界面属性。

■ 将社交技术应用到用户界面中，能够提高用户的参与度。但这并非社交技术属性的应用案例，因

为，社交技术侧重于在组织内部使用。

■ 你将如何使用社交技术来管理富足并拓展你的业务？比如说，如何使用社交工具来加速开发或者是吸引新客户？

■ 在组织中构建正确的社交架构和信息流，以提供技术支持的通信，这将成为组织大规模实现敏捷性并推动创新的巨大驱动力。除此之外，随着组织的成长，这种方法也可以让各类事务的处理更为人性化。

如何实现

1 定义你的宏大变革目标

首先，一个雄心勃勃的宏大变革目标是不可或缺的。这样，组织员工才能依照共同的目标协同合作。

2 分析当前的社交环境

现有的社交和社群互动的形势如何？相互交流的人员有谁，交流以何种形式发生？还缺少哪些有益的互动？

3 执行工具

根据你对交互现状的了解，在整个组织中充分利用基于云的社交工具。尝试市面上的多种工具，并从中找到最适合组织需求的一个。通信工具十分重要，但也需要寻找支持成员协作和工作流的那种。

4 打开摄像头

你是否充分挖掘和利用了工具的功能？比如说，你是否使用Skype这样的服务处理业务，但只限于使用音频通话的功能？其实它也支持视频功能。视频的出现为我们带来了巨大的变化，它能让你更多地了解你的谈话对象。你能够接收来自对方的非文字反馈，还能建立相互的联系。因此，你应当充分探索应用工具的全部功能，发现新的合作方法。

5 从经验中学习

你从哪个社交工具中收获了最大的价值？人们更倾向于使用哪种社交工具？你从员工和客户那里得到了什么反馈？

为达成功的自检清单

- 我们的高级管理层是否带头使用这些工具？
- 我们是否使用社交技术来支持关键决策？
- 我们是否在使用社交技术的同时，定期进行面对面的交流，促进良好关系的建立？
- 我们的员工和客户是否乐于使用社交工具？他们是否已经知晓这些社交工具，并接受了相关的使用培训？
- 我们的信息技术部门是否支持（而非阻止）社交工具的使用？
- 我们在定义产品和服务时是否将社交元素考虑在内？

实用案例

TED

尽管TED的总部设在纽约，但它的技术团队均由遍及世界各地的研发人员组成。虽然分散的劳动力能够让公司随时获得合适的人才，但这也是建立在良好的虚拟协作基础之上的。

TED的技术团队充分利用了各式各样的可用社交技术：

- 利用GitHub的开源平台进行代码的协作。
- 利用Dropbox储存共享的资源。
- 利用谷歌文档（Google Docs）对小组的思考和工作进展进行记录。
- 利用Skype和谷歌群聊（Google Hangouts）开展小型会议。
- 利用BlueJeans开展视频会议。
- 利用群论坛进行集体议程规划。
- 利用Chat进行一对一的沟通。
- 利用Flowdock进行内部团队的对话和透明化沟通。

每个员工会得到一个MiFi，也就是便携式的WiFi热点，以确保每个人在任何时刻都能享受高质量的网络连接。团队在项目的过程中会进行用户化修改，并定期征集员工意见以了解其工作痛点。团队内的每个成员都能意识到面对面交流的价值所在，并在每年的某些时刻以团队的形式聚集在一起，讨论组织目标及相关想法。

057

加油探索

从社交技术的角度看看右图中的公司。他们如何实现团队间的合作？

Yammer （通信）
zoom （视频会议）
谷歌云盘 （协作）
Poll Everywhere （交互）

Slack （协作）
Aha！（产品线路图）
谷歌群聊 （通信）
Medium （出版）

Trello （项目管理）
Sansar （虚拟现实）
Flowdock （群聊）
GitHub （编程）

Asana （工作追踪）
Skype （视频会议）
Vidyo （视频会议）
99 designs （设计）

Dropbox （文件共享）
印象笔记 （组织工作）
Join.me （视频会议）

指数型组织画布

在阅读了前面的内容之后,你现在应该已经对用于接触和管理富足的指数型组织属性有所了解了。接下来,我们将介绍指数型组织画布,这是一个简单的工具,只需一页的内容,便能助你轻松实现指数型组织的设计及改进。

指数型组织画布是一个管理模板,它帮助远见者、创新人士、企业高管和创业家利用指数型的加速技术,设计具备敏捷性的组织。使用指数型组织画布,既可以设计全新的指数型组织,也可以在现有组织中实现指数化转型。

你的组织有多灵活?它是一个指数型组织吗?这些问题你可以在指数型组织画布中找到答案。它将引导你的组织成为一个兼具灵活性和敏捷性的指数型组织。

指数型组织画布的篇幅约为一页,其中概述了指数型组织模型的所有属性。该画布建立起简单明了的基础,不仅可以用于设计新的指数型组织,还可以用于在现有组织内部创立指数型组织。不仅如此,该画布还能确保指数型组织的全部范畴均被考虑在内。指数型组织画布提供了一个机会,让你不仅能够思考哪些属性可以用于你的组织,还能更具体地思考每个属性将如何实现。

我们发现指数型组织画布是一个有效的工具,可以将商业模式画布表示的商业模式转化为指数型组织的商业模式。此外,在模式构思的早期阶段,指数型组织画布将成为一个关键性驱动因素,帮助你了解与组织相关的指数型技术的潜在应用方式。

指数型组织画布由100多名指数型组织实践者共同创造,他们遍及世界的各个角落。完整的创作人员名单可以在www.exocanvas.com上找到。你也可以在该网站上找到可下载的指数型组织画布。

从左到右观察指数型组织画布,我们首先使用SCALE属性与世界上的富足相连。接着,我们将继续使用IDEAS属性,通过实验和相关操作充分利用富足。通过这些方法,你便拥有了创造新富足的潜力。请谨记,该过程是以定义组织存在的核心目的、具有支配地位的宏大变革目标为指导的。

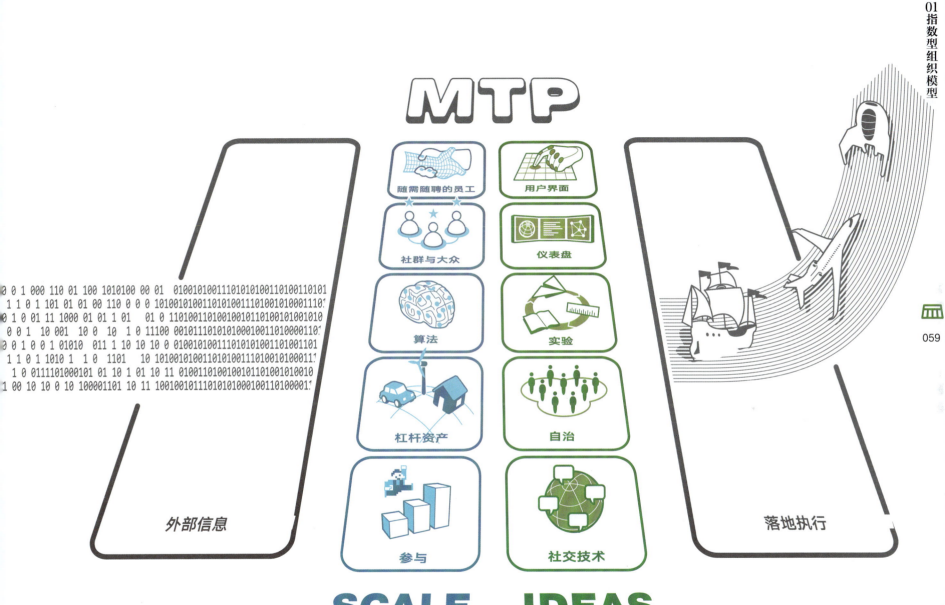

当你下载完指数型组织画布的时候，它看起来是这样的：

宏大变革目标			
外部信息	随需随聘的员工	用户界面	落地执行
	社群与大众	仪表盘	
	算法	实验	
	杠杆资产	自治	
	参与	社交技术	

如何使用指数型组织画布

如果你在一个小组中使用指数型组织画布，请以尽可能大的尺寸打印空白的画布。因为你会发现，当在大团队中进行头脑风暴时，墙壁大小尺寸的画布非常好用。对于规模小一些的小组，则是A0尺寸的纸张最为合适，只要确保画布内的每个部分都有足够的空白空间，方便大家贴便利贴即可。指数型组织画布的每个部分最终都会被便利贴所覆盖，所以要为组内的每一位成员准备足够的马克笔。在开始之前，提醒每个人只需记录简短的词条，由此确保画布的范围足够容纳所有记录。

为了方便参考，提前准备好指数型组织画布的副本，确保人手一份。每个副本上应预先填写每个属性的提示性问题（这些问题可以在www.exocanvas.com网站上找到）。带着想法进行团队合作能够有效地激发团队思考。

在指数型组织画布的页面上部，写下你所思考的宏大变革目标。所有后续的条目都将支持这个特定的目标。接下来，想想在世界上有哪些地方可以获取尚未开发的、能助你实现宏大变革目标的富足，并思考你将以何种方式获取这些富足。例如，爱彼迎使用了大量闲置的房间。如前文所述，指数型组织画布左侧列出的5大SCALE属性是找到富足的不同方法。

思考你的信息或数据来源，将你的SCALE属性同富足相连。这是你能在指数型组织画布左侧的SCALE属性旁边找到的内容。仔细考虑你所拥有的信息或数据，你需要什么，你将从哪里得到你所需要的东西，你将如何把它们收集进你的数据库。

一旦你确定了富足的来源，便应把注意力转向指数型组织画布右侧的5个IDEAS属性，它们提供了管理富足的不同方法。仔细考虑属性之间的依赖关系，以及要实现它们的正确顺序。例如，一旦定义了社群与大众的属性，接下来确定的便是参与属性。

最后，不管你需要在现有的组织中实现指数型组织的属性，还是构建全新的指数型组织，你都要认真考虑哪些关键事件和任务是不可或缺的。这些步骤应该是相互独立且可衡量的。你可以使用画布右侧的空白部分展示团队在这方面的想法。

在讨论指数型组织冲刺计划的过程中，为某个宏大变革目标所创建的指数型组织画布将经历多轮研讨。想法的快速迭代以及指数型组织画布的高效研讨至关重要。记住我们还处于早期阶段，目前没有什么内容需要反复打磨。也请你保存好指数型组织画布的早期版本。因为，在之后的道路中，我们可能会用到其中的一些内容。

想知道你所在公司的
指数商是多少吗？

扫码下载"湛庐阅读"App，
搜索"指数型组织"，
获取测试题及答案。

萨利姆·伊斯梅尔在其著作《指数型组织》中引入了指数商（ExQ）这一概念，回答了"你所在组织的指数化程度有多高？"这一问题。

当你开启所在组织的指数化转型之旅时，先明确起跑线对你大有裨益。通过www.exqsurvey.com上的指数商测试，确定你所在组织的指数商。

回答关于你所在组织的一系列问题，相应的答案会最终形成一个指数型组织分数。得分为75分及以上的组织便可被视为指数型组织。

完成指数商的调查可有效加深你对指数型组织属性的理解，在此基础之上，你将开始在你的组织环境内切实思考这些属性。你需要花点时间对任何不熟悉的术语进行深入研究。

指数型组织画布的使用建议

宏大变革目标对于任何指数型组织而言，都是不可或缺的存在，它是你进行指数化转型的起点。

首先，你要考虑如何利用SCALE属性找到富足。然后才需要思考如何利用IDEAS属性对其进行有效的管理。

谨记，SCALE属性和IDEAS属性的数量要保持一定程度的平衡。鉴于SCALE属性与IDEAS属性之间存在一定的重叠关系，你需要的属性将会覆盖各个集合，并且你可能希望各个集合的数量保持相近。

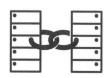

属性之间的依存关系也不能小觑。例如，如果你想使用SCALE属性中的随需随聘的员工属性，那么你就需要IDEAS属性下的用户界面属性和仪表盘属性。同样，自治属性的应用也离不开仪表盘和社交技术，等等。

实验是已经确定的，至少在指数型组织的早期阶段是确定的。这个属性是形成持续的学习思维模式的基础。

你不需要利用所有的指数型组织属性，但是，如果你想建构一个真正的指数型组织，至少需要利用其中的4个属性。

现在存在一种趋势，那就是把指数型组织的各个属性当作简单的自查清单（是否需要社群？需要！是否需要用户界面？需要！），而把指数型组织画布当作一种工具，频繁使用，以明确定义每个属性的实现方法。

　　现在，你已经对指数型组织的模型组件及其相互的依存关系有了大致的了解，这些组件包括：宏大变革目标；5大SCALE属性，在外部助你在全球范围内找到富足；5大IDEAS属性，在组织内部助你对富足进行有效的管理。那么在接下来的内容中，我们要探索的是什么呢？

　　指数型组织冲刺计划为期10周，在这期间，你可以将你设计的指数型组织模型为你所用。你可以将这些属性视作转化的佐料，而指数型组织冲刺计划就是你的转化过程的食谱。本书的下一章节将布置一系列的任务，帮你确定方向，并提供相应的支持。最终，你将确定指数化转型计划，并实现所在组织的指数型升级。

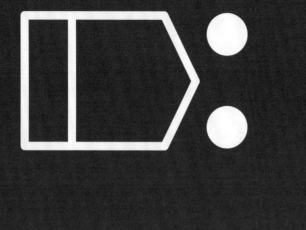

02
指数型组织冲刺计划

指数型组织冲刺计划

想要让你的组织转型并获得指数化的丰厚成果，你是否已经做好落实指数型组织模型的准备？

毋庸置疑，在这个技术指数化的时代，以指数型组织形态存在的企业大放异彩。但老实说，想要实现指数型组织模型并非易事。如果没有采取合适的手段，并经历正确的流程，包括组织内部的"免疫系统"在内的诸多挑战就会联合起来阻止你实现你所期待的组织转型。

在本章当中，我们将向大家详细介绍为期10周的指数型组织冲刺计划，包括每一周的每个步骤该如何进行。经过这次冲刺计划，你的企业将拥有抵御行业动荡的能力，不仅如此，还有可能超越当前的行业创新者，占据该领域的统治地位。又或者，你可能从中开辟一片全新的天地！

转型的挑战

　　将指数型组织的框架应用到现有的组织中绝非易事，在转型的道路上，你将面临一系列的挑战。接下来，我们将详尽地说明你可能遇到的困难，并仔细讲解在冲刺计划进行的过程中可能用到的方法，助力你解决问题。

　　如果你的组织已经成立多时，你可能会想要转化自身的商业模式，与富足相连，比如让自身组织变为一个平台，从而创建自己的生态系统，或是选择另一个基于富足的商业模式。你会希望在不危及现有组织架构的前提下，找寻正确的方法，尝试新的商业模式。

找寻正确的商业模式

　　传统的商业模式以稀缺为基础：价值源于销售限量供应的产品或是服务。然而，如前文所述，指数型技术让从信息到能源等一切事物变得富足，于是，所有行业面临的主要挑战都变为发掘并适应富足的新商业模式。例子包括：

产品即服务

　　这是一个允许消费者少买多租的系统。优步就是一个很好的例子，只要用户有用车需求，打个电话就能叫来出租车。优步能够利用富足的司机和客户，提供相应的服务。

共享经济

　　人们把闲置的资源出租，这种模式鼓励资源的共享，同时减少浪费。例如，在爱彼迎的案例中，个人出租他们闲置的房屋或房间。这样，爱彼迎便能使用富足的闲置空间开展出租业务。

平台

　　这是一种能够连接且自动化处理消费者和生产者需求的在线软件。99designs就是这样的例子，它是一个在线的平面设计市场，允许顾客寻找想要的设计，例如一个logo，顾客可以在线发布需求并让设计师们针对需求自己进行竞标。99designs拥有大量的平面设计师，能够为客户提供丰富多彩的设计方案。

生态系统

　　除了平台，生态系统也连接不同的服务和解决方案，为生态系统内部的成员带来全方位的价值。最近，新兴的生态系统一直在扩张自身的平台模型。

　　成功的跨国企业正在建立自己的生态系统，这样的企业有很多。当然，并非所有企业都拥有清晰的商业模式，但它们都在为生态系统贡献自己的价值。例如：

- 谷歌创建Gmail、谷歌地图和谷歌云盘等单位来构建自己的生态系统。
- Facebook则通过收购Instagram、WhatsApp和Oculus等单位，构建自己的生态系统。

　　真正的挑战是找寻适合某个组织或行业的正确商业模式，为特定的组织或行业确定生态系统的具体形式以及相应配置也许更困难。

生态系统

生态系统

企业免疫系统
总会阻挠创新

对于能够帮助你的组织与富足相连的商业模式，可能你已经不太陌生。这是件好事，但是，选择正确的商业模式其实是指数化转型过程中相对简单的部分。而你不可避免地要面临的挑战是企业自身的免疫系统。因为无论何时，当一个大型组织试图创新或是改造自己的时候，企业免疫系统，也就是某些员工，以及某些由于自身属性而将不可避免地阻止变革发生的组织的原有流程，总会对自身发起攻击。相信这一点对每个人来说都显而易见。

企业免疫系统的这种攻击行为名正言顺，因为已成立的组织通常都有其需要运营的业务，维持业务的正常运转十分重要。现在，我们的目标不是杀死自身的免疫系统，相反，我们要对其进行有效的管理。组织引入创新的方式往往会放大免疫系统的问题。组织经常咨询外部的顾问，他们需要做好哪些工作才能达成转型的目标。有些企业要么选择投资，要么并购其他创业公司，融入主体组织。但不管采取何种方式，组织的免疫系统都将对你提出的方案发动攻击

为什么会发生这样的问题呢？因为公司的免疫系统会对任何被它认定为外来DNA的物质做出反应。

要平衡创新和风险，我们可以保持现有的商业模式不变，而在组织的主体之外开展颠覆项目。

要与现有的员工一起执行转型的流程，这样可以使组织的DNA保持完整。除此之外，如果你要选择并购一家初创公司，那就在机构主体之外运营新的子机构，让其成为更大的生态系统中的一个新单位，就像Facebook所做的那样。

组织的转型同样伴随着员工的转变

组织内部的重要员工必须积极地参与到组织的转型过程中。他们应该学习新的概念，练习使用新的工具，并产生自己的转型创意。新的环境和周遭的变化有时，甚至是经常会让人感觉不太舒服，所以组织的领导团队必须为员工提供全力的支持。

一个组织的转型不仅关乎组织本身，更关乎其中的员工，包括他们的心态和知识库的更新。这个问题与企业自身免疫系统带来的挑战密切相关。为了解决员工的问题，你必须先解决组织本身的问题：将组织中的抗体（白细胞）转化为组织的拥护者，也就是致力于推动创新的红细胞。

现有的以效率为导向的文化、管理及流程

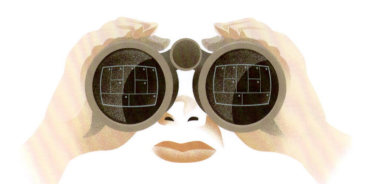

现有的组织注重效率，其目标是实现利益的最大化。然而，当组织的目标转变为颠覆式创新时，这种管理方式和流程便失去了原有的效力。

为什么这么说呢？因为，根据定义，具有颠覆潜力的企业在早期甚至没有一个清晰的商业模式。因此，它们关注的重点不是高效，而是寻找合适的模式。正如史蒂夫·布兰克所说："初创公司是一个正在找寻可扩张和可复制的商业模式的临时组织。"

创新和转型的实现，需要运用基于探索的创新方法，如客户开发、设计思维和精益创业。

纸上得来终觉浅

以下是同基于探索的创新方法相关的书目，包括前面提到的《精益创业》和《指数型组织》，还有《四步创业法》（*The Four Steps to the Epiphany*）。

没有人能仅从一本书上就学会如何打篮球，同理，你的团队也无法仅凭简单的阅读就理解如何使用这些方法。所以，团队成员需要亲身参与组织的转型，这一点至关重要，这意味着他们需要进行实际的操练，以真正了解指数化转型的过程。

最聪明的人并不总在你的组织内部

无论你的组织规模有多大，组织之外的人总是多于组织之内。这一事实包含两个重要的含义：第一，你不可能永远都找得到对某个问题见解最深刻的人；第二，你的客户，也就是能够回答你的创新成功与否的人，也不一定在你的接触范围之内。

缺乏速度和参与

组织的主要焦点是保持现有业务的正常运转，而不是自我改造。因此，创新活动总是居于次优先等级，这种现象拖慢了组织颠覆和转型的进度。与此同时，组织为期一天的研讨会或是小型项目讨论会也并非高效之举。因为，虽然这种程序简化的活动是让人们兴奋并开拓思维的绝佳方法，但是员工们的行为不会简单地因此而改变。

向社群公开你的创新及转型过程，以获得社群成员具有非凡洞察力的意见和有效的验证，这样，你就可以发现成功实施创新计划到底需要什么。再次引用史蒂夫·布兰克的话："跳出自己所在的一方天地。"

采用"干"中学的方法，你的团队可以从中获得关于不同方法的知识，并在外部催化或是行动教练的支持下（同时使用本书作为脚本）开展转型的旅程。

这个过程既不要太短也不要太长。我们的目标是实现员工行为的改变和长期的参与，同时能保留足够的精力完成整个过程。

指数型组织冲刺计划
方法说明

转型冲刺旨在解决上述所有问题的挑战，并提供可行的方案和建议。

本书介绍的转型过程是笔者过去15年里管理创新和转型项目的经验结晶，有200多名创新顾问参与到了这些创业项目中，他们为本书提供了宝贵的反馈意见。

此外，指数型组织冲刺计划已成功应用于许多行业，使用冲刺计划的企业也遍布全球，其中不乏宝洁、史丹利百得、惠普和Visa等知名企业。

通过冲刺计划，组织将发掘符合自身需求的商业模式，从而连接富足的资源。指数型组织冲刺计划还能帮助企业更好地管理组织的免疫系统，避免其阻止创新和改变。此外，企业还能学习如何实施正确的、创新导向的方法，在"干"中学方法的帮助下，使组织内部具备特定能力。而完成这一切只需10周！

发现基于富足的正确商业模式

进行指数型组织冲刺计划，其目的是产出一系列指数型组织方案。通过这些方案，你的组织一方面将改进现有的商业模式，在应对外部行业干扰时能更具适应性；另一方面，也能创造出具有行业领导潜力的新一代组织。

抑制企业的免疫系统

为了防止企业的免疫系统对转型产生抵触作用甚至是发起攻击，可以选择让组织现有的员工设计并执行转型的过程，而非聘请外部顾问直接干预内部转型的进程。允许员工提出自己的想法，这样能确保由此产生的相关举措得到内部员工的支持，从而能顺利地实施这些举措，减轻免疫系统的应激反应。

还有一种减轻企业免疫反应的方法，那就是在公司内部开展渐进式的革新（也就是在现有组织的内部维持当前的商业模式），而在组织外部开展所谓的颠覆性业务（也就是与新商业模式相关的业务计划）。

在个体经历转化过程时提供支持

指数型组织冲刺计划的过程强度很高，通常情况下，它会要求参与其中的个体以一种与以往完全不同的方式工作。在冲刺的过程中，参与者需要学会使用新的工具，适应与以往不同的工作流程。他们还需要直接与客户验证尚不完美的方案；还需要在相关信息不够充分、下一步方案非常不确定的情况下，对这些方案进行开发；甚至需要在几天之内完成产品原型的研发。

我们的经验表明，最终，参与指数型组织冲刺计划的员工会欣然接受这种体验，但是他们可能需要经历冲刺的全过程之后，才能获得这样的积极体验。因此，重要的是我们需要意识到，冲刺的参与者将经历一个紧张的过程，但这段经历将永远改变他们的思维方式，并且是往更好的方向改变。因此，他们需要精神上的支持，支持的来源不限于公司的领导团队和开展并管理冲刺计划的团队。

使用着眼于探索的创新方法

指数型组织冲刺计划将采用着眼于探索的创新方法（如蓝海战略、客户开发、精益创业和设计思维）与传统管理办法相结合的方式。

"干"中学

组织一场指数型组织冲刺计划是一段学习经历。参与者在不断完成以周为单位的任务之后，将逐渐学习这些新的原则，适应转型的过程，并对外部世界产生新的认识。他们在经过不断练习，并对新的工作、交流和形成想法的方法进行改进后，他们的思维方式也将随之改变。最后，出于经验的考虑，一个经历完整冲刺过程的成员将在整个组织中担任转型大使，助力指数型组织原则的贯彻落实。

利用来自组织外部的人才

　　虽然使用组织内部的员工对于规避公司的免疫反应至关重要（当然，除此之外该措施也带来许多其他方面的好处），但是在冲刺过程中，聘请外部教练和顾问可以帮助组织吸收外部的输入，实现转型结果的价值最大化。

10周为限

　　为了参与者能巩固新的习惯，指数型组织冲刺计划的理想时间跨度是10周。

指数型组织冲刺
计划的结构

指数型组织冲刺计划主要分为
3个阶段，每个阶段都有相应的次级
组件。

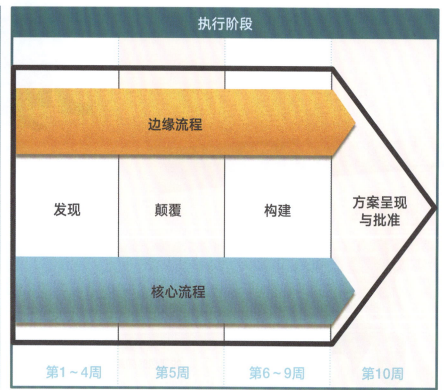

准备阶段

在为期10周的转型开始之前，要先集中精力，确保所有需要的元素都准备到位。

筹划

确定冲刺计划所涉及的员工范围，并确定冲刺计划的关键参与者。

觉醒

在该阶段，需要让参与者理解线性思维和指数型思维的区别，并确保他们理解企业开展指数型组织冲刺计划的重要性。

同步

在这一阶段，指数型组织冲刺计划的参与者需要接受与冲刺计划有关的培训，了解冲刺计划所需的方法、工具，包括指数型组织模型。

执行阶段

指数型组织冲刺计划是一个为期10周的过程。在这个阶段之中，参与者将碰撞出新的想法，并开发出一系列的工作方案。这些方案的目的是要实现整个组织，甚至整个行业的转型。贯穿这一阶段的是两条同时进行的工作流程："核心流程"关注创新，也就是在不改变现有商业模式的情况下适应外部行业的挑战，因而能够避免触发免疫系统的反应；"边缘流程"关注的则是颠覆，是构建新一代的组织，也就是在现有组织之外发展创新业务，而这些业务最终将领导行业的发展方向。两条流程相互协调，相辅相成，才能取得全面有效的成果。

发现

在最初的5个星期里，参与者需要提出关于转型过程的一些想法，并在执行转型的过程中对这些想法进行评估，最终确定最佳的方案。

颠覆

最佳的想法将在冲刺过半的时候出现，该阶段的目标是获取反馈、改进计划，并遴选最佳方案，进行下一步的开发。

构建

在第5周到第10周里，冲刺计划的参与者将围绕排名最高的方案构建产品原型。

方案呈现与批准

在最后一周结束时，参与者将向企业的领导团队展示他们的最佳方案，并为最终获得批准的计划争取来自企业的资金支持。

指数型组织冲刺计划历时10周，包含了冲刺计划的核心。冲刺计划分两个阶段：在冲刺的前一半时间里，团队成员将产出尽可能多的想法和方案；到了冲刺的后半阶段，成员将把全部精力放在最可能成功的几个方案上。这遵循的是创造/综合的最佳创新实践方式。

方案跟进阶段

最终的指数型组织方案将在此阶段得到执行。其中的部分方案将在现有的组织内部启动，而其他方案将开展于组织的边缘，例如组织之外。

指数型组织
边缘方案

指数型组织
核心方案

指数型组织方案
（核心VS.边缘）

指数型组织冲刺计划所产生的结果是一系列指数型组织方案，帮助企业转型为一个，甚至是多个指数型组织。

如前文所述，贯穿冲刺计划整个过程的是两种不同类型的工作流程：指数型组织核心流程产生的方案能够让现有的组织适应外来的行业动荡；而指数型组织边缘流程所产生的方案意在构建新的指数型组织，颠覆现有的市场。

在为期10周的转型过程中，冲刺计划的参与者将提出许多不同的想法，其中的一些会成为最终的执行方案。在本节当中，我们将详细解释指数型组织核心方案和边缘方案的区别。我们也将介绍一些方案分类下的子类型，帮助冲刺计划的参与者们更好地理解每种方案的含义，以获得尽可能好的结果。

通过一个自查问题，你便可以区分这两种类型的指数型组织方案，也就是核心方案和边缘方案。在这之后，通过询问和回答下一个问题，你便能区分指数型组织核心方案和边缘方案下的不同子类型。

指数型组织方案

这是一个全新的商业模式吗？

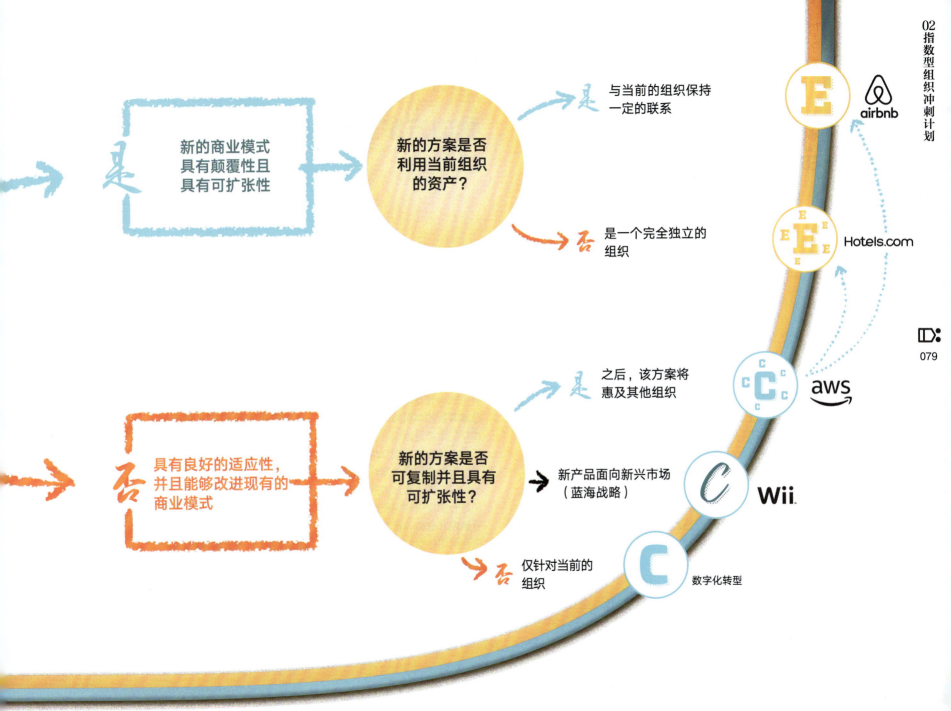

新的商业模式具有颠覆性且具有可扩张性

新的方案是否利用当前组织的资产？

与当前的组织保持一定的联系

是一个完全独立的组织

具有良好的适应性，并且能够改进现有的商业模式

新的方案是否可复制并且具有可扩张性？

之后，该方案将惠及其他组织

新产品面向新兴市场（蓝海战略）

仅针对当前的组织

数字化转型

airbnb

Hotels.com

aws

Wii

要想区分指数型组织的核心方案和边缘方案，你必须问的第1个问题是：

你的指数型组织方案带来的是一种全新的商业模式吗？

为了区分不同类型的指数型组织边缘方案，你必须问的第2个问题是：

我的方案是否利用了现有组织的资产？

如果你的回答是肯定的，这种新的商业模式必定具有颠覆性（例如，它会挑战当前行业或当前组织的工作方式）和可扩张性（它可以迅速达到全球规模）。那么这个方案便是一个指数型组织边缘方案。请注意，如果该方案带来的仅是商业模式的不同，但不具有颠覆性或是可扩张性，那么即便该方案最终可能不会形成一个指数型组织，你仍然可以把它当作指数型组织边缘方案进行开发。重要的是不要在当前的组织中构建不同的商业模式，因为组织内部的不同的模式将触发企业的免疫系统。

如果答案是否定的，并且该方案与你当前的商业模式保持一致，它便属于指数型组织核心方案。现在有几种方法可以改进你现有的商业模式，包括推出新产品或启用新服务（与现有的业务或收入模型保持一致），或是通过应用指数型技术和指数型组织的属性，改进企业当前的服务或运营。

如果答案是否定的，那么该方案便是一个纯粹边缘方案（Pure Edge Initiative），意味着新的组织将成长为一个独立的指数型组织，其发展将不受主体组织（或其他类似组织）资产或规模的限制。指数型组织纯粹边缘方案的一个例子是一家现有的连锁酒店推出爱彼迎式业务，因为新平台并未利用主体组织的现有资产，而是依赖于其他方面的资产，比如说私人业主的闲置房屋和房间。

如果答案是肯定的，那么该计划就是一个联动边缘计划（Linked Edge Initiative），它将与现有组织的主体部分（或者其他类似的组织）保持一定的联系，利用组织主体的一些资产，例如现有的客户、设施、实体资产以及数据。可以看作是指数型组织联动边缘计划的一个案例是：某个连锁酒店推出了一个类似Hotels.com的在线门户网站，向互联网用户提供空余的客房信息。新公司开展的业务处于母公司的边缘位置，可以利用自己的平台与竞争对手合作，同时为用户提供客房。

在指数型组织核心方案的范畴内，为了区分不同的子类型，你需要提的问题是：

对其他组织而言，这是一个可复制且可销售的方案吗？

如果答案是肯定的，也就是说你既可以在现有的组织中执行该指数型组织方案，最终也可以将其出售给其他组织，那么你所拥有的便是一个边缘核心方案（Edge Core Initiative）。例如，亚马逊网络服务（AWS）便是由亚马逊公司所发起的一个内部项目发展而来的，该项目原本旨在开发一系列的网络服务，以改进亚马逊公司自身的IT基础设施。随后，亚马逊便将AWS作为一项新业务推广，以满足其他组织的相同需求。时至今日，使用AWS服务的企业已经遍及世界。你说边缘核心方案和外卖有点类似？确实如此，最初在公司内部开发的指数型组织核心方案可以发展为指数型组织边缘企业，它们可以在主体公司之外进一步发展壮大。

如果你的答案是否定的，也就是说该指数型组织方案只限于当前组织内部使用，而且在其他组织内无法形成可扩张的商业模式，那你所拥有的便是一个纯粹核心方案（Pure Core Initiative）。有两个例子：开展一个数字化转型的项目，实现所有纸质记录的数字化；利用基于人工智能的算法实现组织内各流程的自动化。

指数型组织方案也可以是在组织现有的商业模式下开发新产品或服务。通常情况下，这种方案被称作"蓝色核心方案"（Blue Core Initiatives），这类方案提供的新产品或服务均针对新兴市场。事实上，新产品或新服务的推出意在为组织提供一个遵循蓝海战略（之后对此会有详细描述）的机会，一个在竞争有限甚至尚无竞争的地方开辟新市场的机会。任天堂Wii便是一个很好的例子，该公司并未将注意力放在开拓视频游戏中的复杂图形上，而是在上了年纪的在生育高峰期出生的一代人中发掘出新的、能带来高利润的客户群体。该群体喜欢能够与屏幕进行身体互动的游戏，比如高尔夫、网球、棒球以及其他游戏。

最后需要注意的是，以上这些问题仅是一些指导方针，为的是帮助指数型组织冲刺计划的参与者根据不同的冲刺流程对他们的指数型组织方案进行分类和开发。

可以将边缘流程和核心流程看作激进式指数型组织（ExO Wild）和渐进式指数型组织（ExO Mild）。当你创建的是指数型组织边缘方案时，你会把主体组织远远地甩在后面。反之，指数型组织核心方案则受到一定的限制，因为它既需要尊重当前已有的商业模式，又需要维护组织现有的资产。

指数型组织冲刺计划中的各个角色

在指数型组织冲刺的过程中，关键的角色将由组织内部和外部的成员扮演。

如前文所述，来自组织内部的员工是维持企业DNA的关键。他们的存在将有助于抑制企业对变革的免疫反应。记住，组织变革的本质就是实现组织内部工作人员的变革。

然而同时，如果你想要获得完成指数型组织冲刺计划所必需的专业知识，还需要从组织外部招聘人员。正如前文所述，世界上最聪明、最有才华的人不可能都在你的企业之内。因此，你需要将冲刺计划项目与外部社群相连。

**指数型组织
冲刺计划赞助人**

姓名

所在部门

指数型组织冲刺计划和转换过程的主要拥护者。理想情况下，组织的首席执行官将担任此角色。

组织内部最高领导层的参与是指数型组织冲刺计划成功的关键。

指数型组织冲刺计划的赞助人，应当有权在冲刺完成之后批准并资助随即开展的指数型组织方案。

**指数型组织
冲刺计划协调员**

姓名

所在部门

每个指数型组织冲刺过程均需配备一名协调员，协调员所在的职位是可选的。根据正在组建的指数型组织团队数量，你会发现这个角色在协助和管理后勤细节方面将发挥不可或缺的作用。

**指数型组织
冲刺计划观察员**

姓名

所在部门

也许，你也想让企业的领导和中层管理人员参与到冲刺计划的过程中来，因为，他们能够对冲刺计划的进展提供持续的反馈。如果你选择这么做，那么这些人必须参加冲刺的觉醒会议，并接受相应的指数型组织模型和方法论培训。因为，如果没有他们的参与，你很可能会发现，他们将在冲刺的过程中扮演免疫系统的角色，不断地阻挠变革的发生！

领导与协调

团队成员

**指数型组织
边缘团队参与者**

姓名

所在部门

指数型组织边缘团队，由4~6名成员组成。

**指数型组织
核心团队参与者**

姓名

所在部门

指数型组织核心团队，同样也由4~6名成员组成。

来自组织外部的支持

外部资源将提供补充性的支持，开展指数型组织冲刺计划的团队将从中获益，并且能够对外部资源进行访问。

指数型组织首席教练

姓名

　　每个冲刺计划均需配备一名首席教练，监督项目的执行情况，并为每一位教练提供相应的支持。他的存在确保各方的产出结果保持一致，并确保实现目标。首席教练对指数型组织的模型和方法论有着深刻的理解。

指数型组织教练

姓名

　　每一个团队需配备一名指数型组织教练。他帮助每位成员理解并成功完成相应的练习和任务，推动冲刺计划的进程。

指数型组织颠覆者

姓名

　　指数型组织颠覆者是一群对一般性创新概念具有深刻理解的人，尤其对指数型组织模型有着深刻的理解。他们能在冲刺中的颠覆会议阶段和方案呈现与批准阶段为指数化转型团队提供与指数型组织方案相关的反馈。他们的存在应独立于组织和领导层之外。

外部顾问

姓名

　　在指数型技术和指数型组织属性方面，外部顾问能提供针对某个主题的洞见和专业知识。他应当全程参与指数型组织冲刺计划的过程，并满足团队的特定需求。

指数型组织发言人

姓名

　　指数型组织发言人是指数型组织方面的专家，他们能够在觉醒或是颠覆会议上发表具有"震慑"性的演讲。如有必要可设置该职位。

指数型组织助理教练

姓名

　　指数型组织助理教练用于同步会议的执行阶段，帮助冲刺计划的参与者在冲刺期间进行关于指数型组织框架、流程以及相关工具的培训。如有必要可设置该职位。

组建你自己的指数型组织冲刺计划团队

你需要怎样的
内部资源来组织你的
冲刺计划团队？

你需要怎样的
外部资源支持你的
冲刺计划团队？

指数型
组织教练

针对每个参与冲刺
计划的团队，你需
要一个指数型组织
教练为成员提供每
日和每周的支持。

如果你的组织是业界领军企业

不仅希望实现自身的变革，更要实现行业的变革，
甚至可能是缔造全新的行业，你需要：

指数型组织边
缘团队参与者
指数型组织边
缘团队参与者
指数型组织核
心团队参与者
指数型组织核
心团队参与者

组建两个边缘团队和两个核心团队，
每个团队配备4~6名成员。请注意，
你可以在指数型组织冲刺计划的过程
中组建比这个数量多或少的团队，例
如一个边缘团队和一个核心团队；或
者使用不同数量的边缘/核心团队组
合，例如三个边缘团队和三个核心团
队。这一切都取决于你的目标。但
是，经验告诉我们，建立两个边缘团
队和两个核心团队通常是最为高效的
方法。

指数型组织冲刺
计划赞助人

一个项目的赞助人是受影
响组织的最高层领导者。
赞助人应有权在指数型组
织冲刺结束时做出决策，
决定是否对方案提供资金
支持。

指数型组织
协调员

项目协调员为项目提供组
织凝聚力，并负责团队的
行政和后勤管理工作。

你需要一个指数型组织首席教练，帮助监督、协调并支持所有的指数型组织教练。

针对冲刺计划中的颠覆会议和方案呈现与批准会议，你需要一系列指数型组织颠覆者进行协助。

我们还建议为参与冲刺计划的团队提供外部的指数型组织顾问、专家，为冲刺计划提供不同技术、行业和创新方法方面的专业知识。

如果你的企业已成立多时

想通过转型升级，适应外部行业的动荡，从而确保自身业务的安全，你将需要：

组建两个核心团队，每个团队有4～6名成员。请注意，根据你的具体目标，可以在指数型组织冲刺计划的过程中选择数量更多或更少的团队，比如一个甚至四个核心团队。但是，经验告诉我们，组建两个核心团队通常是最为高效的方法。

一个项目的赞助人是受影响组织的最高层领导者。赞助人应有权在指数型组织冲刺结束时做出决策，是否对方案提供资金支持。

项目协调员为项目提供组织的凝聚力，并负责团队的行政和管理工作。

如果你是一个企业家

想通过开创新业务实现行业颠覆，期望自己所在的企业成为一个指数型组织，你将需要：

组建一个边缘团队
由4～6名成员组成，专注于某个特定的宏大变革目标。

支持指数型组织
冲刺计划的IT工具

指数型组织模型的主要目标之一是通过利用新技术，提高组织的灵活性。指数型组织冲刺计划则是团队体验社交技术并直接发掘其有益之处的绝佳机会。

考虑到冲刺过程中任务的速度和强度，团队必须实现文件共享和实时协作。如果参与冲刺计划的团队在地理上相互分散，那么能实现虚拟通信和协作的工具则必不可少。

如果团队能够在冲刺的过程中访问相关的资源，并且利用合适的工具支持整个流程的推进，最终冲刺计划产出的结果及从过程中获得的经验将达到一个全新的水平。

接下来你将看到一系列工具，能够帮助你更加成功地开展指数型组织冲刺计划，并帮助团队以更加高效的方式相互联系。

www.slack.com

slack是一个团队沟通软件，是传递消息的工具，可以帮助参与冲刺计划的团队成员实现资源共享，并能轻松地进行通信。

指数型组织冲刺计划的主要特征：

沟通。

Google Drive

谷歌云盘提供储存和同步文件的服务。它让用户能在服务器上存储文件、跨设备同步文件，以及共享文件。谷歌文档、谷歌表格和谷歌幻灯片让团队成员能够同时协作，完成冲刺计划的任务。

指数型组织冲刺计划的主要特征：

文件管理与协作。

www.zoom.us

　　zoom是一个为企业提供视频通信的系统，它是一个基于云的平台，稳定可靠且易于使用。有了它，你便可以在手机端、电脑端和办公室系统之间进行视频和音频会议、聊天，以及举行网络研讨会。

　　指数型组织冲刺计划的主要特征：

定期和临时的视频通信会议。

www.openexo.com

　　OpenExO是一个服务全球的转型生态系统，它为开展指数型组织冲刺计划的团队提供经认证的指数型组织人员，包括指数型组织教练、指数型组织顾问等，同时还提供与此有关的其他资源。OpenExO平台还提供鼓励团队协作的相关工具。

　　指数型组织冲刺计划的主要特征：

获取经认证的随需随聘指数型组织员工的途径；

指数型组织相关资源；

指数型组织工具；

指数型组织流程；

通信；

文件管理。

　　请记住，以上提到的工具不过是帮助你开展指数型组织冲刺计划的众多工具中的几个例子，并不需要拘泥于此。你可以随心选择你喜欢的工具帮助你顺利开展冲刺计划。

准备阶段

是时候去大胆想象了，走出你的舒适区，去往奇迹发生的地方。

创新者，尤其是年轻的创新者，他们正在开发的新的产品和服务足以颠覆整个行业，甚至开创新的行业。例如丹妮·皮莱格（Danit Peleg），她在25岁时设计了第一个3D打印时装系列；杰克·安德拉卡（Jack Andraka），因为在15岁时发现了一种检测早期胰腺癌和其他癌症的方法而备受赞誉。

现在，轮到你大显身手了。开始梦想吧，只有这样才能取得成就！成功开展指数型组织冲刺计划依赖于打好正确的基础。充分利用准备阶段，明确指数型组织冲刺计划的目标，并确保与此相关的所有组成部分和后勤都落实到位。让我们一起实现目标吧！

根据指数型组织冲刺计划所涉及的范围和组织的规模，准备阶段通常需要2～8周的时间。

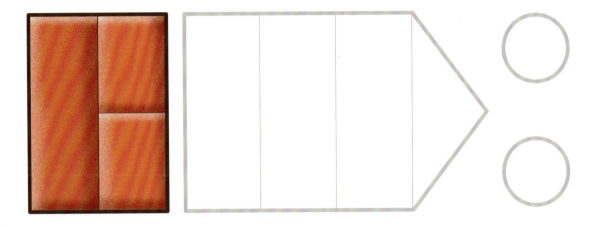

筹划

我们想要完成的使命 ? 是什么

重塑所在的行业，改造我们的组织，使其能够适应来自行业外部的颠覆。创建指数型组织将帮助我们构建一个新的全球生态系统。

如果以上是你的想法，就与边缘团队和核心团队一起，开展一段完整的指数型组织冲刺计划过程。

实现所在组织的革新，使其能适应来自外部行业的颠覆，最终帮助我们的组织适应现有的生态系统。

如果以上是你的想法，请组织两个核心团队，共同开展指数型组织冲刺计划。

我们想要改变的对象 ? 是什么

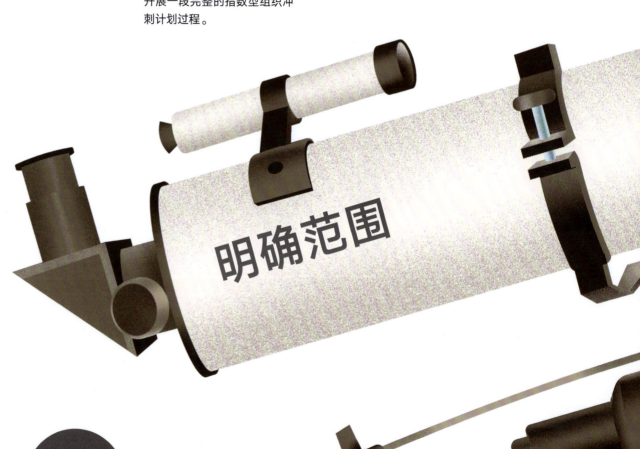

明确范围

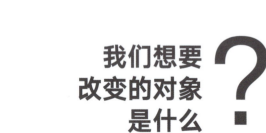

是一个整体，包括组织所处的所有市场和整个行业。

是一个特定的业务单元，仅专注于某个特定行业。

打造一个或多个指数型组织，实现行业的变革。

如果以上是你的想法，那么在开展指数型组织冲刺计划的时候，让一个边缘团队专注于你所希望构建并打造的指数型组织方案。

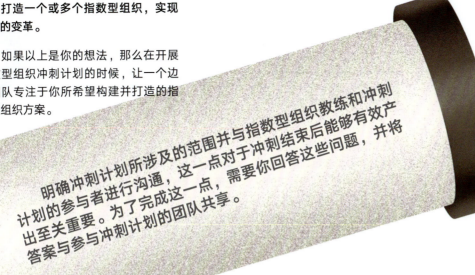

明确冲刺计划所涉及的范围并与指数型组织教练和冲刺计划的参与者进行沟通，这一点对于冲刺结束后能够有效产出至关重要。为了完成这一点，需要你回答这些问题，并将答案与参与冲刺计划的团队共享。

我们的训练场在哪里

任何行业都可以成为我们的训练场。我们的目标是在任意一个行业中构建一个或多个指数型组织，无论该行业已经存在还是尚待创建。

请注意，这种方法所能带来的结果，也就是新的指数型组织边缘方案，将远超现有的可行业务。

邻近行业同样也能成为我们的训练场，因此我们可以在任何与当前行业相关的行业中构建一个或多个指数型组织。

这个选项为你提供一个利用现有资产或关系的机会，而这些资产或关系将帮助你挺进邻近行业。

我们目前所在的行业同样也可以成为训练场，这种情况下，我们的目标是创建一个指数型组织。

如果你同样也在尝试改造一个行业，那么由指数型组织冲刺计划而启动的任何指数型组织都有可能颠覆你现有的组织。尽管如此，这仍然代表着成功。因为，即便你不发起这个颠覆，也会有其他人发起。俗话说得好，不破不立，你所能做的最好事情就是率先从内部打破自己的组织，这样便可以在自己组织的内部产生业界领先的新一代企业。

最理想的团队规模是4~6名参与者。

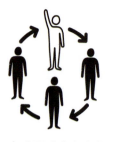

在指数型组织冲刺期间，所有团队的参与者每周应至少花10小时在冲刺计划所要求的任务上（我们的建议是每周约20小时）。工作负荷应以周为单位进行分配。

每个团队中应选出1名协调员，作为团队的代表，他需要确保分配的任务在规定的时间内完成。团队也可以选择不同成员每周轮换担任这个角色，这样团队中的每一位成员都有机会在为期10周的冲刺期间，担任一两次协调员的角色。

拥有2个边缘团队和2个核心团队，不仅可以创造友好的竞争氛围，还可以丰富冲刺计划结束之后产生的方案种类。

选择成员

选对团队成员，就成功了一半。

只要对企业而言是可行的，你就可以组织数量尽可能多的团队。尽管我们的经验表明4个团队（两个边缘团队和两个核心团队的组合）看起来最为有效，但一般来说，2~6个团队在数量上都很合适。请记住，每个团队均由4~6人组成，每个团队专注于边缘流程或是核心流程，不能混淆。

当你考虑要在指数型组织冲刺计划中投入多少员工时，你脑子里想到的是什么？你是否因为让太多的高级职员在这么长的时间里远离日常工作，而担心冲刺计划会影响公司的正常运转？这种担忧其实在告诉你当前运营操作的优先级。不要仅仅为了避免中断某个项目，就放弃实现组织变革的机会。

不同团队需要不同的人员和才能。

核心流程团队需要：

高级领导和中级管理人员，他们可以在冲刺计划结束时，领导冲刺过程产生的最终方案的实施。

边缘流程团队需要：

年轻的领导者、创新的思考者以及热衷于创新的创业者。一般来说，团队成员越年轻越好，不过也不要忘记，资深员工中也不乏符合此类要求的候选人。

有创业经验的人。如果你正为某个现有的组织开展指数型组织冲刺计划，请把来自组织外部的企业家们招入麾下，因为他们可以为你的冲刺计划带来不同的观点，促进产生颠覆性想法。

来自企业内不同领域的员工。

具有不同领域专业技能的人员。

未来的管理者，也就是能对冲刺计划中产出的边缘方案进行有效管理的人员。请记住，这些新的边缘方案将产生新的子公司，它将在主体组织的边缘运营业务。

备选人员：来自组织外部的一个或多个企业家。来自公司外部的投入将为冲刺计划带来更多颠覆性的想法。

设置一个日程安排表

在开展指数型组织冲刺计划的工作之前，你需要创建一个日程安排表，规划好每天的工作。这样能确保所有参与者都遵守工作安排表，这对冲刺计划的顺利执行至关重要。

需要安排的主要活动：

觉醒会议

标志着指数型组织冲刺计划拉开序幕。我们强烈建议在觉醒会议开始的时候，所有的参与者必须到场。这项会议的持续时长从一小时到一整天不等。

同步会议

你可以用面对面会议的形式开展同步会议，也可以选择其他形式。会议的内容可以是一系列现场进行的培训，向参与者们介绍他们将在指数型组织冲刺计划中经历的流程和使用的工具，也可以是一系列的学习活动，比如在线研究、阅读书籍和观看相关视频。

颠覆会议

这是指数型组织冲刺计划的中点。团队与冲刺计划的其他参与者、公司领导团队和一组指数型组织颠覆者们分享自己产出的方案，以获得有价值的反馈和相应的修改意见。

方案呈现与批准会议

团队将指数型组织方案的最终版本提交给公司的领导团队。然后，领导团队将遴选出最佳的方案，拿出资金支持更深入的开发。

日程安排建议

为期10周的指数型组织冲刺计划最好能避开重大的节假日，这样能帮助参与者保持专注和动力。

避免在组织业务繁忙的季节安排为期10周的指数型组织冲刺计划。

如果冲刺计划确实与季节性假期出现重叠，最好根据具体情况将冲刺暂停，直到每个人都回到工作岗位上。如果刚好遇上重要的公共假期，最好将冲刺计划暂停一周。因为遇上假期那周的工作日数量相对较少，再加上员工休假的因素，员工的工作量可能会超负荷。

虽然我们的建议并非强制性的，但是在特定的季度内开展指数型组织冲刺计划不失为一个好主意。

每周例会

每周任务交流：
每个小组每周都会接受一项任务。我们建议在每周的周一早上发布任务。

周一　　　周二　　　周三

团队会议：

每个小组都应该安排一系列会议，检查任务进度并分配工作。我们建议在每个工作日开始之前，至少花30分钟开个面对面的短会或是电话会议，跟踪任务进展情况的同时，确定当天的下一步工作。

任务交付：
每个团队会把任务上交至团队的指数型组织教练，教练将对任务的完成情况进行评判并提供相应的反馈。反馈的重点应集中在完成的过程而非内容上，而且反馈的内容可以包括下一步需要如何改善后续阶段的每周交付质量。我们建议团队在每周四向教练提交完成的任务。然后，教练在周五与团队进行一个小时的电话会议，审查团队的交付成果并提供直接的反馈。

创设空间

　　对于指数型组织冲刺计划的参与者而言，最好能让他们跳出常规习惯和工作模式进行业务操作。你可能还想鼓励他们以新团体的形式聚集在一起，为企业筹划崭新的未来。你可以通过创设一个兼具功能性和美观性的专用工作室，使团队产生凝聚力和使命感。工作室的墙上贴满进展之中的工作，这可以激发员工的创造力。你可以简单地腾出一间团队专用的会议室，也可以专门创设一个远离工作区的专用工作空间。

　　有一个专用的空间供冲刺计划的参与者们会面使用，能促进不同团队成员之间的交流沟通，还能促进团队成员与未参与冲刺计划的员工之间的对话，吸引未参与者们的兴趣。同时，也让团队成员有机会分享、讨论并测试他们正在为之努力的想法。

　　除了物理空间之外，设置适当的虚拟空间也很重要。虚拟空间的存在为团队成员之间的高效协作奠定了基础。你要确保冲刺计划的参与者们能够轻松地进行视频会议、传递消息，并能实时共享文档、进行协作。使用这些社交技术是指数型组织冲刺过程中不可或缺的一部分，也是指数型组织本身的标准配置。

　　并非所有的团队都能聚集在同一个空间之内。对于地理上相对分散的团队，虚拟空间和社交工具的使用则更为重要。然而，为了建立并巩固团队成员之间的关系，团队在觉醒会议和同步会议中面对面相聚至关重要。如果他们能够在颠覆会议和方案呈现之前花些时间在一起，也会对形成团队凝聚力很有帮助。

接受指导原则

1 激发创造力和胆识

2 超越现有组织的限制，开拓思维

3 进行跨层级、多部门的协作

4 欣然接受变革的速度、及时的反馈、一次次的实验、持续的学习，以及方法的创新

5 尊重每个人的想法，只要敢于提出的都是好想法

6 使用创新的工具进行交流，同时对合作的新模式持开放态度

指数型组织冲刺计划引入了一种与以往不同的流程，该流程对你的组织来说可能是全新的。要想在变革之后让组织能茁壮成长，你需要遵循以下原则：

7

理解"失败"是有价值的学习

8

接受分享并交流产品原型和宏大变革目标，因为根据定义，它们并不是完美的，而是存在亟须完善的缺陷

9

挑战个人的极限

10

允许自己有不舒服的感觉

11

理解失败和挫折也是转型过程的一部分

准备工作自查表

你是否已经做好准备？在指数型组织冲刺计划开始之前，确保你能够回答计划阶段的所有问题。

1 我们的训练场在哪里？是我们自己所在的行业吗？是任意的某个行业，还是邻近行业？

_____

_____

_____

2 我们想要变革的是什么？是整个组织还是某个业务单元？

_____

_____

3 我们想要完成的任务是什么？是彻底变革当前的行业和我们的组织吗？是改变我们自身所在的组织吗？是启动一个新的指数型组织方案吗？还是启动多个指数型组织方案？

_____

_____

_____

4 我们有记录所有团队参与者的名单吗？

☐ 是　　　　☐ 否

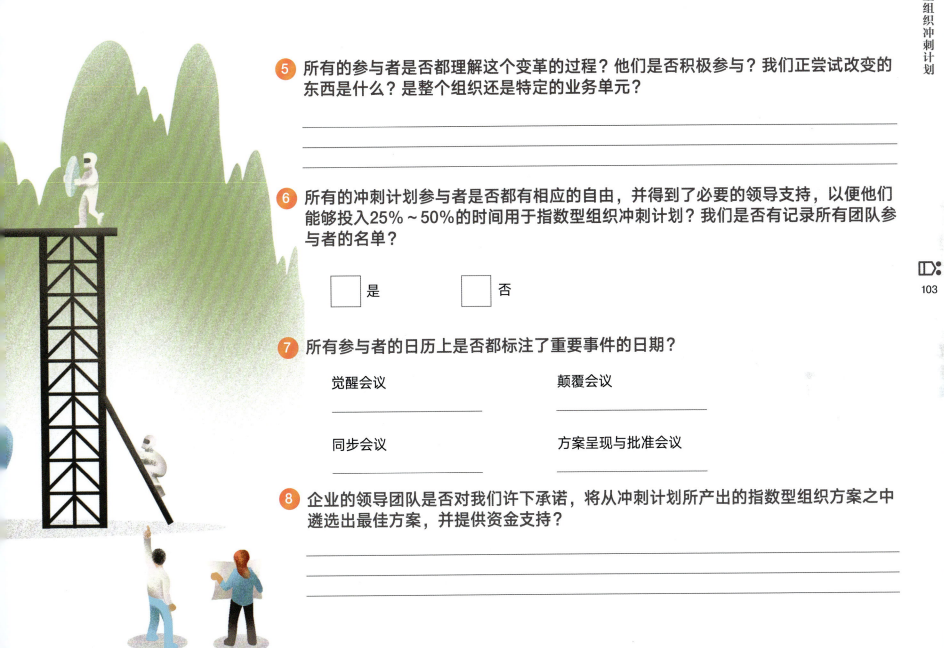

5 所有的参与者是否都理解这个变革的过程？他们是否积极参与？我们正尝试改变的东西是什么？是整个组织还是特定的业务单元？

_____

_____

_____

6 所有的冲刺计划参与者是否都有相应的自由，并得到了必要的领导支持，以便他们能够投入25%～50%的时间用于指数型组织冲刺计划？我们是否有记录所有团队参与者的名单？

☐ 是   ☐ 否

7 所有参与者的日历上是否都标注了重要事件的日期？

觉醒会议   颠覆会议

_____   _____

同步会议   方案呈现与批准会议

_____   _____

8 企业的领导团队是否对我们许下承诺，将从冲刺计划所产出的指数型组织方案之中遴选出最佳方案，并提供资金支持？

_____

_____

_____

觉醒

觉醒

指数型组织冲刺计划的一个关键之处在于让你的组织睁开眼睛，了解世界上正在发生的变革，并知晓我们的应对之策。所以，是时候唤醒你正在沉睡的组织了！

目标： 觉醒会议的目标是确保组织成员理解企业的变革为何如此重要且迫切。参与冲刺计划全过程的每一位成员，都应理解外部行业带来的颠覆会以何种形式影响现有的行业、线性思维和指数型思维之间存在何种区别、指数型技术将以富足的形式为我们带来巨大的机遇，以及如何通过建立指数型组织对这些富足加以利用。

106

形式： 这次会议将以面谈的形式开展，会议的重点放在指数型组织的概念、新兴技术以及由此带来的行业颠覆上。当然，也可以包含一些简单的实践练习，帮助大家理解概念。

谁应该参加这场觉醒会议？ 参与者应包括组织的利益相关者、高层领导、中级管理者外加所有的冲刺计划参与者。任何对此有兴趣的人也可以参与进来。因为组织中知晓这些信息的人越多，整个组织的觉醒程度就会越高。

关于会议内容的建议：

- 组织的首席执行官或是负责冲刺计划的业务领导致辞，表达他们对参与者的感谢。致辞中应当清楚地概述冲刺计划对组织为何如此重要、冲刺计划预期产出的结果，以及冲刺过程将涉及的部门范围。

- 应有一段能够有效地"震慑"听众的演讲，以"颠覆"为主题，让冲刺计划的参与者产生每个行业迟早都会被颠覆的意识。演讲还应鼓励听众接受变革的过程，帮助他们利用实现指数型组织框架的机会和指数技术所带来的机会。

- 应提供一份用于实际操作的练习（与之相关的建议列于本书后面部分），帮助说明指数型技术将给组织所在的行业带来的机遇和风险。

以下内容也建议作为会议的补充或替代：

要求组织的领导团队和冲刺计划的参与者阅读萨利姆·伊斯梅尔等著的《指数型组织》。

要求领导团队和冲刺计划的参与者观看一场萨利姆·伊斯梅尔关于指数型组织的在线演讲。

要求领导团队和冲刺计划的参与者完成接下来关于"线性思维VS.指数型思维"的练习。

觉醒会议在抑制企业免疫系统方面发挥着重要的作用，它将帮助指数型组织冲刺计划在组织内部推进得更加顺畅。

练习：线性思维VS.指数型思维

目标

这份练习将确保组织的领导团队和所有冲刺计划的参与者充分理解指数型思维及其背后的含义。

详述

根据摩尔定律，任何由信息技术驱动的东西，其性能平均每两年就会提升一倍。从理论的角度看，我们可以很容易地理解，技术正成指数级增长。举个例子，技术的指数级增长意味着手机的计算能力每隔几年就会提升一倍。

然而，由于我们的大脑以线性的思维方式工作，所以人类很难掌握指数的计算。例如，如果你想知道沿着直线走30步（假设每步是1米）能走多少米，答案很简单：30米（一步是1米，两步是2米，三步是3米，以此类推）。但是若让你计算步幅成指数级增长的情况下，30步过后你将前进多少米，就不那么容易了。第一步是1米，第二步是2米，第三步是4米，第四步是8米，以此类推，20步过后你将共走出1073741824米。谁也不知道在经历了这30个成指数级增长的步幅之后，你将走出多远。（你需要一个计算器才能算出来，这个距离相当于环游世界26圈以上！）

假设一步的步幅为1米，且步幅成线性增长，走完30步为……

假设一步的步幅为1米，且步幅成指数级增长，走完30步，你走出的长度足以让你环游世界26次以上。

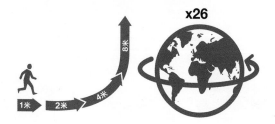

学习指数型技术的关键在于理解它们对你的组织以及所在行业将带来的深远影响。这个结果通常不可预测，但是你至少应抱着正确的心态，理解指数型技术将带来的影响。

通常情况下，专家们无法预测他们所在领域的研究未来。为什么呢？因为他们认为过去和未来成线性相关，并且错误地认为未来将持续地成线性增长而非指数级增长，并且认为线性增长会一直继续下去。

■练习

使用线性思维思考以下例子，同时，运用指数型思维考虑其影响。接下来，用指数型的眼光审视这些影响。

例子	线性思维	指数型思维	指数化影响
如果你以1米的步幅往前走30步，你会前进多少米？如果你的步幅成指数级增长，你又会前进多少米？	如果你以线性的方式往前走30步，你将从起点前进30米	如果你的步幅成指数级增长，在向前连续走了30步之后，你将会距离起点1073741824米	步幅成指数级增长的30步能带你环游世界26次以上，这意味着你几乎不可能知道30步之后，自己最终会到哪里
在2018年年初，波音无人机可以携带重达200千克的货物，而在2017年，它们能携带的货物只有100千克。那么试想，再过8年，它们的载重将达到多少千克？			
第一次全基因组测序完成于2001年，耗资1亿美元。2017年，该测序项目的费用可能降低到1000美元以下。那么试想，再过10年，你做一次基因测序需要花费多少钱？			
对新经济型酒店（基于传统的线性商业模式）而言，每间客房的平均成本为9万美元。试想，爱彼迎在其平台上增加一个新房间的成本是多少？			

考虑到指数级发展的速度，无人机在8年之后应该能够携带重达5万千克的货物。再想想看，如果电池同样成指数级发展，就意味着在短短几年内，我们可能会看到无人机能够携带重约3万千克的集装箱。

在短短几年内，随着DNA测序能力水平的提高，DNA测序技术会变得足够便宜且高效，能够帮助人们获得基于DNA设计的药物，也被称为个性化药物。这些技术的进步将淘汰现有的医学诊断方法和治疗手段。

通过应用指数型组织方法，尤其是杠杆资产属性，爱彼迎可以以近乎为零的成本开展业务运营。指数型技术的使用对酒店行业的影响是巨大的，甚至可以称之为"颠覆"。这就是爱彼迎能在2017年成为世界上规模最大的"连锁酒店"的原因。

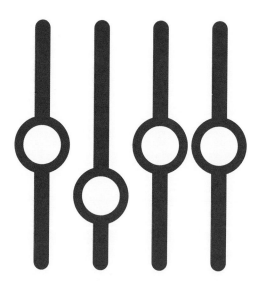

同步

同步

在你的转型升级之旅开始之前，需要掌握一些工具和流程，它们能帮助你获得成功。

同步会议的目标是为参与指数型组织冲刺计划的团队提供为期10周的冲刺所需的知识和信心，帮助他们更好地定义并开发指数型组织方案。同样重要的是，该会议要为公司的领导团队提供相关的知识及培训，以便在未来能够更好地管理颠覆性的创新内容，以及由此产生的新兴指数型组织。

理想的组织形式需要包括面对面的培训。培训内容包括理论课程和实践练习，帮助学员通过实践进行学习。另外，你也可以选择让冲刺计划的参与者和领导团队成员通过在线研究、阅读文档和书籍或是观看视频进行学习。

谁应该参与到同步会议当中来？
至少，所有冲刺计划的参与者都应该参加同步会议的培训。同时，我们也建议公司的领导团队接受同样的培训，或者至少接受精简版本的培训。

会议内容推荐

指数型组织冲刺计划的参与者应熟知以下内容：

概念
- 指数型组织
- 指数型组织属性
- 指数型组织核心方案VS.指数型组织边缘方案

工具
- 指数型组织画布
- 商业模式画布
- 蓝海战略画布

流程
- "构建—评估—学习"循环
- 客户开发流程

推荐读物
- 《指数型组织》，萨利姆·伊斯梅尔、迈克尔·马隆、尤里·范吉斯特 著
- 《富足》，彼得·戴曼迪斯、史蒂芬·科特勒 著
- 《精益创业》，埃里克·莱斯 著
- 《商业模式新生代》，亚历山大·奥斯特瓦德、伊夫·皮尼厄 著
- 《创业者手册》，史蒂夫·布兰克、鲍勃·多夫 著

在不久的将来，**管理团队**同样也需要培养指数型思维，并理解指数型组织的框架。因此，他们应当熟悉以下内容：

概念
- 指数型领导力（线性思维VS.指数型思维）
- 指数型组织管理（调研VS.执行）
- 创新/风险的平衡：指数型组织核心流程及边缘流程

推荐读物
- 《指数型组织》，萨利姆·伊斯梅尔、迈克尔·马隆、尤里·范吉斯特 著
- 《富足》，彼得·戴曼迪斯、史蒂芬·科特勒 著

一个面对面培训的代替方案

该方案同样可以作为补充内容，指数型组织冲刺计划的参与者可以完成后面的练习，以探索执行冲刺计划所推崇的概念、流程和工具。

练习一：指数型组织核心/边缘方案的构思

目的

这项练习的目的是帮助指数型组织冲刺计划的参与者理解指数型组织边缘方案和核心方案之间的区别。

详述

指数型组织边缘方案和核心方案都产生于指数型组织冲刺计划的过程中。指数型组织边缘方案的目标是构建可扩展的全新业务，通过运用指数型技术，这些业务能够颠覆当前行业。与之相比，指数型组织核心方案则是帮助现有的组织适应外部行业的变化，做到更加应变自如。

练习

为下列练习选择一个作为案例的组织，不要选择自己所在的组织。最好选择一家提供产品或服务的企业，比如银行或零售企业。相对而言，B2C（企业对顾客）电子商业模式比较容易让我们从外部进行分析。

这项练习的主要目的是为指数型组织方案提供想法。这些方案将有助于组织适应外部行业的动荡（对应指数型组织核心方案），并创建可扩张的创新商业模式，利用指数型技术实现当前行业的颠覆（对应指数型组织边缘方案）。

指数型组织方案名称	简要介绍	指数型组织方案的类型	影响

练习二：指数型组织画布设计

目的

这项练习的目的是让指数型组织冲刺计划的参与者练习设计指数型组织画布，并将其运用到真实案例的实践中去。

详述

如前文所述，指数型组织画布是一个工具，能够帮助远见者、创新人士、行业高管以及企业家在短短一页的篇幅内完成指数型组织的设计。使用指数型组织画布需要一个宏大变革目标，以及另外的10大属性。

练习

选择一个练习中已做出明确定义的指数型组织方案，完成接下来的指数型组织画布。你需要充分考虑可切实用于该方案的指数型组织属性。

我们建议你选择一个指数型组织边缘方案进行练习，这样你可以思考如何应用SCALE属性将这个新的组织与富足相连。接下来，也可以思考如何应用IDEAS属性针对该类型的富足开展切实有效的管理。

宏大变革目标			

外部信息	随需随聘的员工	用户界面	落地执行
	社群与大众	仪表盘	
	算法	实验	
	杠杆资产	自治	
	参与	社交技术	

练习三：商业模式画布的设计

目的

这项练习的目的是为指数型组织冲刺计划的参与者提供一个机会，基本了解商业模式画布的含义，并知晓如何利用商业模式画布创造属于自己的商业模式。

详述

根据定义，商业模式描述的是一个组织如何创造、交付和获取价值，从而成为一个盈利的（或至少是可持续运营的）实体。

商业模式画布由商业理论家兼企业家亚历山大·奥斯特瓦德首创，是一种能在一页纸上开发新商业模式或是记录现有商业模式的工具。它由9个元素或模块组成：

 客户细分：企业希望与之接触并服务的不同人群或组织。

 收入来源：公司从每个客户细分群体中赚取的现金数量。

 价值主张：为特定客户细分群体创造价值的产品和服务组合。

 核心资源：保持商业模式有效所需的最核心资产。

 渠道通路：如何与每一个客户细分群体进行有效的交流沟通，以传达企业的每一个价值主张。

 关键业务：公司为其商业模式正常运作所必须完成的最重要的事。

 客户关系：公司与特定客户细分群体建立的不同类型的关系。

 重要伙伴：商业模式得以正常运作所需的供应商和合作伙伴网络。

 成本结构：经营一种商业模式所产生的所有成本。

想要了解更多有关的信息，请查阅亚历山大·奥斯特瓦德等著的《商业模式新生代》。

练习

　　选择一项在之前已做出明确定义的指数型组织边缘方案，完成下面的商业模式画布。思考在该方案中能如何应用不同的指数型组织属性，以进一步明确方案的细节。

重要伙伴	关键业务	价值主张	客户关系	客户细分
	核心资源		渠道通路	

成本结构	收入来源

练习四：蓝海战略画布设计

目的

这项练习的目的是为指数型组织冲刺计划的参与者提供一个机会，帮助他们理解蓝海战略的基本含义，以及蓝海战略画布的使用方法。

详述

蓝海战略是以产品创新为核心的营销理论。它源于这样一种观点：每个行业都有机会从围绕价格和功能的激烈竞争（也就是红海）中转向一个新的市场，在这个市场中，竞争要么不存在，要么非常有限（也就是蓝海）。

蓝海战略画布是一种以X和Y为横纵轴的平面图，它能即时反映你的业务、产品或服务在市场竞争中的情况。横轴X呈现的是产品的属性或是竞争的要素，纵轴Y评估每个产品的属性或竞争要素。

蓝海战略画布的基本思想是将X轴上的产品或服务的属性分为四类，把Y轴的要素以接下来的方式组织：

- **提升**：希望通过自己的产品或服务，把某些竞争对手拥有的属性提升至远超目前行业标准的程度，以便把同类型的竞争对手远远甩开，如右图任天堂Wii的"价格"属性。

- **删除**：希望从你的产品或服务中删除的竞争对手属性，例如"硬盘""杜比5.1""DVD"，以及任天堂Wii的"连接性"属性。

- **减少**：竞争对手的产品或服务中拥有的属性，希望在自己的产品或服务中减少它们的份额，例如任天堂Wii的"处理器速度"属性。

- **创造**：希望为你的产品或服务创造的属性，目前该属性在竞争对手的产品或服务中尚不存在，例如任天堂Wii的"运动控制器"和"大型公共"属性。

解释：在简化视频游戏设备并增加了运动传感器之后，任天堂Wii游戏机在大龄消费者中开发出一个新的市场（也就是蓝海）。

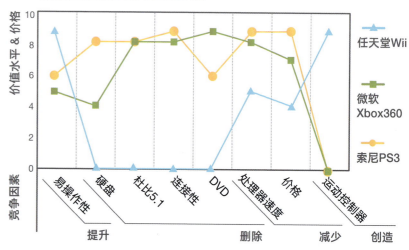

视频游戏的战略画布（任天堂Wii）

想要了解更多相关信息，请参阅W. 钱·金和勒妮·莫博涅合著的《蓝海战略》。

练习

将蓝海战略模式图用于你的案例研究，为假定的新产品或新服务寻找一个尚无竞争的市场，并与至少两个竞争者进行对比。

蓝海战略画布

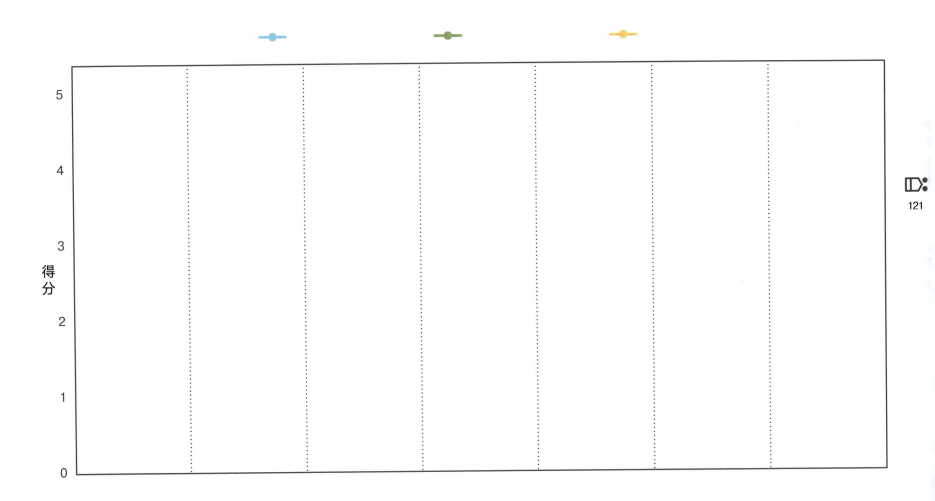

竞争因素

练习五：实验的设计与开展

目的

这项练习的目的是引入实验属性，并为指数型组织冲刺计划的参与者提供设计和开展实验所需的基本知识与经验，帮助他们评估指数型组织方案。

详述

根据定义，如指数型组织方案等任何创新的想法都由一系列的假设组成。在设计商业模式画布或是指数型组织画布时，重要的是要牢记，其中的每个元素可能只是基于一个假设。因此，验证与成功结果最为相关的关键性假设至关重要。举个例子，在思考新业务的时候，首先验证的应是与客户细分和价值主张相关的假设。

一种识别关键性假设和评估实验的高效方法是遵循史蒂夫·布兰克创建的客户开发模型。该模型的流程相当全面，但我们仅选择其中的一小部分作为练习：选择一个客户细分类型，将其作为一个假设，并为此设计一个采访。

- 询问潜在客户的需求及痛点，从而确定你的方案是否处在正确的轨道上。

- 询问潜在客户什么才是他们所认同的针对他们需求的完美方案，他们可能会提出你从未考虑到的想法。

- 描述你的价值主张，确定潜在客户是否喜欢你提出的解决方案。

- 采访结束之后，根据受访者的反馈，验证对特定客户细分的假设。你还可以根据受访问者是否喜欢你的方案来验证或否定针对价值主张的假设。

- 想要获得更多相关信息，请参阅史蒂夫·布兰克的《四步创业法》。

另一种与上述方法互补的评估并开发新创意的高效方法是精益创业中的"构建—评估—学习"法，你应在项目的不同阶段持续使用该方法。使用该方法的目的不在于验证你的想法是否正确（记住，在这里要彻底地抛却自我的思想），而是学习真理。

构建：业务构建的第一步是定义你的想法，或者说是假设，并设计实验对它们进行检验。在早期阶段，实验的内容可能仅限于对潜在客户或利益相关者进行采访。但是，你的产品原型，甚至最终的产品都将在接下来进行的实验中产生。

评估：一旦你构建或是设计出了某样东西，就该测试它了。你将采访产品的潜在客户，然后评估喜欢你的想法（假设）的客户占比。随着该循环的不断执行，你将构建出一个最小可行产品，并测量其性能。

学习：一旦收集到所有的信息，你需要基于数据确定你的想法（假设）是否已经得到验证。不管结果如何，只要学到了新的知识，就是巨大的进步。记住，我们的目标不是验证某个特定的想法，而是在相对较短的时间内，尽可能多地学习。在这一步骤完成之后，你将重新回到构建阶段，根据你所学到的经验对产品进行迭代，持续不断地构建你的项目。

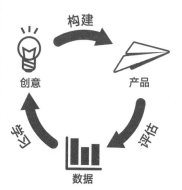

想要获得更多相关的信息，请参阅埃里克·莱斯的《精益创业》。

练习

使用商业模式画布进行练习，并选择一项在之前练习中已明确定义的指数型组织边缘方案：

●从客户细分和价值主张的假设中选择一组。

●设计一个采访，也就是一个实验，检验你所选的假设。采访的内容应包括一系列问题和评估标准，通常是部分客户问题和价值主张问题的组合，这些问题的答案将告诉我们该假设是否符合实际情况。

●进行实验以验证假设。

构建		评估		学习
假设	实验描述	评估标准	实验结果	重要学习成果

执行阶段

接下来我们将对一个以周为单位的详细流程进行概述，帮助你完成指数型组织冲刺计划的全过程。请记住，冲刺计划中存在两个类型的流程——边缘流程和核心流程，使用其中的一个还是两个流程则取决于你的具体目标。

你的组织是不是一个处于行业领先地位的组织，想要改变的不仅限于自己，更想要变革你们所在的行业，甚至开创一个全新的产业？如果你的回答是"是"，你应该同时运用边缘流程和核心流程。

你的组织是不是一个已建立的组织，希望通过适应外部行业的动荡以维持现有业务的正常运转？如果你的回答是"是"，请直接跳到核心流程。

你是不是一名企业家，并且想要通过建立一个指数型组织实现行业的颠覆？或是想要实现本土企业的全球扩张？如果你的情况符合以上描述，只有边缘流程能够帮助你得偿所愿。

无论你选择哪条路径，在为期10周的冲刺计划结束之时，你将产生一系列经过验证的指数型组织方案或缔造出全新的指数型组织模型，并对它们的实现方式了然于心。

当你挑选指数型组织冲刺计划的参与者时，你还需要决定在这个过程中需要组建几个边缘团队和核心团队。团队的数量决定了最终产出的方案数量。每个团队将完成每周布置的任务，并在冲刺计划的开始、中点和结束时，以团队的形式聚集在一起。

你会看到，每周布置的任务包括一系列的工作以及有助于完成这些工作的资源指南。

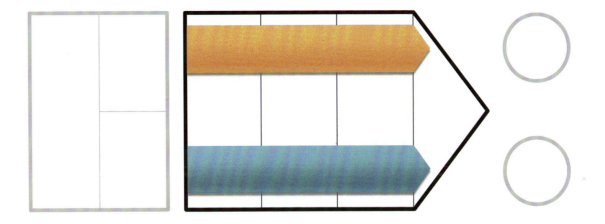

样本案例研究

　　为了阐明指数型组织冲刺计划的执行方法，我们提供了一个虚构案例的研究样本。尽管这个样本概述的任务是真实的冲刺计划中所需完成任务的简化版本，但是，我们在案例中提供这样的指数型组织开发过程，目的是帮助你理解每周任务的含义。

组织：

艾可生态酒店

 业务遍及全球110个国家　　⧖ 为期10周

艾可生态是一个倡导绿色环保的国际连锁酒店品牌，在全球范围内经营500多家酒店。

行业： 酒店
商业模式： 自营酒店客房租赁
业务规模： 房间数量多于25000间
业务范围： 遍及全球110个国家

指数型组织冲刺计划

　　公司的目标是确立自己在酒店行业的领先地位。在完成准备阶段之后，领导团队为他们的指数型组织冲刺计划明确了以下方法。

变革涉及的范围

艾可生态酒店想要实现什么目标？

将公司转型成一个能够跟上外部行业变革，并重塑酒店行业的组织。该公司将开展完整的指数型组织冲刺过程，包括边缘流程和核心流程。

艾可生态酒店正试图改变什么？

整个组织，以及酒店行业。

艾可生态酒店的训练场在哪里？

整个酒店行业，目标是创建行业内的指数型组织。

冲刺计划参与者和指数型组织团队

指数型组织冲刺计划赞助人：

艾可生态酒店首席执行官

24名冲刺计划的参与者，组成4个团队：

其中2个为指数型组织边缘团队，每个团队配备6名成员

2个指数型组织核心团队，每个团队配备6名成员

1名指数型组织首席教练

监督冲刺计划的开展，并帮助指数型组织教练

4名指数型组织教练

每支队伍配备1名指数型组织教练

4名指数型组织颠覆者

在颠覆会议和方案呈现与批准会议中提供反馈

注：本案例的研究可适用于任何其他类型的连锁酒店（传统的、精品的、简易的以及其他类型）。你不需要非得通过某个生态类型项目才能产生指数级的影响，也不是非得通过生态项目才能让世界变得更好。任何类型的组织都可以开展指数型组织冲刺计划！

执行
边缘流程

边缘流程创建的是新一代具备领导当前行业或是开创全新行业的全球组织。

特征

　　如果你采用的是边缘流程，则需要怀抱与其他流程不同的心态。一个现有的公司需要对执行过程进行有效控制，并且其重点关注的是提升效率，相比之下，创建一个具有创新能力的组织需要通过探索找到方法，这些方法能帮助我们挖掘正确的价值主张和商业模式，而这些价值主张和商业模式能够颠覆一个特定的行业。

机遇

- 在当前你所在的领域建立一个具有全球影响力的组织，而你曾经只在企业所在地具有一定的影响力。
- 颠覆现有的行业，在当前的道路上一骑绝尘。
- 重塑现有的行业。
- 开辟新的行业。

挑战

● 迫使人们跳出思维定式。我们建议从企业外部引进具有创新想法的企业家。

● 接受失败，并视其为转型过程中不可避免的部分，不断地实验并迭代创意，直到你最终找到适合市场的模型。

投入

● 一个或是多个行业，新的指数型组织将以此为发展基础。边缘流程的开展也可不拘泥于某个框架，由此团队能产出适用于任何行业的全新的指数型组织。

● 一个团队，他们愿意并渴望花费接下来的10周时间创造新的方案，他们在努力开创一个行业的未来。

产出

一个或是多个处于发展早期阶段的指数型组织，这些组织最终将会带来行业的变革，并领导一个新的行业。指数型组织的边缘方案将包括：

● 关于新指数型组织的高水平详述。

● 开展的一系列实验及由此学到的经验教训。

● 发展路线图。

● 产品原型。

● 第一批潜在客户（早期采用者）。

第1周:

探索

为什么选在本周

世界每天都在不断发生改变。所以，探索世界将是一段令人兴奋，甚至可能让你感到惊讶的学习体验！

许多企业的管理人员将他们的绝大部分时间花费在处理内部问题上，却从不关注组织以外正在发生的事情。千万不要成为这样的管理者！

从全球范围的挑战（需要解决的问题）、指数型技术（解决这些问题的方法）和商业模式（帮助你的组织实现货币化和增长）的交集中，你可以发现巨大的商业机遇。

本周的任务将奠定边缘流程的基础。通过完成任务，你将知晓全球重大挑战的战略概况，以及可能将颠覆你所在行业的最尖端技术。你的行业将以何种方式被重塑？跳出你所在的一方天地，观察整个"行业大厦"的外观，你将了解到业内已经在使用的非传统的、具有行业颠覆能力的商业模式。

任务1：探索全球范围的挑战

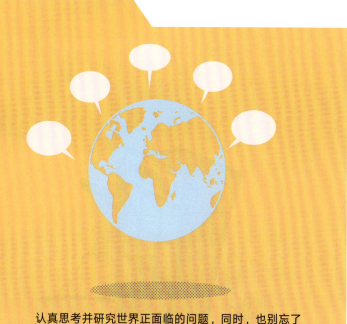

认真思考并研究世界正面临的问题，同时，也别忘了探索在项目范围内与之相关的全球趋势。这个范围既可以是狭义上的项目范围，也可以是广义上的项目范围，也就是扩大到整个行业。

研究社会的需求和发展趋势。

社会问题：

● 教育；
● 贫困；
● 能源；
● 环境；
● 健康；
● 和平；
● 人权；
● 儿童；
● 司法。

趋势：

● 市场；
● 消费者行为；
● 竞争对手；
● 供应商；
● 社会变迁；
● 政治。

工具

使用本节提供的模板。

相关资源

你可以在一些国际机构和非政府组织网站上查找与这些社会问题有关的信息。

温馨提示

注意收看新闻！在新闻中，你能很容易地发现世界面临的主要趋势，尤其是你所在行业的发展趋势。

任务2：学习指数型技术

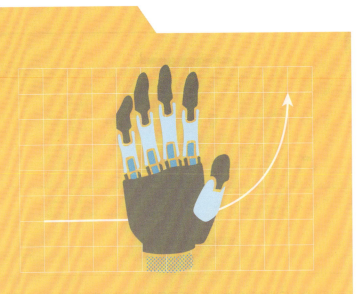

大多数指数型技术将对你的行业产生直接或间接的影响。不仅如此，由此产生的行业颠覆也将为你带来不该错过的新机遇，你要把它们紧紧抓住。

认真思考以下新兴技术或指数型技术将如何影响（或是已经影响）你所在的行业。但是也请你记住，我们提供的技术列表并非毫无疏漏，因为每天都有新的技术在不断涌现。

- 人工智能；
- 机器人；
- 3D打印；
- 虚拟现实和增强现实；
- 生物技术和生物信息学；
- 区块链和比特币；
- 纳米技术；
- 无人机；
- 物联网；
- 量子计算。

在互联网上检索"颠覆性技术对X行业的影响"之类的短语，肯定能找到海量与此相关的优秀案例。

工具

使用本节提供的模板。

相关资源

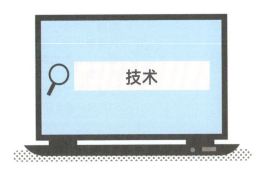

技术

在科技类型网站上检索最近发布的文章。即便没有文章专门针对你所在的行业，你也可能会发现一些潜在的关联和可能对你有帮助的应用方式。

可以浏览的网站包括：

《麻省理工科技评论》：
www.technologyreview.com

奇点大学中心：
www.singularityhub.com

Disruption Hub：
www.disruptionhub.com

《连线》杂志：
www.wired.com

TechCrunch：
www.techcrunch.com

任务2：**学习指数型技术**

温馨提示

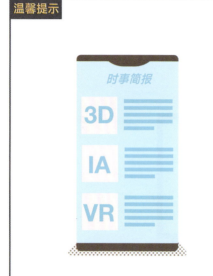

订阅技术网站的每周时事简报，这会让你了解新兴技术的最新进展。每周只要快速浏览一下这些文章便可让你了解更多的信息，如果某个特定的话题引起了你的注意，就可以对其展开深入研究。

温馨提示

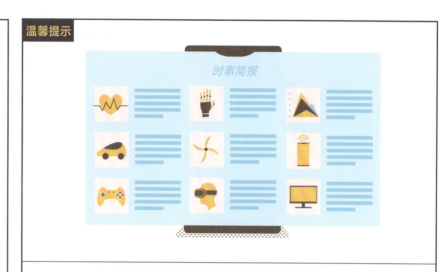

不要阅读自己行业内的报告，至少不要只关注这些内容。通常，这些报告的导向只是改善某个现有的行业，而非重新缔造一个全新的行业。然而，缔造创新才是你的心之所向。

温馨提示

定制你的谷歌快讯，接收与特定关键字相关的新闻。

温馨提示

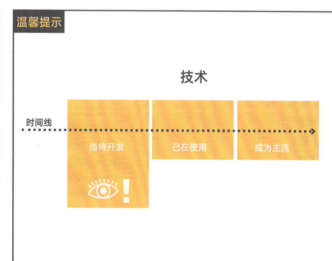

你所研究的不同技术会处于不同的发展阶段。有些已经得到广泛使用，而有些则还处在开发的阶段。从市场影响的角度考虑合适的时机。你要记住，一般的"专家"通常都是通过线性的方式对未来做出预测。当技术发展处于早期阶段时，呈现出的表象可能非常具有欺骗性，因为在刚开始的阶段，指数的曲线可能会太过平坦。但也不要忽视指数的倍增模式。

任务3：了解极具颠覆性的初创企业

技术本身对用户没有任何价值。为了成功，组织需要践行正确的商业模式，它是创建、交付并保留价值的方式。

研究你所在行业中的初创企业，看看它们以何种方式成功实现了具颠覆性的商业模式。研究目标是发现创新的方法，让你在感兴趣的目标行业中寻找到新的商业契机。

在你的行业内外寻找具颠覆性的初创企业和新的商业模式。下一个重大创新突破可能在任何一个地方出现。

可以在互联网上搜索某些术语，如"X行业的颠覆性初创企业"。我们已经用这个方法发现了很多很棒的案例！

工具

使用本节提供的模板。

相关资源

搜索关注初创企业的相关网站，可以找到与不同初创企业有关的文章。记住，你不能仅仅寻找自己行业内部的初创企业。相反，你应找寻能够用于自己所在行业的新商业模式。以下是可以浏览的网站：

TechCrunch：
www. techcrunch.com

AngelList：
angel.co

Gust：
www.gust.com

《企业家》杂志：
www.entrepreneur.com

温馨提示

无数的初创公司都在寻找颠覆行业的新方法。其中的许多方法也可以应用到你所在的行业当中，激发你的灵感，实现行业的变革。

温馨提示

接下来，自查下列问题，你可以不局限于特定行业：

● 何种新商业模式和创新方法能够产生变革？

● 越来越多的初创企业开始与消费者建立直接的关联，传统企业为什么与这类机遇擦肩而过？

交付模板

全球范围的挑战	风险	机遇	时机
在此进行详细描述	你所在的行业将遭受何种影响？	如果该问题得以解决，世界将会呈现何种新面貌？	该趋势所带来的影响在何时显现？

指数型技术	风险	机遇	时机
在此填写名称并可详细描述	这项指数型技术将以何种方式颠覆你所在的行业？	这项指数型技术将以何种方式为你带来新的商业机遇？	这项指数型技术将在何时对你所在的行业产生影响？

颠覆性的初创企业与商业模式	风险	机遇	时机
企业名称及其商业模式详述	该企业将以何种方式颠覆你所在的行业？	如何将该模式应用于你所在的行业？	这种新商业模式将在何时颠覆你所在的行业？

交付模板 （以艾可生态酒店为例完成表格内的各项内容）

全球范围的挑战	风险	机遇	时机
在此进行详细描述	你所在的行业将遭受何种影响？	如果该问题得以解决，世界将会呈现何种新面貌？	该趋势所带来的影响将在何时显现？
很多人无力支付旅行的费用	市场所受的限制源于众多消费者经济上的拮据	酒店的客房数量达到富足	现在
消费者渴望得到私人定制的服务	消费者寻找非传统模式的酒店	世界范围内个性化服务水平不断提升	现在
共享经济	房屋所有者出租闲置的房屋	资源的更优利用	现在
生态趋势	该趋势的发展周期有限	利用现有的生态社区	现在
消费者对生态类型的产品或服务不甚了解	不少消费者将生态产业视作低端产业	通过打折促销等手段，刺激消费者选择生态旅游	现在

指数型技术	风险	机遇	时机
在此填写名称并可详细描述	这项指数型技术将以何种方式颠覆你所在的行业？	这项指数型技术将以何种方式为你带来新的商业机遇？	这项指数型技术将在何时对你所在的行业产生影响？
互联网	利用共享经济以及P2P的商业模式	帮助酒店以更高效的方式接触客户，并开展新的商业模式	现在
人工智能与机器人技术	实现酒店主要运营操作的自动化，提高竞争力	帮助酒店更好地理解客户需求，从而提供个性化服务	接下来的2年之内
无人机	新类型酒店的出现导致市场份额的缩减	提供旅行的新方式	接下来的5年之内

交付模板（以艾可生态酒店为例完成表格内的各项内容）

颠覆性的初创企业与商业模式	风险	机遇	时机
企业名称及其商业模式详述	该企业将以何种方式颠覆你所在的行业？	如何将该模式应用于你所在的行业？	这种商业模式将在何时颠覆你所在的行业？
爱彼迎（共享经济+杠杆资产）	爱彼迎（或是其他类似的初创企业）能够为客户带来生态类型的住宿体验	创建一个共享经济的P2P平台	现在
优步（随需随聘的员工）	随需随聘的员工将帮助竞争企业针对市场的需求做出更加敏捷的回应	实现随需随聘的员工属性	现在
Cratejoy（订阅的商业模式）	如果其他连锁酒店品牌采用订阅模式，而你却没有，你所在企业的市场份额将会下降	采用订阅的商业模式	现在

针对本周的建议

本周的完美工作流程：

本周的前4天应用于研究任务。

| 周日 | 周一 周二 周三 周四 | 周五 | 周六 |

周五，同你的指数型组织教练一起回顾你们对此任务的相关发现。

即使在指数型组织冲刺计划落下帷幕后，探索和学习的脚步也永不停歇。

跳出你的舒适圈和熟悉的知识领域，向外探索未知的区域。

抱着开放的心态进行接下来的各类研究，任何先入为主的意见在此都应被废止。

在与他人交谈时获取新的洞见；突破原有的工作圈子，建立与外界的新联系，从而拓宽视野。

第2周：
概念的形成

为什么选在本周

你拥有触手可及的机会创造未来，让这个世界变得更加美好。

指数型技术帮助我们实现所有物质的富足。但与此同时，仍有大量全球面临的挑战亟待解决。其实，最大的商业机遇往往藏于世界所面临的最大难题之中。

正如爱迪生所说："一个伟大的想法，必是在很多奇思妙想的基础之上诞生的。"因此，为了确保冲刺计划的成功，本周你需要产生尽可能多的指数型组织边缘方案。

请你尽情想象，新一代的指数型组织将成为各行各业的领军企业，利用指数型技术和具有颠覆潜力的商业模式，世界会变得更加美好。

本周的任务将充分释放你的创造力。是时候展望未来，为你的行业和组织带来最具颠覆潜力的想法了。让那些价值数十亿美元的创意燃烧起来吧！在你不断前进的过程中，想法会大量迸发，你会发现它们是你灵感的源泉，能为你带来海量的选择。

任务1：定义多个宏大变革目标

定义指数型组织始于对自我的审视：你想要这个组织存在于这个世界的原因是什么？在此基础上，详细描述该项目的成功将给世界带来何种变化。请你牢记，当前你的任务是定义一系列宏大变革目标，仅仅一个绝对不够！

利用头脑风暴、假设分析和视觉思维等技巧，开展一次创意构思活动。

资源

回顾"宏大变革目标"一节，重温如何为你的组织设定一个好的宏大变革目标（详见本书第22~23页）。

温馨提示

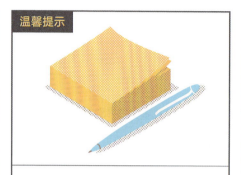

在头脑风暴会议上，你只需准备一套便利贴和一支笔。

温馨提示

请牢记，你现在正处于冲刺计划的创造阶段，因此，与宏大变革目标有关的创意想法越多越好。

温馨提示

该阶段的根本目的不仅是实现行业的变革，更是对世界产生积极的影响。这些宏大变革目标是对这个目的的反映和传递。

温馨提示

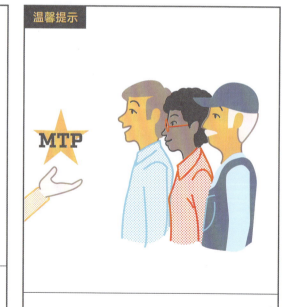

请牢记，你的宏大变革目标应该是你可以与客户、员工、投资人和大众共享的东西。

任务2: 为每个宏大变革目标确定问题/解决方案组合

使用本节提供的模板。

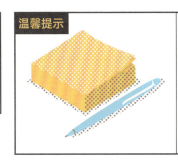

在头脑风暴会议上，你只需要一套便利贴和一支笔。

经过上一个任务，你的手里已经有了一系列的宏大变革目标。下一步，你需要考虑与这些目标息息相关的问题和相应的解决方案。你当前的任务是找出至少10组这样的问题和解决方案。对于每个宏大变革目标，可以有不止一组问题/解决方案组合。请注意，每一组的问题/解决方案组合都要与一个指数型组织边缘方案相匹配。

考虑到方案与主体组织之间的关系，你必须在两种不同类型的指数型组织边缘方案中做出选择：

想要找出问题，请回顾我们在第1周汇总的全球范围的挑战清单。接下来，为了激发灵感，产生相应的方案，请回顾我们汇总的指数型技术列表（也可以在第1周的任务中找到）和指数型组织的SCALE属性和IDEAS属性。

联动边缘方案：维持与主体组织（或者是其他类似的组织）之间的关系，利用主体组织的一些资产，例如现有客户、设施、实体资产和数据等。指数型组织联动边缘方案的一个案例是，某连锁酒店推出了一个类似Hotels.com的在线门户网站，向互联网用户提供空余的客房信息。新公司开展的业务处于主体公司的边缘位置，所以可以利用自己的平台与竞争对手合作，同时为用户提供客房。

纯粹边缘方案：与主体组织不存在联系，所以其增长不受主体组织资产规模的限制。举个例子，某连锁酒店品牌推出了一个类似爱彼迎的平台，这是一项全新的业务，并未利用现有酒店的任何资产，而是利用其他资产，也就是私人业主的闲置房屋及房间。

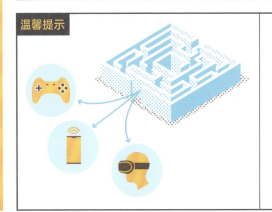

在思考创意的同时，尝试使用一种指数型的思维模式。寻找一种兼具颠覆性和可扩张性的方案，同时不要忘记使用指数型技术。

任务2：为每个宏大变革目标确定问题/解决方案组合

温馨提示

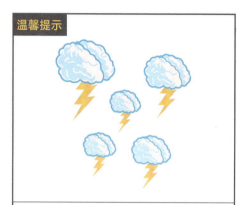

举办创意构思的活动，通过头脑风暴和讲故事的方法明确问题所在，并使用假设分析法生成相应的解决方案。

温馨提示

在指数型组织冲刺计划开始的前几周，团队的群力决策效果显著。确保团队中的每个成员，无论在公司内部的职位高低，都有机会在头脑风暴期间提出自己的想法。

温馨提示

你应确定最少10个问题/解决方案组合，上不封顶。你可以随心所欲地提出更多的问题/解决方案组合，数量越多越好。

除此之外，你要意识到，一个问题可能存在不止一个解决方案，这意味针对一个相同的问题，你可以获得多个解决方案。

温馨提示

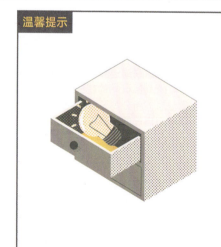

如果想要避免把冲刺计划变成推进现有项目的工具，就请你在本周确定团队提出的创意是否已经在组织的其他项目中存在。如果你的确要选择推进一个已经存在的创意，公司的领导团队必须对此选择达成一致意见。

交付模板

宏大变革目标	指数型组织边缘方案名称	存在的问题	解决方案
释放生态产业的潜力	艾尔生态（AirEco）	选择生态友好型旅游的旅行者渴望丰富多彩的生态体验。除此之外，很多私有的生态产业尚未对公众开放	打造一个便捷的平台，连接生态产业业主和渴望进行生态旅游的旅行者。利用尚未使用的生态产业，并顺应共享经济的浪潮，以租赁的方式实现这些产业的开发
生态产业大众化	生态产业本地化	很多人在外旅行时无力支付酒店的费用	打造区域化的社群，为生态出行的顾客提供具有当地特色的体验。作为交换，顾客同样也需要在其他地区的顾客来到当地时，为他们提供免费的住宿。这种方法将提高这项服务的可获取性
生态产业常态化	艾可生态酒店服务	生态旅行者渴望得到旅行目的地的住宿建议。他们也同样希望在住宿上获得折扣	每月向订阅服务的用户推送一个两晚的推荐住宿地，生态酒店的选择类型丰富，同时还可以享受较大的折扣

针对本周的建议

本周的完美工作流程：

在本周的第1天和第2天完成宏大变革目标的定义。

在本周的第5天同你的指数型组织教练一起回顾一周的任务成果。

| 周日 | 周一　周二 | 周三　周四 | 周五 | 周六 |

在第3天和第4天，针对已经明确的宏大变革目标提出相应的问题/解决方案组合。

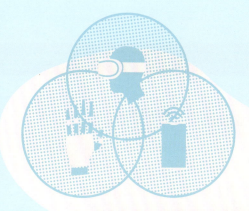

思考不同技术和行业之间交叉的可能性，在此基础上产生新的创意想法。

你可以随心所欲地提出尽可能多的问题/解决方案组合，无须受限于我们给出的数字。我们甚至看到有些团队提出的问题/解决方案组合的数量多达60个！

边缘流程的目标是创建新一代的组织。随着时间的推移，这些组织将成为所在行业的领军者。在此阶段，你所产生的想法可以是针对组织当前所在的行业、邻近行业，或是尚待建立的行业。当你进行头脑风暴活动时，要集思广益，不要受当前行业的限制。

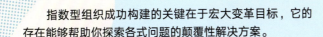

指数型组织成功构建的关键在于宏大变革目标，它的存在能够帮助你探索各式问题的颠覆性解决方案。

在这个阶段，你生成的指数型组织边缘方案（每个方案包括一个宏大变革目标和一个问题/解决方案组合）越多越好！你需要在颠覆会议中提交至少4个方案，所以现在最好尽可能多地进行思考，因为有些方案可能无法顺利通过实验阶段的考验。

我们知道开发并管理数量如此众多的指数型组织方案并非易事，所以，如果你认为需要忽略某些元素，尽可以这么做。在这个阶段，工作的重心是产生尽可能多的想法，即便它们还没有得到充分论证，不像经过筛选后留下的少量计划那样面面俱到。

第3周：

分享

为什么选在本周

对于任何创新项目而言，实验的存在都至关重要。

史蒂夫·布兰克说得对："没有哪个商业计划能在与客户的第一次直接接触中就获得成功。"他还说："任何创新的商业计划都只是一系列假设。所以，与其立即执行计划，你应该先对它们进行评估。"创新的商业计划始于定义问题。接着，我们要进入到构建问题/解决方案组合的步骤。所以，我们现在要评估的第一组假设就是上周确定的问题/解决方案组合，这就是所谓的问题/方案匹配过程。

本周，你将集中精力开展实验，评估你的假设。就像史蒂夫·布兰克所说的："跳出自己所在的一方天地！"该过程将帮助你获得实验属性的实践经验。

根据你从实验中获得的知识，你的团队将选择其中4个最可能成功的想法，并在接下来的几周内将它们进一步发展成形。

任务1：确定关键假设并设计实验

之前，你所确定的问题以及相应的解决方案不过是一系列的假设，所以现在需要你对它们进行评估。但是，你有足够的时间对所有的假设一一进行评估吗？所以现在，请你把重心放在那些能够帮助你的指数型组织方案获得成功的关键性假设上。

正如你所知，我们的目标是构建一个利用尖端技术和指数型组织属性的组织，并向指数化方向不断迈进。达成目标的第一步，是找到一个真正需要我们解决的问题，正是因此，我们要开展实验，并把实验重心放在价值生成上。在之后的阶段，我们的重心将转向组织的扩张。

在项目的早期阶段，你所能做的是利用史蒂夫·布兰克的客户开发技术，它要求你向大众询问他们是否有特定的问题亟待解决，以及他们是否喜欢你所提供的解决方案（也就是产品和解决方案是否匹配）。

- 在这个阶段，明确你要评估的关键性假设：大多数假设将集中在你的客户或用户是否真的面临你认为存在的那些问题，以及他们是否认同你提议的并将实施的解决方案。当然，你也可以有其他类型的假设，比如你的目标市场是否够大，或者我们正考虑的解决方案在技术上是否可行。

- 设计一个实验，评估关键的假设。设计一个采访，收集符合实际的数据是个不错的想法，你可以利用这些数据检验之前所定义的假设是对还是错。

工具

使用本节提供的模板。

资源

重新回到本书的"同步"一节，温习实验设计的相关练习（详见本书第122页）。

任务1：确定关键假设并设计实验

资源

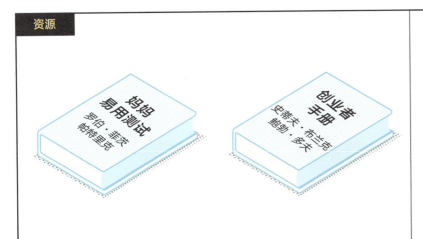

有两本概述如何与潜在客户进行面谈的书籍都很有用。一本是罗伯·菲茨帕特里克（Rob Fitzpatrick）的《妈妈易用测试》（*The Mom Test*），另一本是史蒂夫·布兰克和鲍勃·多夫的《创业者手册》。简而言之，你想要问人们一个特定的问题（先把解决方案放在一边），引出他们的反馈之后，再向他们阐释你对此问题的解决方案。我们的建议是重点阅读布兰克书中讨论客户发掘阶段的章节。

温馨提示

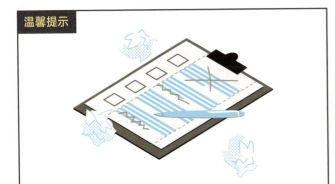

在开展实验之前，请仔细考虑你的实验设计。实验的结果要能让你发掘真正的需求，而不仅仅是得到某个问题的答案，比如："这是个好主意吗？"这样的问题就不能提供具有效度的答案。如何设计采访的问题也很重要。如何才能让采访取得想要的结果，从而促进方案的完善？明确那些能决定实验成功的因素，包括实验的成功需要达到哪些门槛。

温馨提示

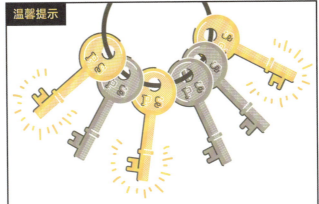

确定各个实验的优先级也很重要，因为你要评估的假设可能有很多，但是并没有足够的时间对全部假设进行实验验证。通常情况下，你会希望对那些对业务成功至关重要的关键性假设做重点评估，例如技术的可行性、客户细分、价值主张以及收入来源这类的关键性因素。

任务2：开展实验，评估指数型组织方案

下一步是开展你所明确的实验。到了这个阶段，大部分的实验将包括几个步骤：采访潜在客户（意在评估问题/解决方案的匹配程度）和技术人员（意在评估产品的技术可行性），所以你需要安排和这些人员进行电话沟通及商讨会议。这些采访的目的是收集与实际情况相符的数据。

在开展实验之后，花时间认真分析结果也很重要。你将对所有先前的假设进行评估，根据你从采访中获得的知识，完善你的指数型组织方案。并对完善后的方案进行最终的评估。

"构建—评估—学习"循环是对客户开发流程的补充，它将为你提供一系列有效的指导方针，帮助你对假设进行评估，这也是你在当前阶段的主要目标。

工具

利用本节提供的模板。

资源

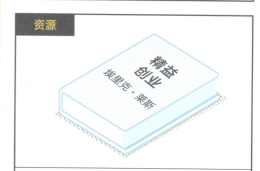

埃里克·莱斯在他的《精益创业》一书中介绍了"构建—评估—学习"循环，这本书对于这类流程的开展有很好的参考价值。

温馨提示

到了这个阶段，你最重要的资产便是这些符合实际的数据，因为"构建—评估—学习"循环的目标是在可靠数据的基础上做出决策，而不是基于你的想法或是直觉。

温馨提示

向受访者寻求诚实的反馈。否定一个假设并不是什么坏事。因为否定也是创新过程中的一部分。记住，我们在这个阶段最主要的目标便是学习！

温馨提示

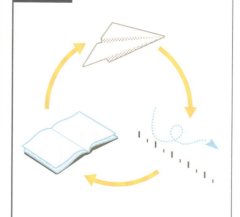

请牢记，绝大多数的指数型组织都利用了指数型组织的实验属性。遵循精益创业的原则和"构建—评估—学习"的循环将保证你的组织始终专注于学习。

交付模板 明确并开展实验（匹配问题/解决方案）

指数型组织方案名称	构建		评估		学习
	关键假设	实验描述	评估标准	实验结果	重要学习成果
艾尔生态	生态旅行者渴望不同类型的旅行目的地，体验不同的风土人情	根据客户开发的方法，设计一个问卷调查，并采访10名潜在客户	至少得到60％的潜在客户的认可，才能证明我们的假设有效	80％的潜在客户认可我们的假设	**假设得到验证** 大部分潜在客户的认可验证了我们的假设。我们同样也发现，响应我们采访的大多数是年轻的生态旅行者。结论：年轻的生态旅行者是我们的客户细分
	生态产业的业主愿意向生态旅行者出租他们的产业	根据客户开发的方法，设计一份面向生态产业业主的问卷调查，并采访10名产业业主	60％潜在业主的认可，才能证明我们的假设有效	只有30％的潜在业主对我们的方案表示认可，愿意对我们出租他们的生态产业	**假设未得到验证** 尽管该假设未得到认可，但是有70％的受访者表示，如果我们企业能够派出专门的对接工作人员负责产业的打理，他们便愿意出租相关的产业

针对本周的建议

本周的完美工作流程：

利用本周的第1天，确定方案中的关键假设，根据假设设计实验，安排采访并开展调查。

利用本周的第4天，收集访问调查的结果并明确从中获得的重要发现。

| 周日 | 周一 | 周二 周三 周四 | 周五 | 周六 |

在接下来的3天里，开展你的实验，包括进行访谈，发放调查问卷等。

利用第5天的时间，同你的指数型组织教练一起复盘调查的方案及成果。

采访总是比问卷调查更为适宜，因为在采访过程中，我们总能获得更为深刻的见解，尤其当你提出的是开放式的问题时。但是，如果你想同时评估多个想法，调查问卷往往是你的唯一选择。

实验的中心思想是对已明确的所有问题/解决方案组合进行实验验证。如果每个团队成员提出的问题/解决方案组合有1~2个，我们则建议为每个团队成员分配1~2个方案。如果每个团队成员能分配到2个以上的方案，便可考虑通过向潜在客户发放调查问卷而非直接访谈的方式，进行一场规模更大但欠缺深度的实验。

为了有效地评估不同类型的假设，你可能需要与外部的顾问进行沟通，因为他们是你所在行业、特定技术或是特殊方法方面的专家。

永远记住，一定要跳出自己所在的一方天地，与真正的客户交谈是让你的假设成真的最好方式。

在这个阶段，你可能拥有多个不同的指数型组织边缘方案，它们的客户细分存在重叠。在这种情况下，你可以同时进行采访，询问不同的人群关于这些边缘方案的看法。

第4周：

遴选

为什么选在本周

截至目前，你一直在研究几个指数型组织边缘方案，希望尽可能多地探索各种可能的机会。现在，是时候根据你所做的实验和实验中学到的经验从这些方案中挑选最具成功可能的那个了。

你要知道，下周你就要带着最佳方案在颠覆会议上接受参会者对你目前所做工作的评价和反馈。参与颠覆会议的人员包括指数型组织颠覆者，他们是组织之外的人士，在你所在的行业里或想要创新的方向上有着丰富的经验。

所以，本周的主要工作是为即将到来的颠覆会议做好展示的准备，展示包括4个方案的5分钟推销演讲。展示对象包括公司的领导团队、指数型组织冲刺计划的其他成员和一个由指数型组织颠覆者组成的小组，他们将为你的方案提供相应的反馈。

任务1：选择4个最可能成功的想法

你的首要任务是从各个方案中挑选出4个最佳方案在颠覆会议上展示。为了完成这项展示，你需要根据前一周的结果（基于实验和重要的学习成果）和以下标准对方案进行评估：

● **宏大变革目标：** 它是否真的足够宏大？它是否能激励大众？在实验当中你是否学到了什么？

● **你正试图解决的问题：** 该问题是全球范围的吗？你的实验是否验证了该问题的存在？

● **你正考虑构建的解决方案：** 它是否具有可扩张性？它是否具有颠覆性？它在当下是否可行，或是可能在未来因为指数化的发展而变得可行？它是否经过你的实验验证？

温馨提示

所有的决定都应基于数据而非你的直觉。所以，你要选择有最强有力证据支撑的方案。

温馨提示

对于所有未入选的指数型组织方案，你们都应仔细地归档，以备将来可能使用。即便某个特定方案尚未达到成为真正的指数型组织边缘方案的门槛，你的研究成果也可能得到其他部门的重视，他们可能会接替你的工作，实现你的方案，这对抑制免疫系统也大有裨益。

温馨提示

要测试方案所具有的颠覆性，可以通过以下问题自查：如果现在有其他组织正在执行这个指数型组织边缘方案，我们的组织将受到何种影响？

温馨提示

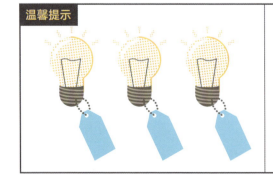

给每个方案取一个易于理解的醒目标题。此外，你还应附上一行简要描述。

温馨提示

要测试方案所具有的可扩张性，问问自己：在一个对自己有利的情况下，你是否有可能在未来5年内将这家新公司的价值提升到10亿美元？

任务2：设计指数型组织画布

为了确保你的组织可以通过找到富足并管理富足来实现指数级增长，请填写一份指数型组织画布，它将帮助你思考如何利用指数型组织SCALE属性和IDEAS属性中的每一个。你将为上一步骤中明确的每一个问题/解决方案组合设计一个指数型组织画布，因为每个画布都是未来的指数型组织！

使用指数型组织画布中的各个模块，开展一次头脑风暴会议，为构思的过程奠定基础。

工具

MTP

使用本节提供的指数型组织画布模板
（使用指南见58~63页）。

资源

回顾"指数型组织画布"一节，找回你对不同指数型组织属性的记忆（详见58~63页）。

温馨提示

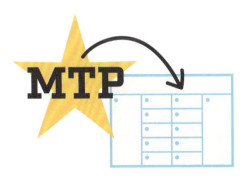

不要忘记在指数型组织画布中加入你的宏大变革目标。你在第2步中明确的每个问题/解决方案组合，都应与第1步生成的宏大变革目标一一对应。

温馨提示

请牢记，使用指数型组织的SCALE属性找到富足，并用指数型组织的IDEAS属性实现对富足的管理。

任务3：定义商业模式（可选）

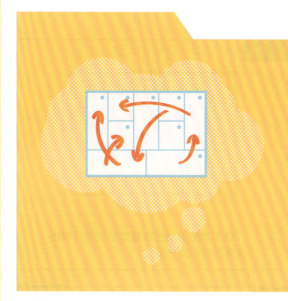

商业模式是一个组织创建、交付和保留价值的方式。如果你有足够的时间，便可以开始思考和设计针对该指数型组织边缘方案的商业模式。如果你现还无法做到这一点，几周后你还会有时间完成这项工作。

因为你正奋斗于指数型组织方案的早期阶段，这些方案将随着你对它们了解的加深而发生快速的改变。因此，请使用商业模式画布明确你的商业模式。

工具

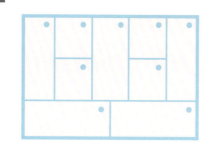

使用本节提供的商业模式画布模板。

资源

现在请你回到"同步"一节，查看与商业模式画布设计有关的练习（详见第118页）。

资源

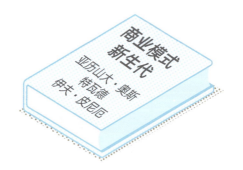

亚历山大·奥斯特瓦德和伊夫·皮尼厄合著的《商业模式新生代》将帮助你构建你的商业模式画布。

温馨提示

你是否还记得在第1周研究的商业模式吗？它们是那么具有颠覆性。现在认真地回顾，寻找你的灵感！

任务3：定义商业模式（可选）

温馨提示

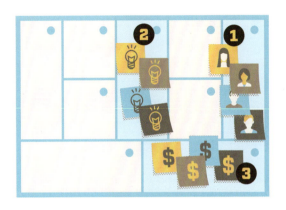

起初，你需要用便利贴明确定义你的客户细分，不同类型的客户使用不同的颜色。接下来，明确每类客户的价值主张，同一客户类型下使用相同颜色的便利贴。

最后，明确你的收入模型并用相同色彩的便利贴进行标记，确保你有明晰的赚钱路径。继续用这种方法处理画布上剩余的空格。对通用项，也就是与整个业务和所有客户细分相关的项目，使用单独的颜色标记。

温馨提示

在这个阶段，明确你的商业模式并非必须要做的工作。所以，如果你的时间并不充裕，不要感到有任何的压力。但是，如果你稍有余力，我们建议你至少明确商业模式上的3个主要模块：客户细分、价值主张以及收入模型。

温馨提示

不管是营利性组织还是非营利性组织，都必须拥有自己的商业模式。

温馨提示

请牢记，所有包含在商业模式画布中的内容都应被视为假设，它们在未来的任何时候都有可能发生变化。

温馨提示

对于指数型组织联动边缘方案，请记住，你可能需要把你所在的组织（或是其他类似的组织）当作重要的合作伙伴。

任务4：为每个指数型组织边缘方案准备一份加长版的电梯游说演讲稿

你要为每个即将呈现的指数型组织方案准备一个5分钟的游说演讲。你还要为每个演讲准备一份该方案的演示文稿。

此时，方案尚处于想法的阶段，我们建议你编写一份电梯游说演讲稿，这种演讲可以在标准的电梯乘坐时长内准确地向对方传达你的想法和创意。通常情况下，电梯推销需要在60秒至90秒内完成，但针对目前的情况，你需要准备一个5分钟的加长版演讲。

电梯游说应涵盖以下内容：

宏大变革目标
解释你的组织存在的原因。

存在的问题
描述你想要解决的问题。

解决方案
阐述解决方案的差异因素，并讨论你带来的方案在未来将以何种方式实现对现有行业的颠覆，而且该方案还要能被复制，实现指数级的扩张。

指数型组织属性
讨论你将使用最多的指数型组织属性，明确哪些属性将帮助你的组织找到富足，哪些属性将帮助你的组织管理富足。

商业模式（可选）
如果你有机会对这个问题进行思考，请解释一下你打算如何创造、交付并保存价值。换句话说，就是你要如何获利。

任务4：为每个指数型组织边缘方案准备一份加长版的电梯游说演讲稿

工具

使用本节提供的电梯游说演讲脚本。

资源

你可以在无数的网站上找到海量资源，教你如何准备和发表你的电梯游说演讲。

资源

你可以尝试使用一个名叫Pitch Canvas的软件，它是一个在线的头脑风暴工具，可以帮助企业家在短短一页的篇幅中，构建整个演讲的框架。

温馨提示

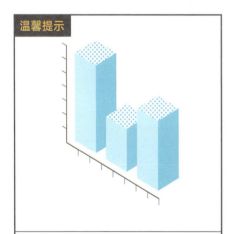

你的游说演讲中可以包含来自实验的真实数据。想法出色当然好，但经过验证的想法更好。

温馨提示

讲故事是开始电梯游说演讲的好办法。

温馨提示

可以准备一份纸质的讲稿，方便你在日常进行反复练习。

温馨提示

时间管理也很重要。所以，你的演讲时间最好能够控制在5分钟之内，而且是从容有序的5分钟，切忌匆匆忙忙、囫囵吞枣。

任务5：制作一份演示文稿为演讲增添光彩

可以考虑制作幻灯片配合你的加长版电梯游说演讲。

如果你选择的是视觉展示的形式，最好以简单质朴的方式呈现。比如，仅使用一些鼓舞人心的图片和信息丰富的图表。

工具

使用本节提供的演示模板。

温馨提示

加尔·雷纳德（Garr Raynolds）的《演说之禅》（*Presentation Zen*）是一本能帮助你准备的好书，这本书描述了如何使用简洁明了的风格和讲故事的方式来打动观众。

温馨提示

制作幻灯片的时候，只要有一丝的可能，都尽量用图片代替文字。因为你一定希望人们集中精力听你演讲，而不是分心读你的幻灯片。

温馨提示

在设计你的指数型组织方案时，指数型组织画布和商业模式画布非常有用。但是，在你展示方案的过程中，并不需要这些画布描述细节性的内容。相反，你应该使用其他更为直观、更具创意的方式展示你的方案。

任务6：不断练习游说演讲

你将在这次展示中呈现大量的创意和想法。因此，你的表达必须简明扼要。而在此之前，你练习的次数越多，最后的效果就会越好。

练习！练习！再练习！

资源

你的音调，你的表达和你的激情。

资源

在这个阶段，来自外部的反馈至关重要。所以，在你的团队成员或是任何可以找到的人面前展示你的演讲。

温馨提示

时间的管理也很重要，所以要尽可能多地练习，才能把控好时间。

温馨提示

轻松自然的演绎最为关键，所以再次强调：尽可能多地进行练习。

模板：艾尔生态的指数型组织画布

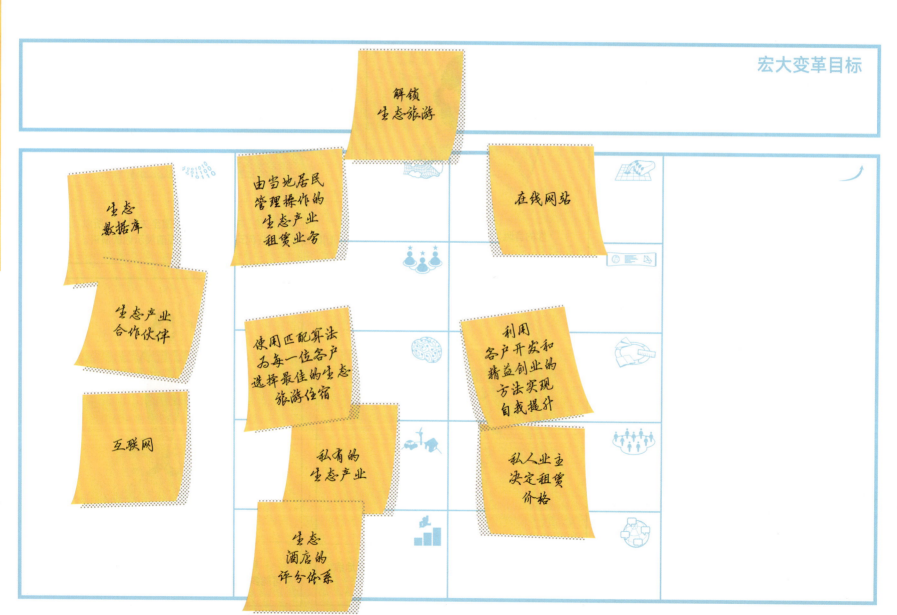

宏大变革目标

解锁
生态旅游

由当地居民
管理操作的
生态产业
租赁业务

在线网站

生态
数据库

生态产业
合作伙伴

使用匹配算法
为每一位客户
选择最佳的生态
旅游住宿

利用
客户开发和
精益创业的
方法实现
自我提升

互联网

私有的
生态产业

私人业主
决定租赁
价格

生态
酒店的
评分体系

模板: 艾尔生态方案的商业模式

Eco Places

重要伙伴:
- 明确潜在的生态产业及业主
- 市场营销
- 平台维护
- 雇用随需随聘的员工操作业务

关键业务:
- 市场营销
- 雇用随需随聘的员工操作业务

核心资源:
- 平台

价值主张:
- 利用生态产业获得超额收益
- 在全球范围找寻生态友好型产业

客户关系:
- 人工服务
- 人工服务
- 自动化服务(网页端/手机应用端)
- 自动化服务(网页端/手机应用端)

渠道通路:
- 在线网站

客户细分:
- 地方生态产业业主
- 怀抱生态理念的年轻出游者

成本结构:
- 雇用随需随聘的员工操作业务
- 业主决定租赁利率
- 平台维护
- 市场营销

收入来源:
- 保险广告的投放
- 每晚的住宿费用

展示

演示文稿应包含以下内容：

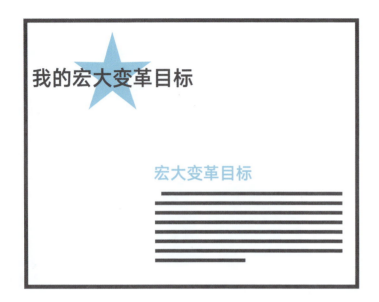

我的宏大变革目标

宏大变革目标

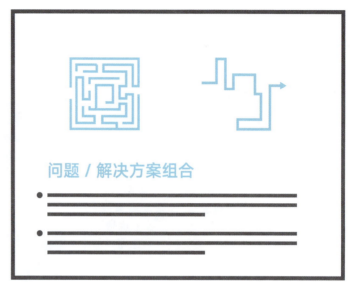

问题／解决方案组合

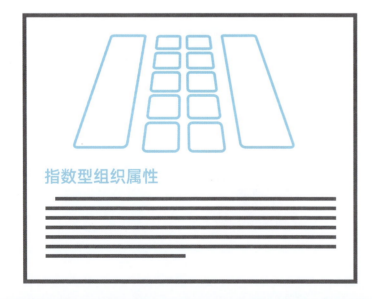

指数型组织属性

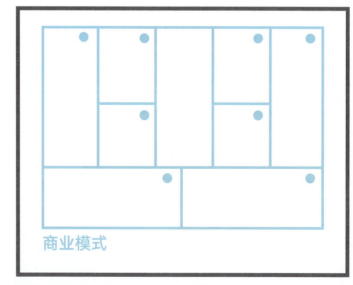

商业模式

宏大变革目标

每个指数型组织边缘方案均以陈述宏大变革目标开场。

请注意，在同一个宏大变革目标之下可能有多个指数型组织边缘方案。如果你的情况就是这样，那么首先你应阐释你的宏大变革目标，接着再依次解释每个指数型组织边缘方案。

通常，阐述宏大变革目标需使用单独一张幻灯片。

问题/解决方案组合

在介绍解决方案前先介绍现存的问题。

一旦你抛出亟待解决的问题，就可以引入你针对该问题的解决方案，最好是以一种极具创意的方式展示解决方案。

你可以选择在一张幻灯片上同时展示问题和解决方案；也可以使用两张不同的幻灯片进行展示，一张引入问题，一张呈现方案。

指数型组织属性

因为你正在构建新的指数型组织，所以，你必须展示如何使用SCALE属性找到富足，如何使用IDEAS属性实现对富足的管理。

你可能还想展示你的指数型组织模型，并解释指数型组织的各个属性如何应用于你的边缘方案。

商业模式

你要展示的不仅是如何为用户创造价值（这一点可能在前几节中已经得到了清楚的解释），还需要将你如何保留价值展示出来。

在一张幻灯片中展示你的商业模式画布，或是用几张幻灯片详细解释商业模式的基础（后一种方法也许更好）。

针对本周的建议

本周的完美工作流程：

第1天，你需要确定想法的优先级，并做好人员（或是小组）的任务分配，每个成员负责展示一部分。

第5天，你需要向指数型组织教练展示你的游说演讲方案，以获得反馈。在颠覆会议之前，继续迭代想法，并练习你的游说演说。

| 周日 | 周一 | 周二　周三 | 周四 | 周五 | 周六 |

第2天和第3天应用于制作演示文稿。

到了第4天，你需要和团队一起练习你的游说演讲，根据团队内部的反馈不断自我改进。我们建议大家在此时此刻可以抽些时间看看下周的任务，你们将从中学到一些演讲的技巧。

不要忘记你从实验中获得的真实数据。出色的表现当然好，但归根结底，它只不过是个开始，接下来要走的路还很长。如果你能够提供从实际客户口中获得的数据和看法，并向观众说明你从中学到的知识，一定能为你的演说增添不少亮点。

如果你有充足的时间，开展附加的实验只有好处没有坏处。事实上，你手里拥有的数据越多越好，尤其是在假设被否定后，迭代出新的指数型组织方案的情况下，这会显得更有说服力。现在，你便有机会在任何指数型组织新方案（实际上是各类创新假设）的基础上开展更多的实验。

第5周：

颠覆

为什么选在本周

是时候在别人之前抢先一步颠覆你所在的行业了！

本周你要完成的任务其实是为你提供一个机会，在一群颠覆者面前展示你最可能成功的指数型组织方案。在此之后，他们会就如何改进你的方案做出相应的反馈。

你要牢记：失败是转型过程的一部分。如果有些指数型组织方案在展示过后遭到否决，不要太过在意和难过。你是想在投入大量的时间和金钱之后失败，还是现在就终止这个项目呢？肯定是后者看起来比较经济实惠。

基于收到的反馈，你可能会选择亲手终止一些指数型组织边缘方案。同时，你也可能创造一些新的东西对你的方案做进一步的完善。所以，请随时留意，新的机会可能就在下一个转角！

任务1: 准备展示的场合，做好后勤工作

为方案展示营造适宜的环境。

　　根据团队成员的实际位置和预算，你可以选择通过面对面会议或是网络会议的方式进行展示。如果你们的颠覆会议采用的是面对面的形式，你需要注意布置展示空间，最好能够营造出一种独特的氛围。如果颠覆会议选择线上的形式，请务必提前测试视频会议系统。还要注意，如果冲刺计划同时开展指数型组织的边缘流程和核心流程，那么颠覆会议将包含这两类团队的展示。

温馨提示

　　每个展示都需要遵循既定的会议流程，每个团队都有60分钟的时间展示他们的4个指数型组织方案，每次展示之间会有一小段的休息时间。每个团队的每个指数型组织方案最好都能在5分钟之内展示完毕，每次展示完成之后将有5分钟的评审反馈时间。

温馨提示

　　时间管理是高效展示的关键。提前和团队沟通你的会议流程，包括方案展示的顺序。

任务2：展示

最重要的时刻已经到来！所以，是时候拿出你的最佳边缘方案来争取评审团的支持了。

每个团队有60分钟的时间展示他们的指数型组织方案，并接受评审团的评判。到场观看展示的与会者包括：公司的领导团队、参与冲刺计划的其他指数型组织团队、三五位来自行业外部的组织颠覆专家，他们在你的行业或是创新领域有着专门的经验。

温馨提示

每次演讲结束之后，评审团将提供5分钟的反馈。我们建议将会议的这一部分只供反馈使用，不允许团队成员进行提问。因为，在这个阶段，我们的目标不是推销方案，而是学习。

温馨提示

记录展示的全过程，以备日后回顾用。

任务3：收集反馈

收到来自同行或是颠覆专家的反馈后，把它们全部记录下来，因为你听到的每条内容都很有价值。请记住，这次展示和收到的反馈，是你一直在进行的实验的一个方面。这些内容都应认真地记录，因为它们是你的指数型组织方案进步的助推器。

将得到的反馈归类妥当，其中某个类目可能包含新的假设。也不要忘记收集针对有潜力的指数型组织方案的反馈。

工具

使用本节提供的反馈模板。

温馨提示

你可能会收到两种类型的反馈：

- **重点关注指数型组织框架的反馈**：深谙指数型组织方法的颠覆者们能够为组织如何进一步发展提供有效建议，从而帮助你在转型过程中获得最大的收益。
- **重点关注内容的反馈**：反馈与你所提出的想法本身有关，有时可能是针对你正努力解决的问题的意见，或是针对解决方案的意见。这样的反馈不一定会对你的方法产生影响，但它们可以为评估假设提供数据以外的观点。

任务4：向领导团队汇报工作

你将向企业的管理团队汇报工作内容，确定哪些指数型组织边缘方案符合公司领导层希望的企业发展方向。

温馨提示

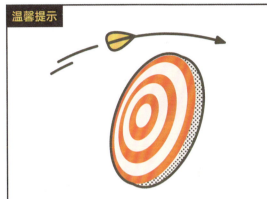

请记住，尽管你提出的方案可能让人赞叹，但有些计划最终仍有可能超出公司领导团队明确的冲刺计划范畴。

温馨提示

我们建议安排一次指数型组织首席教练与领导团队的单独会面，以促进推进决策的进程。

温馨提示

领导团队可能更倾向于选择他们希望看到的指数型组织方案，但是我们建议让领导团队的权限仅限于提供建议（以避免领导团队最终充当公司免疫系统的角色），并让参与指数型组织冲刺计划的团队自己做出决定。也就是说，领导团队有可能一意孤行地做出决定，要做好应对这种可能性的准备。

温馨提示

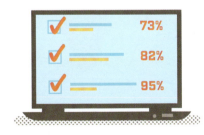

在评审团进行反馈时，向他们提供实际数据。例如，为颠覆者们提供一份在线调查样卷，让他们现场完成，这样可以确保你在随后的工作汇报上获得评论和反馈。

任务5：**将方案的数量缩减到3个**

到现在这个阶段，是时候选择最可能成功的方案，进入下一阶段了。好好消化在颠覆会议和工作汇报会议中收到的反馈。最后选择排名最靠前的3个指数型组织方案（或是管理团队选择的方案）。

温馨提示

领导团队可能已经做出决定，要支持或是否决哪项方案。如果真是这样，你便要坦然接受现实。当然，如果被否决的方案数量比你预期的多，也不要太过失望。否决和失败是这个过程中不可或缺的一部分，所以不要太过在意。只要全力以赴就好！

温馨提示

选择方案时要考量的因素并不仅仅是得到的反馈。还有其他可能的原因，可能是企业的战略原因，或是一种直觉上的选择。

温馨提示

请记住，你可以在颠覆会议反馈的基础上创建新的指数型组织边缘方案。我们的目标很简单，就是在本周结束前拥有3个指数型组织边缘方案。

任务6：根据在颠覆会议上收到的反馈，进一步完善所选的方案

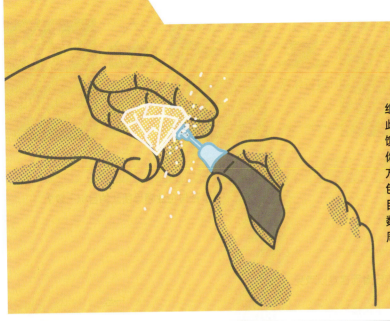

回顾迄今为止你在指数型组织边缘方案中所做的工作，在此基础上，考虑来自评审团的反馈，从而进一步提升方案。如果你又想出了新的指数型组织边缘方案，请尽可能多地拟订方案所包含的主要元素，包括宏大变革目标、问题/解决方案组合以及指数型组织画布，并在接下来的几周内跟进完善。

温馨提示

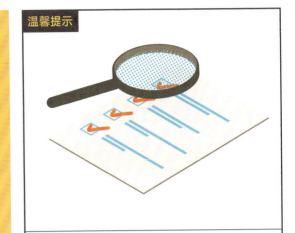

按照前几周的任务详述改进你的方案。

温馨提示

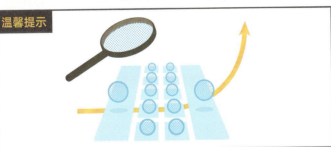

颠覆会议可以突出参与者下一步需在哪些地方做进一步努力，帮助参与者充分理解指数型组织的模型和概念。所以，在本周请花些时间弄清楚自己在概念理解上的薄弱之处。例如，团队中的每位成员是否都很好地理解了指数型组织的各大属性？他们是否理解方案的可扩张性意味着什么？他们是否清楚自己的宏大变革目标还能改进的地方在哪里？既然团队现在已经拥有了一定的实际经验，便可以重新回顾一些基本的概念，这对团队成员梳理思路将大有裨益。

温馨提示

你的目标足够宏大吗？边缘流程的目标是创建新一代产业。你的想法是否符合这个要求？

温馨提示

指数型组织冲刺计划到了这个时间点，我们建议将团队继续细分，并为每个小组分配1~2个方案。例如，如果每个团队有6名成员，你可以将团队分成3组，每组由2名团队成员组成，并给每个成员分配1个指数型组织边缘方案。以何种形式组织团队无伤大雅，重要的是不管他们的参与程度如何，所有的团队成员都要为所有的方案提供反馈。

项目展示流程表

开场致辞

第1个指数组织边
缘团队进行项目展示
（每个团队展示时间为
60分钟）

短暂休息

第2个指数型组织边
缘团队进行项目展示
（每个团队展示时间为
60分钟）

休息时间

第1个指数型组织核
心团队进行项目展示
（每个团队展示时间为
60分钟）

短暂休息

第2个指数型组织核
心团队进行项目展示
（每个团队展示时间为
60分钟）

会议结束，
下一阶段
工作启动

冲刺计划的分管领
导同企业的领导团
队会面商讨

反馈的形式

	总体反馈	是否与企业领导团队的目标一致？
艾尔生态	方案内容传达到位，建议已给出	
宏大变革目标	深受大家的喜爱	
存在的问题	颠覆团队和领导团队成员都认同酒店的费用对于一部分的旅行者而言难以承受	一致
解决方案	颠覆者建议，通过一些方法精确地定位到这类消费群体，扩大市场份额	
指数型组织属性	颠覆者建议利用社群属性	
商业模式	全体成员一致认为，该方案具有可行性；战略伙伴建议扩大市场范围	
在这里填上方案名称		
宏大变革目标		
存在的问题		
解决方案		
指数型组织属性		
商业模式		
其他类型的反馈（总体反馈、其他项目的反馈，等等）	企业领导层对所有的方案都不甚满意，有些方案已被否决	

针对本周的建议

最后的建议

确定指数型组织最佳边缘方案的要求：

全球化

你要明白，你正在构建的是一个指数型组织（或是多个指数型组织）。你怀着一个宏大变革目标，因此，所有的方案都必须具有扩张到全球市场的潜力。

颠覆性

除非以某种方式颠覆现有的行业，否则你们不可能超越当前的市场参与者，也无法成为一个具有全球规模的组织。

如果可能的话，把方案展示安排在本周的后半部分。这样团队就有足够的时间根据上周收到的反馈改进他们的展示。

指定某一位团队成员，负责记录所有反馈。可以任意地给团队成员分配不同的方案。只要确保所有的反馈都能落实到位。

展示结束之后，同与会者（包括管理团队、其他参与冲刺计划的团队成员以及指数型组织颠覆者）深入讨论你的方案，以获得更多的反馈。

和往常一样，你要记住，失败是这个过程中不可或缺的一部分。所以，不要因为得到负面的反馈而感到沮丧。如果你的方案需要修改、暂时被叫停或是被否决，那么你总是越早知道越好。

如果在颠覆会议之后，你手中的一些（甚至是全部）指数型组织方案被领导团队否决，不要难过！因为这只是过程的一部分。我们曾经与这样的团队合作过，他们的指数型组织方案在颠覆会议之后被全部叫停，但是在指数型组织冲刺计划结束时，他们的新方案或是经过团队改进的方案得到了全场的最高评价。所以，请把这个会议当作是一次操练，以及一个修改、完善方案的机会。

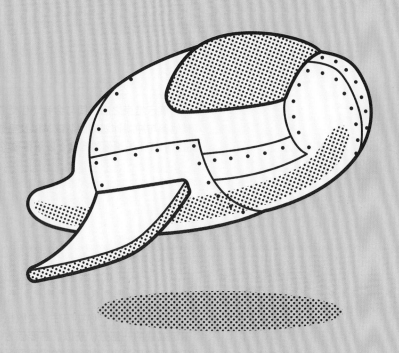

第6周：

产品原型

为什么选在本周

是时候把你的指数组织方案提升到更高一个层次了！

在这周，你需要正式确定你的想法背后的假设，并做好准备对其进行进一步检验。

如果你手头上还没有一个成形的方案，那你可以从明确边缘方案的商业模式开始，这样你就构建了一个既能为你创造价值同时又能保留价值的东西。

接下来我们要做的是构建一个最小可行产品（Minimum Viable Prduct，简称MVP），它将帮助你对自己的价值主张形成更加深刻的理解。

现在你是否担心自己在一周之内无法完成这么多项任务？没关系，相信自己的潜能，你可以的！

执行边缘流程

任务1：明确商业模式

商业模式是组织创造、交付并保留价值的方式。如果你之前尚未替自己的指数型组织边缘方案确定合适的商业模式，那么现在是时候完成这项工作了。如果你已经有了一个合适的商业模式，便可以在已习得知识的基础上对其进行改进。

由于你的指数型组织方案尚处于初期阶段，随着你不断深入学习，这些方案会不断地发生改变。因此，请使用《商业模式新生代》中介绍的技术，来确定你的商业模式。

现在，你可以开始使用便利贴确定你的客户细分，每个细分群体使用不同的颜色。然后，确定每个客户细分群体的价值主张，每个细分群体下继续使用同一颜色对其编码。接下来，定义你的收入模型，保持颜色编码一致和完整，并确保你列出的创收方法清晰明确。最后，在商业模式画布的剩余空格执行相同的操作。对通用的条目，也就是与整个业务和所有客户相关的部分，使用不同颜色的便利贴。

工具

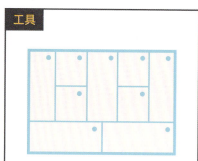

使用本节提供的商业模式画布模板。

资源

请回到"同步"一节，重新回顾并温习商业模式画布部分的练习（详见本书第118页）。

资源

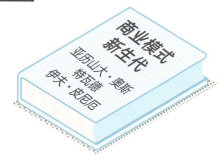

亚历山大·奥斯特瓦德和伊夫·皮尼厄合著的《商业模式新生代》一书将帮助你构建你的商业模式画布。

资源

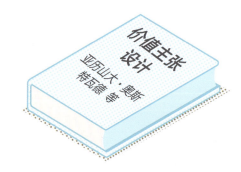

还有一本很有帮助的书是亚历山大·奥斯特瓦德等著的《价值主张设计》（*Value Proposition Design*），其中包含了价值主张画布的设计。虽然这本书不是本周的必读书目，但是如果你阅读了这本书，会发现它很有帮助。

任务1：明确商业模式

资源

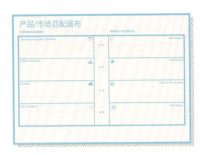

还有一项资源是产品/市场匹配画布（Product/Market Fit Canvas），它能帮你进一步深化你对产品的定义。它由全球各地150多位创新者共同创作完成。再次强调，这也不是本周强制要求的内容，但是使用它将为你的方案添砖加瓦。

温馨提示

如果想要获得更多灵感，可以回顾你在第一周研究的颠覆性商业模式。

温馨提示

无论你是营利性组织还是非营利性组织，商业模式都不可或缺。

温馨提示

请牢记，商业模式画布中涵盖的所有内容都是假设，都有可能发生变化。

温馨提示

对指数型组织联动边缘方案而言，请记住，你可能需要把你所在的主体组织当作一个战略合作伙伴。当然也可以考虑与其他类似的组织开展战略合作。

温馨提示

我们建议你根据指数型组织方案的最新进展，回顾并改进你的指数型组织画布。

任务2：明确要用最小可行产品评估的关键假设

埃里克·莱斯掀起过精益创业的浪潮，他将最小可行产品定义为"一种新产品的最简版本，它允许团队以最小的成本收集最多关于客户的信息，以获取经过实践检验的知识"。在指数型组织的项目当中，我们想利用最小可行产品的概念，构建一些东西，由此能够帮助你加深对方案的了解。在设计并构建你的最小可行产品之前，先认真思考一下它能带来的结果，换句话说就是，认真思考你在构建及测试最小可行产品的过程中，想要学习到的东西是什么。

下一步，你需要确定接受评估的关键假设，也就是对获得成功并实现业务扩展至关重要的假设。在这个阶段，大多的数假设都被包括在你的指数型组织画布和商业模式画布之中。

- **指数型组织属性：** 你对不同指数型组织属性的定义是否正确？实现它们的方式是否可行？

- **产品的可行性：** 你的产品或服务是否真的能取得你认为的效果（尤其是当该产品或服务是基于新型技术的时候）？

- **价值主张：** 客户是否喜欢你的价值主张？

- **收入模型：** 客户是否愿意为你的服务或产品买单？

工具

使用本节提供的模板，识别并评估假设。在这个阶段，你只需填写构建一栏（或多栏）的内容，其中包括你正在评估的关键假设和实验设计的细节。该表格的评估栏和学习栏将在未来的几周一一填写完成。

温馨提示

每个指数型组织各不相同，因此，能够决定你的组织成功的关键因素，才是你需要考量的重点，它们才是需要你进行评估的重要假设。

温馨提示

想要确定高效度的销售实验标准，则需要为整个流程确定有意义的指标。正确的度量指标通常以百分比的形式呈现，表示潜在客户从某一阶段向另一阶段转化的比率，比如购买该产品的受访者比率。这便是我们所谓的"创新核算"（innovation accounting）。我们鼓励大家在网上搜寻更多相关的信息，研究这个概念，因为它有可能为你开发指数型组织边缘方案提供帮助。

任务3：确定最小可行产品

你不需要构建完整的产品或服务，就能开始学习和销售。我们也没有必要浪费时间和金钱构建一些没有人愿意使用或是为之消费的东西。相反，你可以使用最小可行产品开展你的实验。

在开发最小可行产品之前，先要确定：想要对产品或服务产品的测试版本开展有效检验，测试版本需具备的最简功能有哪些？

资源

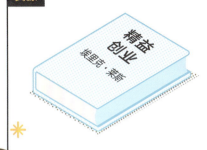

埃里克·莱斯的《精益创业》一书是学习最小可行产品及其概念基础的优秀资源。

1 基于你发现的问题，以及你明确的价值主张，确定你的产品或服务的消费者和用户体验。

2 要解决这些客户存在的问题，你的产品或服务需要具有哪些功能？把它们全部列出来。

3 使用ICE法权衡每个功能的优先级。ICE是设置优先级时需要考虑的3个主要因素的英文首字母缩写：影响（impact），衡量产品或服务为用户带来的价值；成本（cost），衡量为此付出的金钱；努力（effort），衡量开发所需的时间。你需要为每个因素确定一个介于0和2之间的值，其中2表示最高值（影响最大、成本最低、需花费努力程度最低），0表示最低的值（影响最小、成本最高、需花费努力程度最高）。

4 根据ICE的总值对各项功能进行优先排序。ICE得分最高的功能便被列入最小可行产品功能名单的首位。

5 分析结果，并根据以下的内容确定最小可行产品第一版可能是什么样的。

● 你需要评估的关键假设。请你记住，开发最小可行产品的主要目标就是学习，所以在确定下一步实验之前，认真地考虑这些假设，认真地构建你的最小可行产品。

● ICE优先等级和你需要评估的关键假设。

● 针对最小可行产品的第一个版本，你可能需要添加或删除某些功能。这些删除有些可能是出于技术原因的考虑，它们目前还无法实现；有些则可能出于开发时长的考虑，功能的开发耗时太久不够现实。

温馨提示

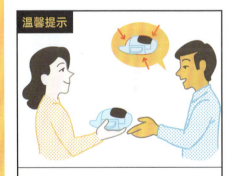

请你记住，当前的目标不是构建最优秀的产品，甚至不是构建一个能得到用户喜爱的产品，而是开发一个让你能够从中学习知识的产品。为了达到这个目标，你需要在你的最小可行产品中纳入以学习为目标的功能特性和一些外接程序，因为通过它们，你将能收集到客户对产品的进一步反馈。

任务4：开发最小可行产品

根据你之前确定的商业模式开发你的第一个最小可行产品，并在其中体现你的价值主张。

有几个技术可以用于开发最小可行产品。其中的一些专用于开发某个实际的产品，而另一些仅用于向潜在客户展示某个概念和想法。根据你在这一阶段所拥有的时间，选择最适合你的产品或服务的方法。为了帮助你顺利开发最小可行产品，可以考虑结合下面提到的技术。

登录页面

开发一个描述最小可行产品的登录页面。尽管我们建议将登录页面的内容重点放在最小可行产品的关键功能上，你也可以选择描述产品或服务的完整版本。除了描述产品或服务（不管是最小可行产品还是产品的完整版本），还要鼓励客户预订你的产品或服务。还有一个选择是开展A/B方案测试，该测试需要开发两个不同版本的登录页面，每个版本包含不同的价值主张，通过对消费者进行采访来了解消费者更喜欢哪个版本。

资源

访问www.launchrock.com和www.landerapp.com网址，获得创建登录页面方面的帮助。

你将学到多少

你会对以下信息有一些了解：客户对你的产品或服务所呈现的价值主张的认同和喜爱程度；基于网站收到的预购订单数量和从网站使用分析中收集到的实际数据，你可以大致确定该产品或服务的价格。

视频

制作一个视频，展示并宣传你的最小可行产品。

资源

使用专业的视频制作服务平台或是在线工具，比如www.animoto.com 或 www.goanimate.com。

你将学到多少

你将更多地了解以下信息：根据潜在客户看完视频之后的反应，你可以大致判断他们对产品或服务包含的价值主张的喜爱程度；客户的预购情况将为你带来相关数据，帮助确定产品或服务的价格和收入模型。

任务4：开发最小可行产品

线框图

构建一组线框图或是数字化的设计，这将有助于你清楚地阐述产品的模样。

资源

使用任何你可以找到的原型快速制作工具，比如 www.invisionapp.com 或是 www.justinmind.com，甚至你也可以使用PPT制作产品或服务的原型。

你将学到多少

对于以下信息你将比之前了解更多：基于客户对线框图的反应和互动，你可以判断他们对产品或服务包含的价值主张的喜爱程度；客户的预购情况同样也可以为你提供相关数据，帮助确定产品或服务的价格和收入模型。

可用的产品原型

构建一个简易可行的原型，只包含你想深入了解的关键功能，这才是我们想要的最小可行产品。在大部分情况下，这样的产品在几天内就可以构建完成。记住，它无须尽善尽美，只需要在短期内帮助你学到你想知道的东西。

你将学到多少

你将对以下信息有很多了解：构建和交付真实产品的难易程度；通过潜在客户与产品原型或服务的互动，可以大致判断他们对该产品或服务包含的价值主张的喜爱程度，用户体验如何；客户的预购数量同样也将提供相关数据，帮助你确定产品或服务的价格和收入模型。

资源

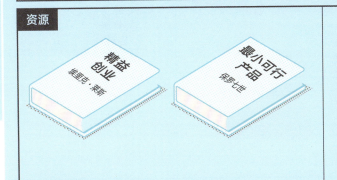

埃里克·莱斯的《精益创业》一书提供了许多有效方法，告诉你如何在短短几天之内开发最小可行产品。还有一本好书是保罗七世（Paul Ⅶ）的《最小可行产品》（MVP），它阐述了如何利用敏捷开发方法（Agile Development Methodologies）构建最小可行产品，并介绍了相关的技巧。

温馨提示

最好先做好一份产品特性功能的优先级列表，表格内包括开发每个功能所需的具体时间。这份表格能让你知道是否能在下周之内准备好你的产品原型。

交付模板
艾尔生态的商业模式画布

Eco Places

重要伙伴：
能帮助完成项目推广的生态型组织

关键业务：
确定可用的产业并找到业主

营销

平台维护

聘用随需随聘的员工开展运营

核心资源：
平台

价值主张：
利用生态产业获取超额收益

获得全世界范围内生态友好型产业的使用权

客户关系：
人工服务

自动化服务（网页端/移动端）

人工服务

自动化服务（网页端/移动端）

渠道通路：
在线网站

客户细分：
生态环境良好地区的业主

怀抱生态出行理念的年轻旅行者

成本结构：
随需随聘的员工工资

平台维护

业主决定的租赁费用

营销

收入来源：
保险广告收益

每晚的住宿费用

交付模板
艾尔生态的指数型组织画布

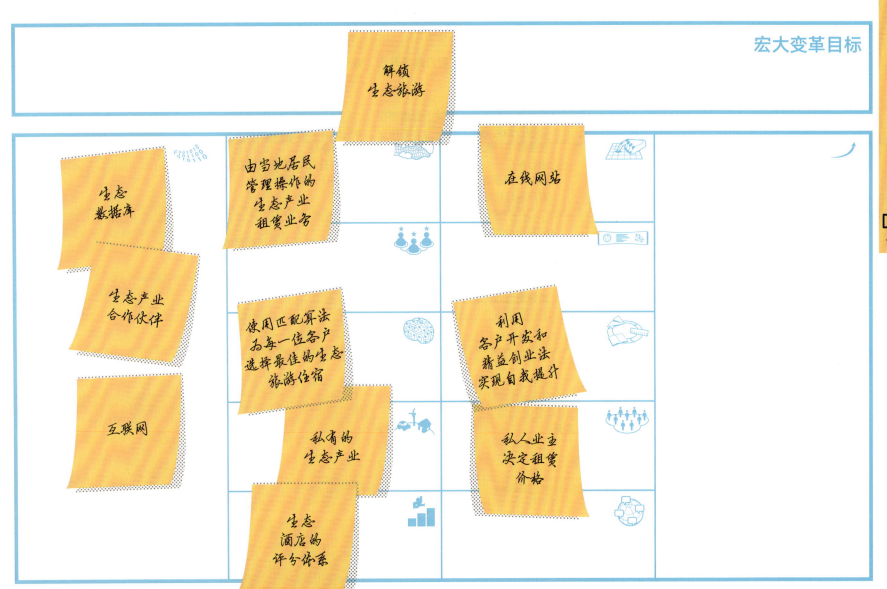

宏大变革目标

解锁
生态旅游

由当地居民
管理操作的
生态产业
租赁业务

在线网站

生态
数据库

生态产业
合作伙伴

使用匹配算法
为每一位客户
选择最佳的生态
旅游住宿

利用
客户开发和
精益创业法
实现自我提升

互联网

私有的
生态产业

私人业主
决定租赁
价格

生态
酒店的
评分体系

交付模板

识别和评估关键假设的模板

指数型组织方案名称	关键假设	实验描述	评估标准	实验结果	重要学习成果
		构建		**评估**	**学习**
艾尔生态	市场容量巨大	寻找数据，确定潜在客户数量是否足够庞大	我们一年的住宿量可以达到5000万天次		
	潜在客户愿意在某个私人拥有的生态产业中预订住宿	●利用登录页面进行测试，看看潜在的客户是否愿意注册参与；利用谷歌关键字广告（Google AdWords）进行推广 ●向公众展示服务的细节，鼓励潜在客户预订住宿	●至少有5%的网页访客愿意注册参与 ●至少有25%的受访潜在客户预订一晚住宿		
	生态产业业主愿意与大众分享他们的私有产业	●利用登录页面进行测试，看看这些业主是否愿意注册参与；利用谷歌关键字广告进行推广 ●向公众展示服务的细节，鼓励业主出租他们的产业	●至少有5%的网页访客愿意注册参与 ●至少有25%的受访客户预订一晚住宿		

设计最小可行产品

功能	影响（价值）	成本（金钱）	努力（耗费的时间）	优先级
为私人业主以及出行者准备的注册页面	2	2	2	6
为住宿预订系统准备的搜索引擎	2	1	0	3
网页预订服务	1	1	0	3
展示细致的服务流程——针对潜在业主	2	2	2	6
展示细致的服务流程——针对潜在出游者	2	2	2	6

最小可行产品的结论

在分析了最小可行产品的不同功能和选项之后，我们决定放弃搭建整个平台原型，因为这既费时又费钱。我们将推出一个简易的网站，专门吸引潜在业主和客户的注意力。

我们设计了两份现场展示的演示文稿。第1份面向业主，介绍艾尔生态这一平台，目的是让他们愿意与我们签订合约，允许我们将他们的房产短租给具有环保意识的度假者。第2份则主要面向潜在客户，向他们介绍艾尔生态这一平台，鼓励他们为下次旅行在目的地预订一套度假房产。

针对本周的建议

本周的完美工作流程：

用接下来的几天时间，开发下周需要的最小可行产品。

| 周日 | 周一 | 周二 周三 周四 周五 | 周六 |

第1天，你应花些时间完成商业模式的概述、确定你的关键假设并设计你的最小可行产品。

第5天，你应同指数型组织教练一起回顾你们的进展情况。

设计一些东西，能够用于测试你的价值主张，以及用户对此的反应。

针对登录页面等在线渠道，不要忘记加入一些收集反馈（如联系人表单）和数据（如数据引擎）的程序。

在下周，你将对你的最小可行产品进行深度开发。但是，重要的是我们现在就需要完成一个产品的初始版本，并开始尝试运营。如果你想完成的是一个真正的原型，但需要两周的时间才能开发完成，我们建议你至少在此期间完成一个登录页面。因为，你至少可以为两周后要进行的实验准备产品原型，与此同时还能收集相应的数据。

请牢记，到了下周，你将使用现在开发的最小可行产品同潜在的客户见面、获取他们的反馈并完成你的首次销售。

第7周：

测试

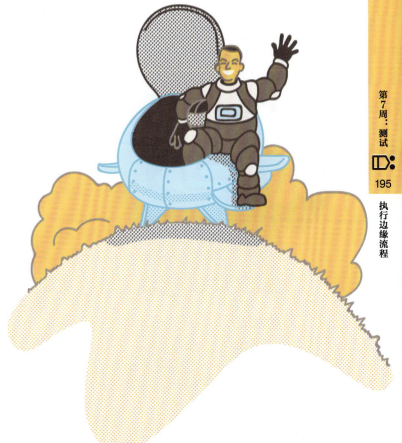
为什么选在本周

是时候用事实说话了！

在过去的一周里，你一直在开发最小可行产品的原型，这个过程帮助你加深了对指数型组织边缘方案的理解，并在此基础上对方案进行了改进。

本周的任务是与早期采用者们进行会面，获得早期采用者们对产品概念的响应，这一过程将为你提供实践实验属性的更深层次的经验。这次任务的目标是向早期采用者们销售最小可行产品，以验证你的市场价值主张没有错误。

最小可行产品的开发以及面向早期采用者销售的实验意义重大，因为它将帮助你验证与价值主张和商业模式相关的假设。这就是所谓的产品/市场匹配。除此之外，你还将完成对与指数型组织属性相关的假设的评估，这正是构建真正指数型组织的关键所在。

对于任何一家初创企业而言，与第一个客户签约都是最令人兴奋的里程碑事件之一。让我们一起把它圆满完成吧！

任务1：寻找、接触早期采用者并完成销售

早期采用者可以是个人或企业，他们比其他任何人都更早地使用新产品或新技术。他们认同并向他人分享你的愿景，愿意尝试你的最小可行产品，即便它可能尚未得到最终完善。

到目前为止，你的任务是明确在哪里能找到你的早期采用者，以及如何与他们联系并开展产品及销售流程的测试。我们认为这是一项实验，一项专注于实现产品/市场匹配的实验。用于寻找早期采用者的方式有许多，选择哪一个则取决于你开发的最小可行产品属于哪种类型。

如果你设计了一个登录页面作为你的最小可行产品，则应专注于以下3种中的一种线上渠道：

●投放在线广告（比如使用谷歌关键字广告），并在广告上附上链接，可以直达你的宣传网页。

●在由潜在早期采用者组成的线上社群中投放广告，提高网站的知名度。

●通过电子邮件的形式将页面链接发送给已经确定的潜在早期采用者。

如果你设计的是一次销售展示活动、一组线框图、一段视频或是一个真正完整的产品原型，则应专注于以下3种线下渠道，直接与先行者接触：

●直接在当初接受问题/解决方案组合假设测试的那些受访者中推广你的最小可行产品。

●创建一个潜在早期采用者列表。

●创建一个可能由最小可行产品的潜在早期采用者组成的社群列表。

最后，与早期采用者们一起完成形式不同的销售流程并注意收集反馈。记住，我们此刻的真正目标并非销售，而是学习。

任务1：寻找、接触早期采用者并完成销售

资源

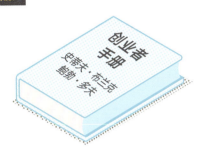

史蒂夫·布兰克和鲍勃·多夫合著的《创业者手册》概述了如何找到早期采用者，并完成销售。你需要熟悉客户验证阶段的流程。

资源

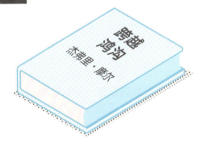

杰弗里·摩尔（Geoffrey Moore）的《跨越鸿沟》（Crossing the Chasm）不仅传授如何向早期采用者销售产品，而且还在书中探讨了如何扩张目标市场。

温馨提示

理想的早期采用者可以是一个人，或是一个组织。

宏大变革目标

他们与你拥有共同的愿景。

他们在几周前就曾被你提出的问题所困扰。

他们正在想办法解决这个问题，但尚未成功。

他们愿意花钱解决这个问题。

他们坦诚并且能够提供富有价值的反馈。

温馨提示

若想找到早期采用者，试着站在他们的角度思考。这将帮助你确定他们所在的位置。

温馨提示

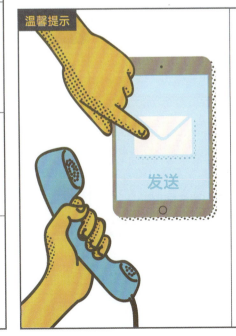

请记住，你的目标是学习，所以要尽可能多地与早期采用者们进行交流互动。

● 对于网站这样的在线渠道，需要在每个用户或买家完成交易流程之后，向他们发送一封电子邮件，询问他们关于价值主张和定价模型的改进建议。

● 对于线下的渠道，比如当面的交易或是电话销售，千万不要将销售流程外包。你要亲力亲为。花费一周的时间与早期采用者交流，以便尽可能多地了解你的产品。除此之外，还要多多鼓励他们购买你的产品。

任务2: 评估成果并学习新知

我们的宏大变革目标

★★★★☆

早期采用者的观点

在完成最小可行产品的开发并完善销售流程之后，你将得到很多的经验和数据，用以评估关键假设。请记住，当前的主要目标是了解指数型组织的属性和你的商业模式，特别是其中的价值主张和收入模型。

在销售流程完成之后，下一步便是深入挖掘收集到的数据。

工具

利用模板明确并分析你上周力图求证的假设，现在可以填写模板中的评估栏和学习栏了。

建议

分析定性数据与定量数据（指标）。在早期阶段，定性信息比定量信息更为重要。

温馨提示

实验结果往往会产生许多不甚有效的噪声数据，但深入研究数据也能给我们提供学习的机会。例如，在评估完解决方案之后，你可能会发现某些客户群体喜欢你的产品或服务，而有些人却很讨厌它。结果可能表明45岁以下的人群喜欢你的产品或服务，而超过45岁的人群则不感兴趣。这里能学到什么呢？就是将解决方案集中面向45岁及以下的客户群体。

模板：
识别和评估关键假设

Eco Places

指数型组织方案名称	关键假设	实验描述	评估标准	实验结果	重要学习成果
		构建		评估	学习
艾尔生态	市场容量巨大，足够开展这项业务	寻找数据，确定潜在客户数量是否足够庞大	我们一年的住宿量可以达到5000万天次	该市场的潜力巨大，一年的成交量将达到8000万次	**假设得到验证** 存在大量的潜在客户
	潜在客户愿意在某个私人拥有的生态产业中预订住宿	●利用登录页面进行测试，看看潜在客户是否愿意注册参与；利用谷歌关键字广告进行推广 ●向公众展示服务的细节，鼓励潜在客户预订住宿	潜在客户愿意在某个私人拥有的生态产业中预订住宿	●结果显示：7%的网页访客注册了账号 ●尽管有些受访的潜在客户询问的问题在展示视频中未能得到解答，但仍有超过35%的受访的潜在客户预订了住宿	**假设得到验证** 我们发现潜在顾客的要求都不低。因此，平台上展示的房产信息必须全面
	潜在业主真的愿意与大众分享他们的私有产业	●利用登录页面进行测试，看看这些业主是否愿意注册参与；利用谷歌关键字广告进行推广 ●向公众展示服务的细节，鼓励业主出租他们的产业	业主愿意与大众分享他们的私有产业	●只有2%的网页访问者注册参与 ●只有20%的受访者愿意向顾客出租他们的产业。但是有超过40%的受访者表示如果能够审查租住者的信息，他们便愿意出租自己的产业	**假设被否定** 我们发现，业主希望得到租客的背景资料。所以我们必须准备一个客户的资格认定流程，以获取必要的资料

针对本周的建议

本周的完美工作流程：

用第1天的时间确定找到早期采用者的方法。然后尽可能快地与他们取得联系！

第5天，同你的指数型组织教练一起回顾得出的结果。

| 周日 | 周一 | 周二 周三 周四 周五 | 周六 |

将本周剩余的时间用于完成面对早期采用者的销售实验。如果你需要更多的时间收集数据，这个步骤有可能会顺延到下周初，影响下周的任务进度。所以不管怎样，你应该在本周末前得到初步的结果。

本周的目标是从实验中收集足够的数据，确保得到的结论有效，以便尽可能多地进行学习。当然，如果你能在整个过程中实现想法的输出就更好了，因为这将是你在指数型组织边缘方案的最终展示中给评审小组留下深刻印象的绝佳方法。在不到10周的时间里，你要从一无所有发展到拥有真正的客户。现在让我们开始吧！

请记住，早期采用者不仅仅是你的第一批客户，他们也是拥有特定思维模式的人群或企业组织。

为了完成对不同类型假设的评估，你可能需要向外部的顾问求助，他们可以是你所在行业的专家，或是特定技术、方法方面的专家。

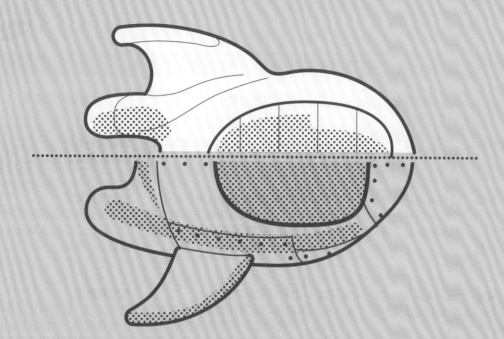

第8周：

改进

为什么选在本周

上周，通过直接面向客户对最小可行产品进行实验，你应该对商业模式和指数型组织属性有了更加深刻的理解。在本周，你将通过实验继续开发最小可行产品。

在本周的某些时间点上，你将获得足够的数据。所以，是时候面对现实，依据数据对你的指数型组织边缘方案做出必要的完善，从而使成功的可能最大化。

修改甚至大幅调整你的指数型组织边缘方案，确保它们以最好的姿态取得最终的成功。

任务1：进一步开发指数型组织边缘方案

要在仅仅两周内完成最小可行产品的设计，并鼓励早期采用者购买你的产品或服务，时间似乎有点不太够用。尽管我们的进度安排十分仓促，但并非不可能实现。

分配本周的几天时间用于实验，并根据你所学习的新知识进一步开发并迭代最小可行产品。

工具

如果你仍然选择面向早期采用者开展实验，就请继续使用本节提供的模板来明确并评估在过去两周中一直采用的假设。

温馨提示

从早期采用者参与的实验中，你将获得一些思考和见解，它们会为你带来新的想法碰撞，新的假设也可能由此诞生。定义和评估假设的过程需保持动态的变化。这个方法的本质就是用你学到的新东西不断重新定义你的实验。

温馨提示

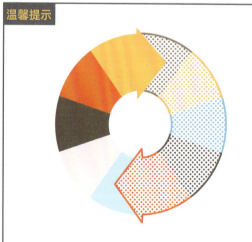

我们建议尝试探索敏捷开发方法，如Scrum等，它们是宏大变革目标产生以及发展的技术基础。这些方法的主要前提是你能够不断重新定义产品功能和变更开发优先等级，以便你在短短几天或是几周的时间内完成产品的迭代。即便在当前的指数型组织冲刺计划中，你不会用到这些技术，但了解它们的工作原理以备不时之需也不是坏事。

202

任务2：调整、迭代或继续前进

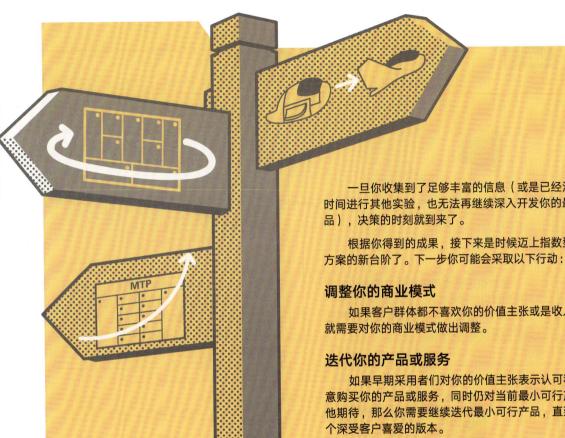

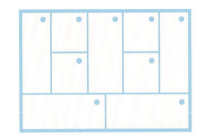

如果你需要调整你的商业模式，请使用你在指数型组织冲刺计划早期使用的商业模式画布。

一旦你收集到了足够丰富的信息（或是已经没有更多的时间进行其他实验，也无法再继续深入开发你的最小可行产品），决策的时刻就到来了。

根据你得到的成果，接下来是时候迈上指数型组织边缘方案的新台阶了。下一步你可能会采取以下行动：

调整你的商业模式

如果客户群体都不喜欢你的价值主张或是收入模型，你就需要对你的商业模式做出调整。

迭代你的产品或服务

如果早期采用者们对你的价值主张表示认可和喜爱，愿意购买你的产品或服务，同时仍对当前最小可行产品抱有其他期待，那么你需要继续迭代最小可行产品，直到开发出一个深受客户喜爱的版本。

继续前进

如果早期采用者们对你的产品或服务做出极高的评价，并且愿意花钱购买，你便会得出产品与市场相匹配的结论。所以，是时候开始思考未来你该如何拓展业务了。因此，你应在指数型组织画布上多花些时间，好好思考一下如何扩张指数型组织。

任务2：调整、迭代或继续前进

温馨提示

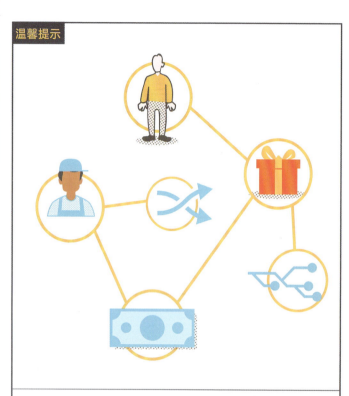

有几种类型的调整需要你认真思考。

- **客户细分的调整**：你的产品或服务可能吸引了一些现实中的客户，但他们并不属于你预期的客户细分类别。如果是这种情况，请及时调整目标市场。

- **价值主张的调整**：你可能会发现你的价值主张需要收费，甚至你交付产品的方式都需要改变（这样的调整可能涉及从产品到服务的整个流程）。

- **收入模型的调整**：你可能需要更改之前的定价模型。

- **其他方面的调整**：渠道调整、技术调整、关键合作伙伴的调整，等等。

温馨提示

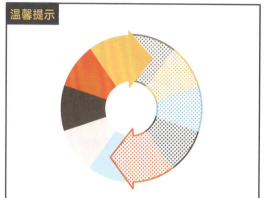

如果你选择使用敏捷开发方法（考虑到冲刺计划的时间有限，这不太可能实现），要迭代产品或服务，可能需要更新产品相关的待办事项列表。

温馨提示

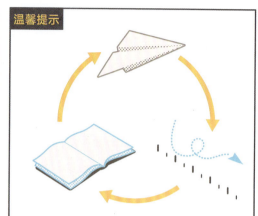

仔细思考客户提供的反馈，并根据现实的需要对最小可行产品的功能优先级重新排序。不要忘记"构建—评估—学习"的循环，它适用于冲刺计划的方方面面！

无论你选择调整商业模式还是迭代产品或服务，根据现实的需求更新指数型组织画布这一步骤必不可少。除此之外，你还需要思考：创建真正可扩张的组织到底需要什么？比如说，创建一个指数型组织到底需要什么？

交付模板： 艾尔生态的指数型组织画布

宏大变革目标

解锁
生态旅游

当地居民参与
运营操作

在线网站

生态
数据库

生态社区

合规顾客的
筛选

生态产业
合作伙伴

利用匹配算法
为每位顾客找寻
最佳的下榻旅社，
并筛选合规
顾客

利用客户
开发法及精益
创业法实现
持续提升

互联网

私有的
生态产业

私人业主
决定租赁
的价格

生态旅行
住宿点的
评分排名

合规顾客的
筛选

实现业主/
顾客沟通的
工具

交付模板
艾尔生态的商业模式画布

Eco Places

重要伙伴：
能帮助你完成项目推广的生态型组织

关键业务：
确定可用的产业并找到业主

营销

平台维护

聘用随需随聘的员工开展运营

核心资源：
平台

价值主张：
利用生态产业获取超额收益

获得全世界范围内生态友好型产业的使用权

客户关系：
人工服务

自动化服务（网页端/移动端）

人工服务

自动化服务（网页端/移动端）

渠道通路：
在线网站

客户细分：
生态环境良好地区的业主

怀抱生态出行理念的年轻旅行者

成本结构：
随需随聘的员工工资

平台维护

业主决定的租赁费用

营销

收入来源：
保险广告收益

每晚的住宿费用

本周的完美工作流程：

在第1天和第2天，尽可能多地收集来自早期采用者的数据，完善你的最小可行产品。

第5天，与你的指数型组织教练分享你们的进展情况，并为方案呈现会议上的最后展示做好准备！

| 周日 | 周一 周二 | 周三 周四 | 周五 | 周六 |

在第3天和第4天，认真分析结果，在此基础上对商业模式、产品、服务和指数型组织画布进行必要的调整。

在你的指数型组织方案中做改动对你来说可能是个挑战，因为放弃你认同且吸引你的想法并非易事，但请不要等到企业的免疫系统对方案产生反应之后才想到改进，到那个时候就已经太迟了。因此，你应根据在冲刺计划不同阶段中学到的成果，尽你所能构建出最佳指数型组织方案。

要养成并保持由数据驱动决策的习惯。保持中立通常需要你把自我放在一边，放弃对自己喜欢的想法或提议的任何依恋和不舍。

请记住，在指数型组织冲刺计划的过程中，每个人都处于平等的地位，公司原有的等级制度在此一概不谈。简而言之，在冲刺计划中永远不该基于某人在公司的资历做出决策。

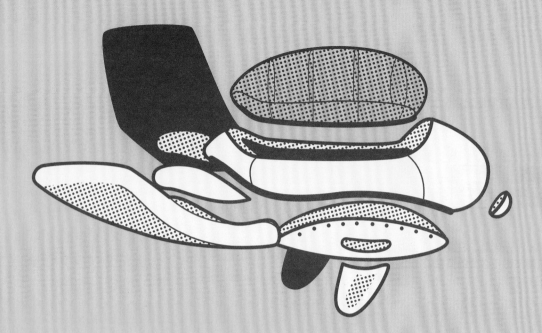

第9周：

组合

为什么选在本周

准备最终展示的时间到了！

到了下周，你将向企业的领导团队展示你的最佳方案。展示的目标是获得来自领导层的反馈，最重要的是，争取进一步开发方案所需的资金。

本周的任务是和你的团队一起，将你们的指数型组织边缘方案的各个部分组合在一起，形成一份全面的展示方案，向众人呈现你们的团队在指数型组织冲刺计划中所完成的出色工作。

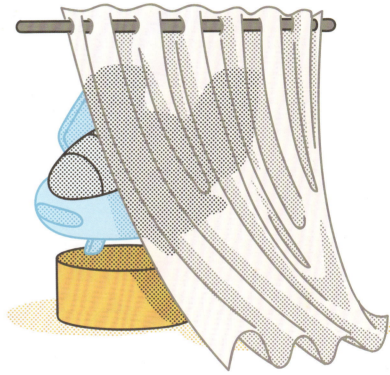

任务1: **尽可能将方案的数量减少到两个**

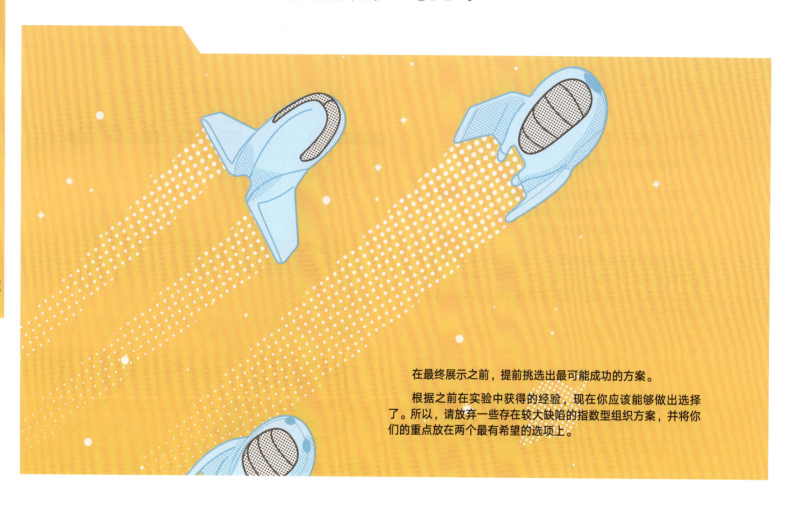

在最终展示之前，提前挑选出最可能成功的方案。

根据之前在实验中获得的经验，现在你应该能够做出选择了。所以，请放弃一些存在较大缺陷的指数型组织方案，并将你们的重点放在两个最有希望的选项上。

任务2：用关键里程碑和预算丰富指数型组织边缘方案的细节

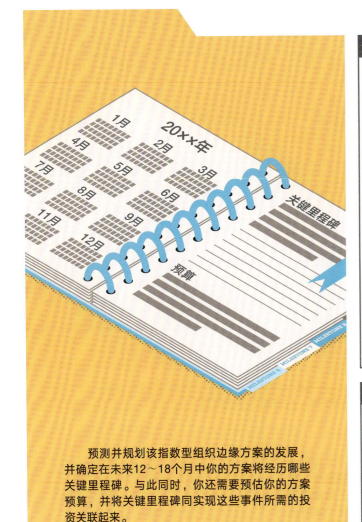

预测并规划该指数型组织边缘方案的发展，并确定在未来12～18个月中你的方案将经历哪些关键里程碑。与此同时，你还需要预估你的方案预算，并将关键里程碑同实现这些事件所需的投资关联起来。

工具

使用本节提供的模板。

温馨提示

关键里程碑可能包括：

●寻找合适的团队执行方案。

●开展进一步的实验以评估假设。

●构建一个最小可行产品，并不断修正。

●获得早期采用者的认可，并开始为组织创造收入。

●找到产品/市场的最理想定位，在这里客户满意度将达到最高。

●在合适的领域寻求合作伙伴关系。

温馨提示

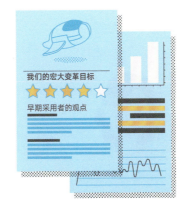

为了预估收入，你需要构建一系列的业务参数，要能够把你在前一周定义（并通过实验测试）的创新核算指标全部考虑在内。

任务2：用关键里程碑和预算丰富指数型组织边缘方案的细节

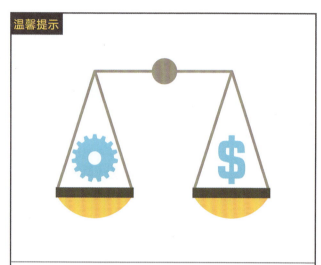

温馨提示

　　在预估成本时，要从现实出发，考虑实现关键里程碑事件所需的所有资源和外部帮助。关键里程碑应该同容易获得批准的资金数额匹配。

温馨提示

　　如果你的指数型组织边缘方案严重依赖某一项新兴技术，那么你的关键里程碑可能需要体现在这项技术成熟前你对该技术的临时替代方案。

温馨提示

　　创建一系列易管理的关键里程碑。例如，某个关键里程碑可以是在某个细分市场中测试某个概念，也可以是测试指数型组织方案中某个单独的部分。

任务3：为指数型组织边缘方案准备最终的演示文稿

为了做好最终展示的准备，你需要为每个指数型组织边缘方案开发一个平台。

在这一轮的最终展示中，简短的电梯游说演讲已经不合时宜，你需要为每个方案制作展示时间更长的、更加全面的演示文稿。

工具

使用本节提供的模板。

资源

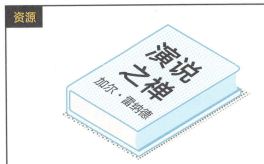

有一本书能给你提供不小的帮助，那就是加尔·雷纳德的《演说之禅》。

温馨提示

只要可能，在展示幻灯片时一定要用图片代替文字，这样就能够避免人们只阅读你的幻灯片，而不认真听你的演讲。

任务3：为指数型组织边缘方案准备最终的演示文稿

温馨提示

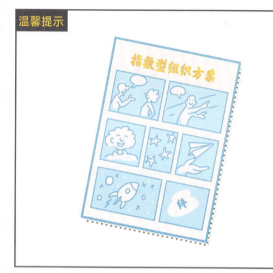

为每一个方案编一个引人入胜的故事。故事可以从问题开始，其中要包括对价值主张的清晰定义。这个概念是否容易为听众所理解？它的价值是否容易得到听众的认可？

温馨提示

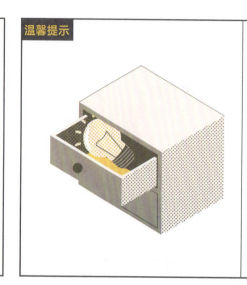

如果你最终放弃了一个或是多个指数型组织方案，也不用太过担心。

尽管我们建议你应在呈现与批准会议中提出至少两个指数型组织边缘方案，但是你仍然可以在颠覆会议之前恢复任何之前努力开发的方案。所以，你可以按照前几周的流程，尽可能多地开发一些新的附加方案。

温馨提示

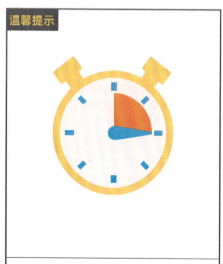

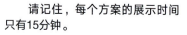

请记住，每个方案的展示时间只有15分钟。

温馨提示

尽快开始练习吧！

展示
每个方案的展示应包括以下内容：

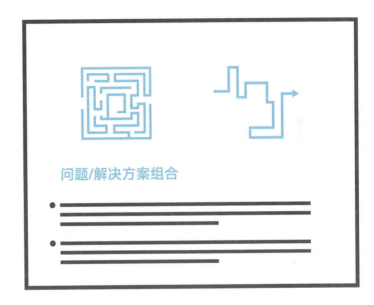

宏大变革目标

　　每个指数型组织边缘方案的展示都必须从宏大变革目标开始。

　　注意，一个宏大变革目标下可能包含多个指数型组织边缘方案。如果是这样，你需要先解释你的宏大变革目标，然后再详细地解释每个方案。

　　通常，介绍每个宏大变革目标只用一张幻灯片。

问题/解决方案组合

　　在介绍解决方案前，先引入问题。

　　引入问题后，请你以一种创新的方式引入你的解决方案。

　　可以使用一张幻灯片同时介绍问题和解决方案，也可以使用多张幻灯片分别介绍问题和解决方案。

展示

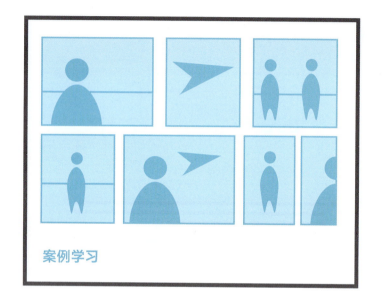

案例学习

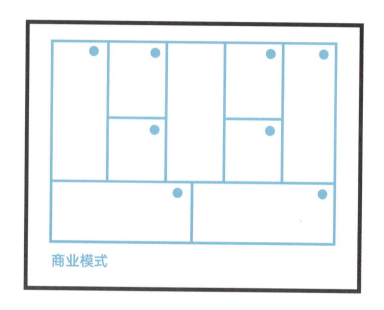

商业模式

案例学习

在交流新想法之时，用讲故事的方法能给你带来很大的帮助。

你可以编一个故事，并用图片和图表详细地阐述问题，解释你的解决方案如何能够解决该问题。

如果你提出的方案数量为6个及以下，我们建议你使用案例研究的方式呈现你的方案。每个方案耗时大约5分钟。

商业模式

不仅要向听众展示你将如何为用户创造价值（这一点可能在之前的环节中已经清楚详细地展示过了），也要向听众表明你将如何保留这种价值。

在一张幻灯片上展示你的商业模式画布，或使用几张幻灯片概述商业模式的基础。

展示

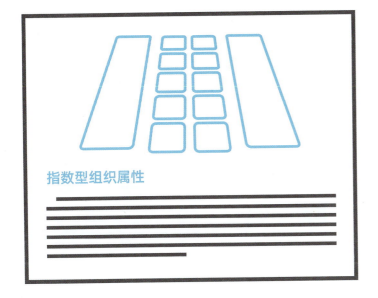

指数型组织属性

因为你正在构建新的指数型组织，所以你必须向听众展示你打算如何利用指数型组织的SCALE属性找到富足，以及如何利用指数型组织的IDEAS属性管理富足。

可能你也希望展示你的指数型组织画布，并解释如何将关键指数型组织属性应用于你的方案。

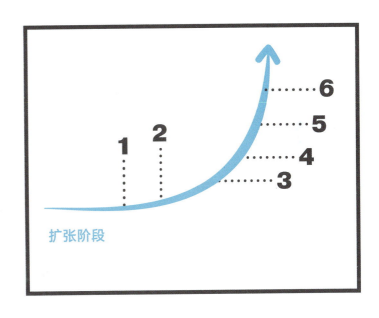

扩张阶段

使用指数曲线，展示你的指数型组织边缘方案将如何随着时间的推移产生全球范围的影响。

还应展示短期、中期和长期的关键时间节点。

保持指数型的思维模式！

展示

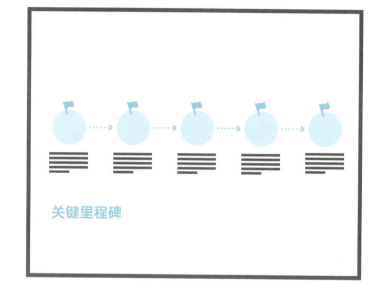

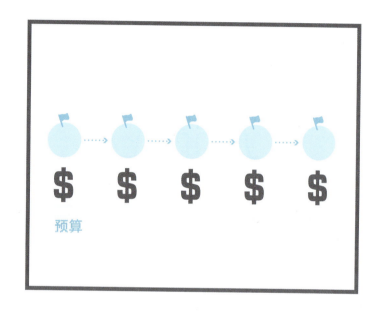

关键里程碑

对未来几个月里的关键里程碑进行概述。

详细介绍你的长期里程碑，不要忘记运用指数型思维。最后总结你将如何实现宏大变革目标。

预算

根据之前确定的短期里程碑，评估达成这些里程碑所需的预算。

针对本周的建议

本周的完美工作流程：

第4天练习展示演讲。多演练几次，这样进行最终展示时能更应对自如，对时间的把控也能更加合理。你要提前知道有哪些团队成员将在会议中进行方案展示。

第1天制订里程碑计划并确定预算。

| 周日 | 周一 | 周二　周三 | 周四 | 周五 | 周六 |

第2天和第3天用于准备下周的展示。

第5天，向你的指数型组织教练提交展示方案，获得最终的反馈和建议。

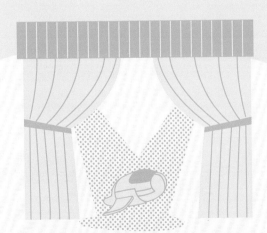

展示形式需富有创意。例如，团队可能希望使用音频和视频增强展示的效果。

在你的演示文稿里不要忘记加入通过实验获得的真实数据。出色的现场表现能为你加分，但归根结底，展示也只是一个平台。向听众呈现如客户评价等来自真实客户的数据和见解才更加重要，因为这些数据表明你真的从中学到了新的知识。

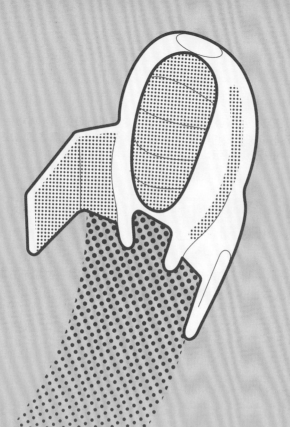

第10周：

呈现与批准

为什么选在本周

展示的重要日子终于到来了！

本周，你将向公司的领导团队和受聘的顾问团队展示你的指数型组织边缘方案，他们将最终决定资助哪些方案，进行进一步开发。

事实上，这个遴选的过程并不是终点，远远不是。你完成的指数型组织边缘方案，只标志着一场行业革命刚刚拉开序幕！

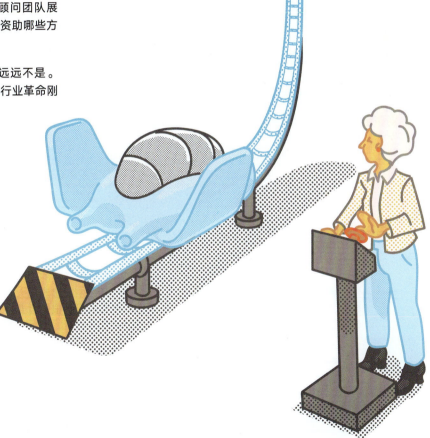

任务1：现场环境的布置和后勤准备

创造合适的环境并完善后勤保障，为展示做好准备。

演讲可以采取面对面的方式，将所有人集中在一起举办会议，也可以选择在线上进行。这很大程度上取决于员工的地域分散情况以及你们企业的预算水平。如果你们选择了面对面的会议形式，可以考虑对空间进行一定程度的装饰，营造出一种独特的氛围。如果你们选择在网上进行展示，请提前测试企业的视频会议系统。

工具

Q&A　60'~90'　Q&A

按照既定的流程（我们将在后文中列出流程大纲）进行项目展示，根据需要展示的边缘方案数量，展示时间应控制在60~90分钟。

每个方案有15分钟的展示时间，接着是10分钟的问答环节。在下一个方案展示开始之前安排短暂的休息。

温馨提示

议程

时间管理是高效展示的关键。提前沟通好展示流程，包括演讲的顺序。

任务2：展示和讨论

团队将向企业领导层和其他利益相关者展示自己的成果。与颠覆会议不同，这一次团队将同时接收反馈并回答问题。

最终的演示文稿也比颠覆会议上的演示文稿要长，不过最终的文稿也是基于之前的电梯游说演讲拓展而成的。

资源

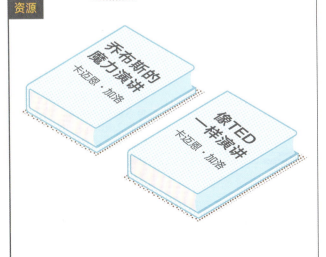

有两本书可以提升你演讲水平：

《乔布斯的魔力演讲》（*The Presentation Secrets of Steve Jobs*）和《像TED一样演讲》（*Talk Like TED*）。这两本书的作者都是卡迈恩·加洛（Carmine Gallo）。

温馨提示

我们建议为每个方案留出10分钟的问答时间。

任务3: 最后的评估

演讲结束后，领导层和聘请的顾问团队将聚集在一起，决定哪些指数型组织边缘方案将得到企业的资金支持，继续开发，以及每个方案将分配到多少资金。

请记住，必须从颠覆的角度对方案进行评估。该行业目前的运作方式在此可能并不适用，所以，即便是涉及现有行业规定也不能动摇这项原则。企业的领导层也要加倍小心，不要一不留神就扮演了企业免疫系统的角色，处处阻挠变革。

工具

领导团队应参考本节提供的模板，因为这将帮助他们评估各个方案，并最终决定哪些方案能获得企业的资金支持，继续发展。

温馨提示

为了先发制人，避免未参与冲刺计划的领导团队成员变成企业免疫系统的角色，我们建议，让颠覆领域方面的专家参与最后的评估会议，就像第5周的颠覆会议那样。因为，这些专家独立于组织及其领导存在，能够促进你获得诚实和公正的反馈。

温馨提示

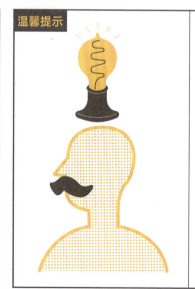

记住，老式且传统的思维在这里并不适用，所以要避免接受具有这类思维模式的员工的输入和建议。但如果你是行业内的人士，你会发现避开他们将是一个巨大的挑战！

任务3: 最后的评估

温馨提示

请时刻牢记，指数型组织边缘方案仍处于开发的早期阶段，这意味着它们在未来的几个月内随时可能变更。现在，高屋建瓴地审视你的边缘方案更为重要，你应关注边缘方案的目标以及独特视野，而不是在这里死抠细节。

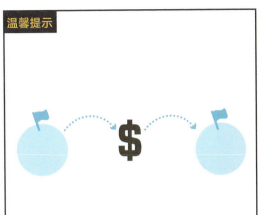

温馨提示

领导团队无须为所选的方案提供全部的资金。因为开发方案可以遵循精益创业的方法，只需提供足够用于实现下一个关键里程碑的资金即可。

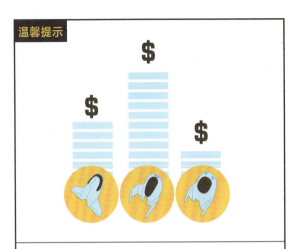

温馨提示

一般来说，提前确定在冲刺计划之后的阶段里你需要花费的资金总数比较好。提前明确你的资金预算，接着便根据对每个方案的期望，将资金分配给不同的方案。

温馨提示

选择由一个或多个外部企业家组成的团队，进一步开发各个指数型组织边缘方案。参与该方案的冲刺计划成员也应当担任外部顾问。你会发现，很多人已经迫不及待地想要加入新的"边缘指数型组织"了！

任务4：结果公布

及时告知指数型组织冲刺计划的参与者们，哪些指数型组织方案已经获得企业的资金支持，这一点十分重要，这是保持并延续冲刺计划势头的关键。

不论方案被选中与否，让所有的冲刺计划参与者都参与其中至关重要。一定要向他们表达你对他们出色工作的赞赏。这样，每个人都能在短时间内迸发出惊人的能量，完成大量的工作。

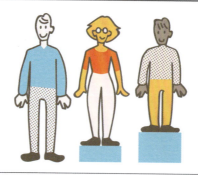

为每位冲刺计划参与者（如果可能的话，也包括指数型组织核心团队成员）提供平等的竞争环境，这是让每位成员都参与进来并分享成果的有效方法。

展示流程

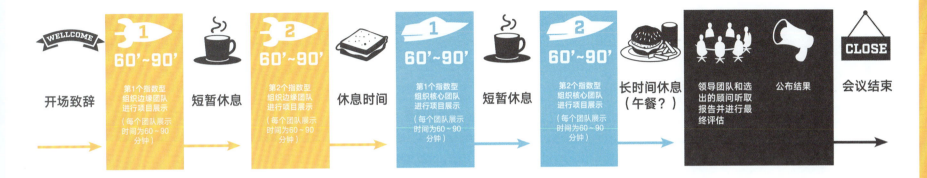

交付模板

指数型组织边缘方案	方案是否与冲刺计划的目标相匹配？	方案是否具有颠覆性？	是否具有可扩张性？	方案是否可行？	是否入选？	资金分配？
艾尔生态	是	是	是	是	是	15万美元

针对本周的建议

最后的温馨提示

尽可能多地练习，不断地改进你的演讲。

当你终于可以和大家分享你的指数型组织方案时，放松自己，尽情地享受在聚光灯下的这一刻吧！

向大家宣布最终入选的方案和每个
方案获得的资金，这一点十分重要。

注意，冲刺计划参与者在该过
程中可能经历个人转变。有些人会
摩拳擦掌，想要加入入选的指数型
组织边缘方案。也请你欢迎并支持
他们对职业道路的新选择！

执行
核心流程

通过运用新兴的技术和组织方法，核心流程将帮助你对现有的组织进行调整，以适应外部行业带来的颠覆，同时保持你当前的商业模式不变。

特征

核心流程将促进企业更加深刻且全面地理解现有的组织和行业。除此之外，它也探索来自行业外的颠覆。当前，你的组织拥有一个运营尚可的商业模式，并拥有一定的产业，所以你无法在短期内实现组织的彻底变革。因此，即便你想做出相应的调整以适应外部的颠覆（这可以被视为一种威胁或是巨大的契机），你也会选择保留组织的基础不变。

机遇

- 使组织更具适应性和灵活性，在应对外部颠覆时反应更加灵敏。
- 改进组织的价值主张。
- 提高效率。
- 增加销售量。
- 收入来源多元化。
- 扩大与宏大变革目标相关的影响。

挑战

- 了解并评估可能对你所在行业带来颠覆的所有外部元素，例如技术和商业模式。
- 准备一些策略，以应对颠覆时期自我生存和发展的需要。
- 对企业的免疫系统进行预处理，避免它抵制新的战略和项目。
- 接受失败，并把它当作过程的一部分。不断地开展实验并迭代你的想法，直到找到最适合的市场。

输入

- 核心流程将应用于整个组织或是特定的业务单元。
- 一个团队的人员，有能力、有意愿，并渴望用接下来的10周，开发出新的方案，帮助组织适应来自外部行业的颠覆。

执行核心流程

产出

- 一个更加灵活、敏捷且能够适应外部动荡的组织。
- 获得指数级增长的利润。
- 让世界变得更加美好。

第1周：

探索

为什么选在本周

世界每天都在不断发生变化。所以，探索行业内的变化如何影响你的组织将是一段令人兴奋，甚至可能让你感到惊讶的学习经历！

许多企业的管理人员将他们的绝大部分时间花费在处理内部问题上，却从不关注组织外正在发生的事情。千万不要成为这样的管理者！

对于你的组织而言，最大的挑战和机遇都可以在新兴技术和商业模式的涌现中找到，也可以在行业之外的大环境变化中找到。所有这些元素都代表着来自外部的颠覆，它们可能与你的组织存在或远或近的关系。所以，让我们一起找到它们吧！

本周的任务将为开展核心流程奠定基础。无论颠覆是发生在现在还是未来，该任务将帮助你从战略的高度理解可能为你所在行业带来颠覆的最重要的技术。你的行业将以何种方式得到重塑？通过观察整个行业大厦的"外部"，你将了解到你所在的组织需要以何种方式进行重组，这种变化不仅是为了生存，更是为了利用现有的机会。

任务1：学习指数型技术

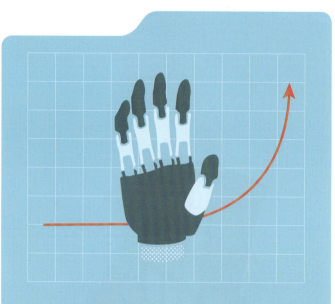

大多数的指数型技术都会在某一时刻对你所在的行业产生直接或间接的影响。尽管这些技术可能会颠覆现有的行业，但与此同时，它们也为行业中的组织带来可以利用的新机遇。

认真思考一下，以下这些新兴的指数技术将如何影响（或是已经影响到）你所在的行业？

- 人工智能；
- 机器人；
- 3D打印；
- 虚拟现实和增强现实技术；
- 生物技术和生物信息学；
- 区块链和比特币；
- 纳米技术；
- 无人机；
- 物联网；
- 量子计算。

在互联网上检索"颠覆性技术对X行业的影响"之类的术语或短语，肯定能找到海量与此相关的优秀案例。

工具

使用本节提供的模板。

资源

在科技类型的网站上搜索最近发布的文章。即便没有文章专门针对你所在的行业，你也可能会发现一些潜在的关联和也许有帮助的应用方式。有用的网站包括：

- 《麻省理工科技评论》：
www.technologyreview.com
- 奇点大学中心：
www.singularityhub.com
- Disruption Hub：
www.disruptionhub.com
- 《连线》杂志：
www.wired.com
- Futurism：
www.futurism.com

温馨提示

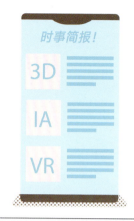

订阅技术网站的每周时事简报，它们会让你了解新兴技术的最新发展。每周只要快速浏览一下这些文章，你便可以了解更多的信息。如果某个特定的话题引起了你的注意，就可以对其进行深入研究。

温馨提示

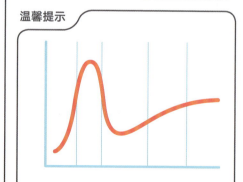

查看加德纳技术成熟度曲线，以了解关于新兴技术的相关信息。

任务2：了解可能颠覆所在行业的新商业模式

行业内外的新商业模式和初创企业可能会颠覆你的现有业务。趁现在还不算太晚，抓紧时间了解这些知识。

你可以在互联网上尝试搜索"X行业的初创企业"等词条了解相关的知识。

资源

搜索关注初创企业的相关网站，你可以找到与不同初创企业有关的文章。记住，你不能仅仅寻找自己行业内部的初创企业，而应找寻能够用于自己所在行业的新商业模式。以下是可以浏览的网站：

- TechCrunch：
  techcrunch.com
- Gust：
  www.gust.com
- AngelList：
  angel.co
- 《企业家》杂志：
  www.entrepreneur.com

工具

使用本节提供的模板。

温馨提示

积极寻找那些与你有同样市场需求的新商业模式以及与此相关的企业，看他们如何解决这类问题。有的时候，颠覆始于行业之外，因为某个企业开始以一种全新的方式解决客户需求，就改变了整个行业的标准。

温馨提示

无数的创业企业正在寻找颠覆行业的创新方式。向他们学习，寻找提升组织的灵感！

温馨提示

问问自己以下这些与你行业相关的问题：

- 正在颠覆整个行业的商业模式是什么模样？它们的创新点和不同点在哪里？
- 越来越多的初创企业开始与消费者建立直接的联系，传统企业是如何与这类机遇擦身而过的？

任务3: 寻找组织环境中发生的新变化

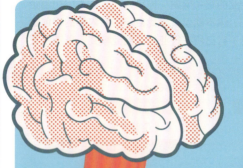

环境的变化对你的业务而言可能既是机遇也是挑战。找到这些悄然发生的变化，这既是为公司的颠覆做好准备，也是为创造新的机会做好准备。

通过头脑风暴，思考以下这些可能影响你的行业或组织的不同问题，这将提高你的能力，帮助你在具体的环境下捕捉潜在的变化。

规定：
新的政策和法规。

客户：
新的客户细分、趋势、购买行为、用户体验。

供应商：
新的供应商、趋势、操作模型。

竞争对手：
新的竞争对手、替代产品或服务。

环境：
出现在现实世界或虚拟世界的新事物，将对你的业务产生影响。

工具

使用本节提供的模板。

温馨提示

请你记住，指数型技术产生富足，在此基础上，基于富足的新商业模式才得以诞生。想要准确分辨来自外部的颠覆，就请把你的注意力从稀缺转向富足。

任务3：寻找组织环境中发生的新变化

温馨提示

关于环境对行业和业务的影响，你的组织内部便有许多同事对此颇有见地，所以，积极地与你的同事交谈，吸收同伴的洞见。

温馨提示

使用如波特五力分析框架等传统的分析方法能够帮助你做出全面分析，理解环境的变化将以何种方式影响你所在的组织。

温馨提示

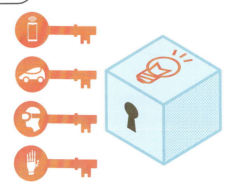

其中某些环境变化看起来可能颇具挑战性，但你也会发现，大多数的变化都可能成为巨大的机遇。

任务4：描述当前所在组织的商业模式

商业模式是一个组织创建、交付和保留价值的方式。现阶段的任务是描述你当前组织的商业模式，它将成为指数型组织方案的框架。请你记住，指数型组织核心流程不应改变当前的商业模式，而是在不改变模型的情况下适应外部行业的颠覆。

使用商业模式新生代技术，高屋建瓴地对你的商业模式进行描述。

工具

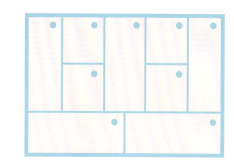

使用本节提供的商业模式画布模板。

资源

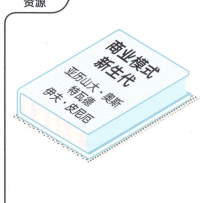

亚历山大·奥斯特瓦德和伊夫·皮尼厄合著的《商业模式新生代》一书为商业模式画布的设计提供了有用的指南。

资源

回到"同步"一节，重温商业模式画布设计相关的练习（详见本书第118页）。

温馨提示

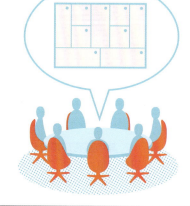

请牢记，你的任务是对当前组织商业模式的运作方式进行详细的描述，而不是重新定义该模式。

温馨提示

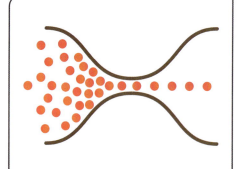

找到组织的瓶颈，到底是什么问题让组织在应对外部变化时变得迟钝，变得更容易遭受打击？这才是核心流程接下来的关键。根据我们的经验，愿意花时间进行此类分析的团队在面对即将到来的任务时，表现得更为出色。

交付模板

指数型技术	风险	机遇	时机
名称（可进行描述）	该技术将以何种方式颠覆你所在的行业？	该技术将以何种方式带来新的商业机遇？	该技术将在何时对你所在的行业产生影响？

颠覆性商业模式	风险	机遇	时机
企业名称（可进行描述）	该模式将以何种方式颠覆你所在的行业？	该模式将以何种方式带来新的商业机遇？	该模式将在何时对你所在的行业产生影响？

环境的变化	风险	机遇
在此进行描述	该变化将以何种方式颠覆你所在的行业？	你所在的行业将以何种方式从中受益？

交付模板（以艾可生态酒店为例将表格的空白处填写完整）

指数型技术	风险	机遇	时机
名称（可进行描述）	该技术将以何种方式颠覆你所在的行业？	该技术将以何种方式带来新的商业机遇？	该技术将在何时对你所在的行业产生影响？
互联网	让共享经济和P2P的商业模式成为可能	帮助酒店以更优化的方式匹配资源和客户，并开发出新的商业模式	现在
人工智能和机器人	实现酒店大部分运营操作的自动化，从而增强企业竞争力	帮助酒店更好地理解客户的需求	接下来的2年内
无人机	提供新的旅行方式	提供新的旅行方式	接下来的5年内
虚拟现实	创新技术可能降低人们出门旅行的欲望	酒店行业可以利用该技术	接下来的2年内

颠覆性商业模式	风险	机遇	时机
企业名称（可进行描述）	该模式将以何种方式颠覆你所在的行业？	该模式将以何种方式带来新的商业机遇？	该模式将在何时对你所在的行业产生影响？
爱彼迎（共享经济利用闲置的资产）	为顾客提供生态型住宿	开发P2P的共享经济平台	现在
优步（员工随需随聘）	帮助竞争者们更好地迎合市场需求	利用并落实社群属性	现在
Cratejoy（基于订阅的商业模式）	市场份额不断缩小，因为客户受酒店订阅服务的吸引	开发具备订阅功能的商业模式	现在

交付模板 （以艾可生态酒店为例将表格的空白处填写完整）

环境的变化	风险	挑战
在此进行描述	该变化将以何种方式颠覆你所在的行业？	你所在的行业将以何种方式从中获益？
基于共享经济的行业新玩家	共享经济平台对于传统的业界选手而言，是个不小的挑战	将自己的传统产品同共享经济平台融合，或是基于该方法开发自己的新商业模式
旅行者渴望得到高效且私人定制的服务	不愿顺应这种商业趋势的企业可能被淘汰出局	个性化的产品或服务
旅行者需要以小时计费的住宿	整个酒店行业还无法顺应此类需求	基于以小时计费的住宿需求，开发新的产品或服务

模板
艾可生态酒店（主体组织）的商业模式画布

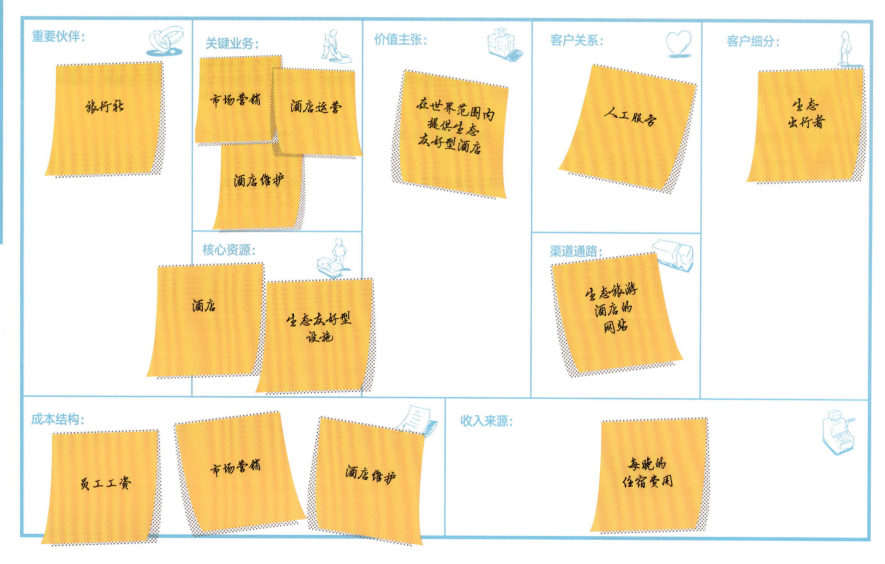

重要伙伴：

旅行社

关键业务：

市场营销

酒店运营

酒店维护

核心资源：

酒店

生态友好型设施

价值主张：

在世界范围内提供生态友好型酒店

客户关系：

人工服务

渠道通路：

生态旅游酒店的网站

客户细分：

生态出行者

成本结构：

员工工资

市场营销

酒店维护

收入来源：

每晚的住宿费用

针对本周的建议

本周的完美工作流程：

本周的前4天应用于调查
研究。

本周的第5天用于同指数
型组织教练回顾你的研究
成果。

| 周日 | 周一 周二 周三 周四 | 周五 | 周六 |

在周末之前，你应对组织及其将面临的风
险有了深入的了解。你还应评估可用于组织发
展的外部技术和业务趋势。

积极同组织内部的人交流，能帮助你获得
行业的新洞见。

走出你的舒适区和以往的知识区，去探索
全新的未知领域。

除了本周的任务之外，你可能还想在更深
的层次上探索指数型组织属性。确保你已经阅
读了本书前面的章节，在此基础上研究这些企
业，了解它们是如何应用指数型组织属性的。

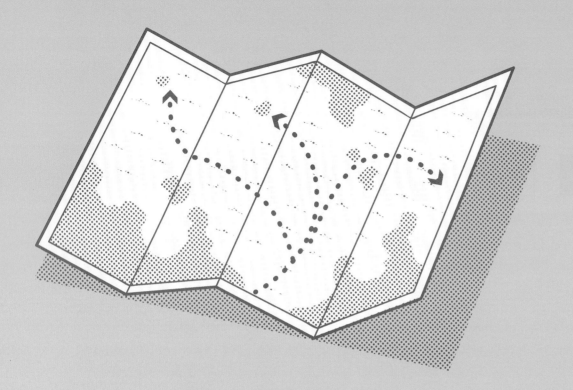

第2周：

概念的形成

为什么选在本周

你现在拥有触手可及的机会，重新构建你的组织，并让世界变得更加美好。

每个行业多多少少总会出现几次天翻地覆的变化。然而，随着指数型技术对商业模式和大环境的影响，这种变化出现的频率正在不断加快。

正如爱迪生所说："一个伟大想法的诞生，必是建立在很多奇思妙想的基础之上的。"为了确保此次冲刺计划能够大获成功，本周之内你必须提出尽可能多的指数型组织核心方案。为了你所在的组织能免遭外部颠覆带来的威胁，要让你的组织适应外部行业的动荡，同时也要利用行业动荡中不断涌现的重大机遇。

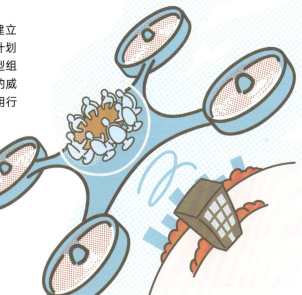

任务1：为组织确定一个（宏大）变革目标

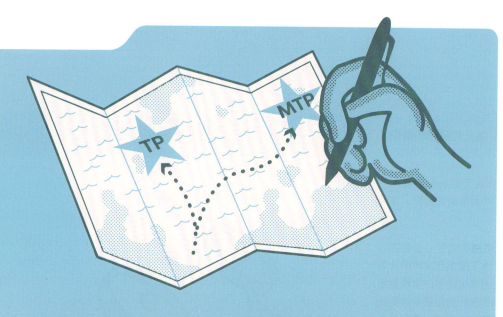

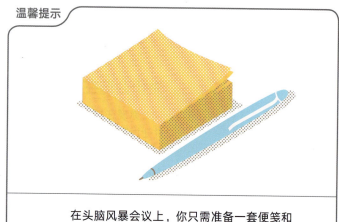

在头脑风暴会议上，你只需准备一套便笺和一支笔。

指数型组织有自己的愿景和使命，也有自己的目标。要想让你的组织适应当前的环境，必须明确你的目标。如果你的组织已经拥有了全球市场或是计划在将来走向全球市场，你便需要明确一个宏大变革目标。如果你的组织只专注于当地市场，则需确定一个变革目标（Transformative Purpose，简称TP）。

使用头脑风暴、"假设分析"和视觉思维等方法，开展一次创意构思活动。

资源

回顾"宏大变革目标"一节，重温为组织设定宏大变革目标的方式（详见本书第22～23页）。

请你记住，我们现在正处于指数型组织冲刺计划的创造阶段。在宏大变革目标和变革目标的主题上，你能想出的点子越多越好（为了简单起见，从这里开始我们只提宏大变革目标，变革目标在同样适用的情况下将被隐去不提）。在这周结束之时，我们建议你从中挑选出自己的宏大变革目标，因为接下来的各类任务都将以此为基础。当然，也不要忘记，在未来你可以对这个宏大变革目标进行必要的修改。

任务2: 为宏大变革目标确定多个外部颠覆/内部应对的组合

第一步是思考有哪些来自行业外部的颠覆，只要与你的组织及其目标有关的均可。你还需要考虑面对外部颠覆的应对之策，甚至是利用之策。为此，你将在上一步概述的目标范围之内，确定一系列外部颠覆/内部应对的组合。请注意，每个外部颠覆/内部应对的组合将成为一项指数型组织核心方案。

根据你确定的内部应对方式，你需要考虑指数型组织核心方案的不同类型，根据应对方式的不同，方案可以划分为以下几类：

C

纯粹核心方案

指数型组织核心方案是指，仅适用于现有组织，不能复制并出售给其他组织的方案。例如：仅适用于某个组织的数字化转型项目，使用基于人工智能的技术实现全流程的自动化。

边缘核心方案

这种核心方案能够先运用于你的组织之内，在此之后该方案能够复制并销售给其他组织。例如亚马逊网络服务，该业务如今已成为主体公司旗下的成功子公司之一。

蓝色核心方案

这种核心方案的基础在于开发新的产品或服务，实现对蓝海市场的开拓，也就是我们熟知的蓝海战略。例如，任天堂Wii在老年消费者中开发出一个利润丰厚的新兴市场。

工具

使用本节提供的模板。

任务2：**为宏大变革目标确定多个外部颠覆/内部应对的组合**

资源

为了识别来自外部的颠覆，请回顾我们在第1周里讨论的指数型技术、商业模式和环境变化（详见本书236～240页）。

资源

如果你想找寻内部应对方面的灵感，可以回顾第一周明确的指数型技术。除此之外，请你重新回顾指数型组织的SCALE属性和IDEAS属性（详见本书34～57页）。

资源

为了激发组织内部对纯粹核心计划和边缘核心计划的反应和想法，你可以为组织绘制波特价值链，并思考自己可以在哪些方面进行改进。

资源

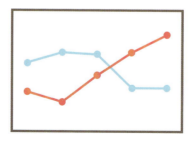

想要获得与蓝色核心方案有关的内部应对灵感，请查阅本书同步章节中的蓝海战略画布，回顾并温习其中的练习。

资源

在头脑风暴会议上，你只需准备一套便笺和一支笔。

任务2：为宏大变革目标确定多个外部颠覆/内部应对的组合

温馨提示

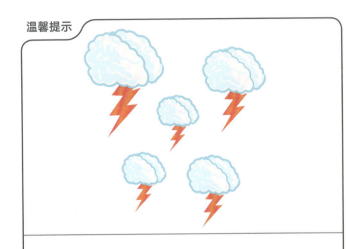

针对外部颠覆的内容，可以选择组织创意构思活动、头脑风暴以及讲故事等方法。对于内部应对，推荐使用"假设分析"法。

温馨提示

在考虑内部应对之前，先把来自外部的颠覆考虑清楚。

温馨提示

请你记住，我们的目标不是要更改组织现有的商业模式。事实上，所有的指数型组织核心方案都应适用于你在上周完成的商业模式画布。小修小补无伤大雅，但要尽量避免大的模式变动。

温馨提示

也请你记住，外部颠覆/内部应对的组合数量不能少于10，且数量上不封顶。同时也要注意，同样的一个外部颠覆可能有多个内部应对方式，这意味着同一个外部颠覆可能产生多个组合。

温馨提示

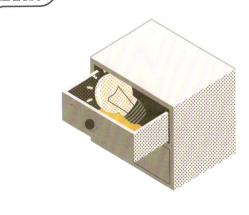

利用本周的时间确定团队提出的想法是否已经由企业员工提出过了。你需要特别小心，避免让冲刺计划沦为推进已有项目的工具。如果你非要选择一个早已存在的想法作为核心方案，则需要冲刺计划分管领导团队的同意。这个方案仍然要满足所有指数型组织的标准。你也可能有机会改进这个方案，所以请你从头开始，让这个方案插上指数化的翅膀！

交付模板

宏大变革目标	指数型组织核心方案名称	外部颠覆	内部应对
为每位顾客提供私人定制的生态旅游体验	智能生态	共享经济的发展导致利润下降；旅行者希望得到高效且个性化的定制服务	尽可能多地利用人工智能技术实现流程的自动化；用机器人代替某些企业员工
	短期生态住宿	旅行者希望市场上有按小时计费的住宿选择	更新酒店的定价，升级酒店的技术体系，实现按小时预订的需求
	个性化房间	新兴的虚拟现实技术可能降低人们的旅行欲望	在酒店内配备虚拟现实技术，让不在房间的人也能身临其境地旅游，与旅客"见面"

针对本周的建议

本周的完美工作流程：

本周的第1天和第2天用
于明确宏大变革目标。

第5天，需同你的指数型组织
教练一起回顾你的成果。

| 周日 | 周一 周二 | 周三 周四 | 周五 | 周六 |

在第3天和第4天，根据之前明确的宏大变革目
标，思考外部颠覆/内部应对的组合。

本周，你需提出至少10个外部颠覆/内部应对组
合，但我们建议越多越好。我们曾经看到一些团队生
成了30多个这样的组合！

核心流程的目标是使当前组织适应行业的颠覆。
在这个阶段提出的想法应该适用于整个组织或特定的
业务单元。在你构思的时候请在大脑中不断提醒自己
这个原则。

提出的想法越多越好！到了这个阶段，每个指
数型组织核心方案都包含一个宏大变革目标或变革
目标，以及一个外部颠覆/内部应对组合。在颠覆会
议期间，你将提出至少4个方案。因此，现在最好尽
可能多地思考，生成的方案多多益善，因为有些方
案可能无法通过下周的实验阶段。

我们知道开发并管理这么多的指数型组织方案
并非易事。所以，如果你需要暂时跳过某些元素，
你完全可以这么做。在本阶段，即使这些方案尚未
填充细节，产出方案也是越多越好。千万不要被某
些细节所牵绊，最后只留下几个方案。

第3周：

分享

为什么选在本周

实验对任何创新项目而言都至关重要。

根据我们之前的定义，任何处于想法阶段的创新都是一个假设（或一组假设），这意味着它（或它们）在得到开发之前必须经过实验的检验。第一组需要经过评估的假设应该是上周确定的外部颠覆/内部应对组合。

在指数型组织的10大属性中，我们必须使用的属性是实验，它贯穿整个冲刺计划的过程。

本周你将集中精力进行实验，评估你的假设。你可以从询问指数型组织核心方案的参与者对这些假设的看法开始，没有什么方法能比这个更高效便捷。

任务1：明确关键假设并开展实验

之前，你确定的创新性想法不过是一系列的假设。所以，现在需要你对它们的真伪进行评估。但是，你并没有足够的时间评估所有的假设。因此，现在请你把重心放在那些能够帮助你的指数型组织方案获得成功的关键假设上。

当前，我们的目标是通过指数型组织属性以及使用指数型技术，帮助当前所在的组织适应来自外部行业的颠覆。

然而，在这之前，你需要思索你先前不断思考的外部颠覆是否真的将带来威胁和机遇，并对此做出准确的评估。除此之外，你还需要评估先前明确的内部应对方式是否可行，是否符合市场的需求。

确定关键假设，并为每个假设设计相应的实验。指数型组织核心方案的类型不同，你的实验方法也将有所不同。

蓝色核心方案

这些方案开发的都是新的产品和服务，需要在市场中直面真实客户进行测试。针对这一类型的方案，最好的方法是利用史蒂夫·布兰克的客户开发技术：询问客户是否面临你正在尝试解决的问题，以及他们是否喜欢你正在尝试开发的产品或服务（也就是产品/解决方案的匹配）。你需要遵循的步骤如下：

● 确定在这个阶段要评估哪些假设：大多数的假设将集中于你的客户或用户是否面临你认为存在的问题，以及他们是否喜欢你提出的产品或服务。当然，你还可以思考其他假设，比如产品或服务的构建在技术上是否可行。

● 设计一个能够对假设做出评估的实验：一般来说，你会想要设计一个采访，从中收集与假设相关的真实数据。每个实验设计都应包括评估标准，这样才能验证或否定假设。

纯粹核心方案和边缘核心方案

这些项目通常开展于企业内部，旨在帮助组织变得更具适应力、运作更高效，并且在应对外部颠覆时反应更加灵敏。首先，你需要对你所明确的外部颠覆进行真实性评估。其次，你还需要咨询组织的利益相关者，因为他们拥有对方案进行终审及使用的决定权。为了落实这一类型的项目，请遵循以下步骤：

● 确定关键的假设：这对指数型组织核心方案的成功至关重要。大多数假设关注的是，你所确定的外部颠覆是真实的威胁还是潜在的机遇。然而，指数型组织核心方案的关键假设通常与内部的应对方式有关。确保这些关键假设能够为组织内部所接受，并且在技术上可行。

● 设计一个实验，完成对以上假设的评估：对外部颠覆的假设进行研究，进一步确定它们是否有效，不要忘记咨询相关的关键人员。对内部颠覆的假设，可以采访组织内部尚未启动项目的利益相关者和用户。你可能还需要与技术人员和专家讨论解决方案的可行性。

任务1：明确关键假设并开展实验

工具

使用本节提供的模板。

资源

回到"同步"一节，参考实验设计方面的练习，详见本书第122页。

资源

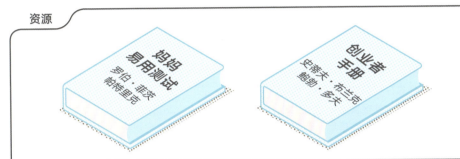

妈妈易用测试
罗伯·菲茨帕特里克

创业者手册
史蒂夫·布兰克
鲍勃·多夫

对于那些关注信息收集的实验，可以参考罗伯·菲茨帕特里克的《妈妈易用测试》一书。史蒂夫·布兰克和鲍勃·多夫合著的《创业者手册》概述了采访潜在客户的方法，这在我们研究蓝色核心方案时尤其有用。

温馨提示

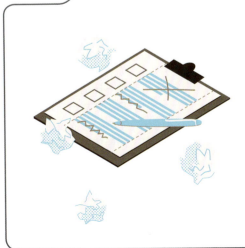

在实验开始之前，请仔细考虑实验设计。实验结果要能正确评估外部颠覆，从而确定更优的内部应对方式，而不仅仅是回答某个如"这是个好主意吗？"之类的问题，因为这类问题不能提供具有效度的答案。如何设计采访的问题也很重要。需要提前思考的问题是：如何才能提出具有创造性的问题？从采访中获得的结果将如何改进你的方案？决定实验成功的明确标准有哪些，比如需要达到哪些门槛？

温馨提示

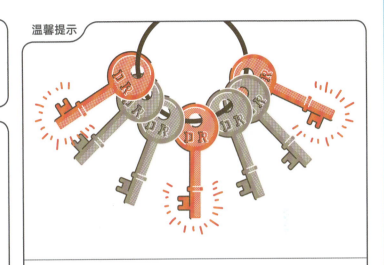

确定实验的优先级十分重要，因为你可能有太多的假设需要评估，但是时间有限，你无法全部完成。

温馨提示

寻求真实的反馈。推翻一个假设本身并非坏事。实际上，失败正是创新过程中的重要组成部分。不管成功与否，这些结果都能为我们带来丰硕的知识和巨大的进步。

任务2：开展实验，评估你的指数型组织方案

接下来，你需要开展设计好的实验。除了进一步研究来自外部的颠覆之外，你还将采访用户或潜在客户，以完成对外部颠覆/内部应对组合的评估；你也可能要采访技术人员，以评估产品的可行性。现在就开始着手安排电话沟通以及各类型的会面。这些访谈的目的在于收集真实的数据。

在实验完成之后，你需要花足够的时间对得到的结果进行充分的分析，这很重要。你将完成对所有假设的评估，并根据从中学到的知识，改进你的指数型组织方案。最后，再对改进后的方案进行最终的评估。"构建—评估—学习"的循环能够为正在开展的实验提供一系列颇具指导意义的方针指南，它将帮助你在这个过程中尽可能学到更多内容，这也就是你在本阶段的主要目标。

工具

使用本节提供的模板。

资源

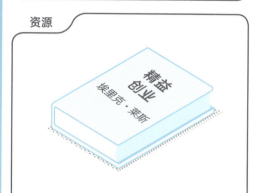

埃里克·莱斯的《精益创业》一书是运行这一流程的有益参考资料，该书对"构建—评估—学习"的循环做了详细介绍。

温馨提示

在目前阶段，你的首要资产便是这些来自受访者的真实数据，因为"构建—评估—学习"循环的目标是基于可靠数据做出决策，而不是基于你的想法或直觉。

温馨提示

寻求真实的反馈。否定一个假设本身并非坏事，因为它是创新过程中不可或缺的一部分。你要记住：当下的主要目标就是学习！

温馨提示

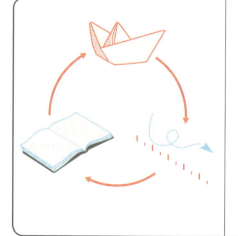

落实实验属性的一个有效方法是向你的组织介绍"构建—评估—学习"循环，并将该循环坚持下去。对假设进行不间断的确认和测试将大大丰富你的学习成果，并让你朝着正确的方向不断迈进。

指数型组织方案名称	构建		评估		学习
	关键假设	实验描述	评估标准	实验结果	重要学习成果
智能生态	生态旅行者渴望提高出行的效率，并获得定制的服务	使用客户开发的模板，采访10位生态旅行者	至少得到60％潜在客户的认可，才能证明我们的假设有效	90％潜在客户认可我们的假设	**假设得到验证** 客户喜欢具有个性化装饰的酒店房间（比如说，能根据客户喜好调节房间温度，房间内饰满足客户的特定需求）
	生态旅行者对机器人十分热衷，希望能用机器人取代人类员工	使用客户开发的模板，采访10位生态旅行者	至少得到60％潜在客户的认可，才能证明我们的假设有效	仅有20％的潜在客户认可我们的假设	**假设被否定** 生态旅行者对机器人的喜好仅限于某些特定服务

针对本周的建议

本周的完美工作流程：

第1天用于明确假设、
设计实验、安排采访以
及起草调查问卷。

第4天用于收集结果并明确
关键的学习成果。

| 周日 | 周一 | 周二　周三 | 周四 | 周五 | 周六 |

在第2天和第3天，开
展实验（可进行采访或
是发放调查问卷）。

利用第5天的时间，同
你的指数型组织教练一
起回顾实验的成果。

采访总是比问卷调查更为合适，因为在采访的过程中，
我们总能获得更为深刻的见解，尤其当你提的是开放式的问
题时。但是，如果你想同时评估多个想法，调查问卷往往是
更为高效的选择。

实验的中心思想是对已明确的所有外部颠覆/内部应对
组合进行实验验证。如果每个团队成员提出的外部颠覆/内部
应对组合有1～2个，我们则建议为每个团队成员分配1～2个
方案。如果每个团队成员能分配到两个以上的方案，便可考
虑通过向潜在客户发放调查问卷而非直接访谈的方式，进行
一个规模更大但欠缺深度的实验。

为了有效评估不同类型的假设，你可能需要与外部顾问进行沟通，因为他们是你所在行业、特定技术或特殊方法方面的专家。

永远记住，一定要跳出自己所在的一方天地，与真正的客户交谈是让假设成真的最好方式。

多个不同的指数型组织核心方案的客户细分存在重叠。在这种情况下，你可以同时开展采访，询问同一人群关于不同核心方案的看法。

第4周：

遴选

为什么选在本周

到现在这个阶段，是时候选出最可能成功的核心方案进入下一阶段了。

下周，你将在颠覆会议上展示你的指数型组织方案，并收到能够帮助提升方案的反馈。

本周的任务是为即将到来的颠覆会议上的方案展示做准备，你需要为每个方案准备一个大约5分钟的游说演讲。你将在企业领导团队、参与冲刺计划的其他成员以及选定的指数型组织颠覆者小组面前展示你的方案。

任务1：选择4个最可能成功的想法

第一个任务是从你的各种奇思妙想中挑选出4个最为重要的在颠覆会议上进行展示。所以，请根据前一周的结果（也就是实验和从中收获的重要知识）以及以下标准评估每个方案，从而缩小你的选择范围。

● **你关注的外部颠覆**：它的影响范围是否涉及全球？是否已经在之前的实验中得到了验证？

● **你现在正在思考构建的内部应对方案**：一旦完成，它是否能够帮助组织适应或是利用来自外部行业的颠覆？它的构建是否可行？如果现有的技术尚不支持该方案的构建，指数级的发展速度能否在将来的某个时候让它成为现实？它是否在实验阶段得到了验证？

温馨提示

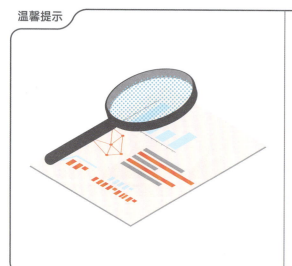

所有的决定都应基于数据而非你的直觉。所以，你要选择有强有力证据支撑的方案。

温馨提示

所有未入选的指数型组织方案都应仔细地归档，以备将来可能再次用于开发。

任务1: 选择4个最可能成功的想法

温馨提示

温馨提示

给每个方案取一个易于理解的醒目标题。此外，你还应附上一行简要描述。

温馨提示

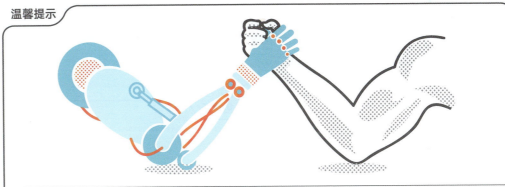

　　如果存在这样的一些想法，它们算不上指数型组织核心方案，却符合指数型组织边缘方案的要求，那么我们可以对它们进行重新定位。与其构建一个特定的边缘方案，不如好好考虑如何制定一个新的指数型组织核心方案，一个刚好能够解决你正在思考的边缘问题的核心方案（这可能已经在世界上某个地方发生了）。举个例子，如果你所在的连锁酒店正思考如何建立一个新的在线平台，为客户预订酒店房间，这是一种指数型组织边缘方案。通过专注于应用程序界面的建构，我们可以把这个想法转化为一个核心方案。连锁酒店原本需要这样的一个平台实现某个指数型组织边缘方案，但是现在，在我们的核心方案中，也可以达到同样的效果。

　　想要测试你的方案将在多大程度上帮助组织适应来自外部行业的颠覆，请自测以下问题：这个方案到底是能够帮助我们面对外部的颠覆，还是能利用外部的颠覆？

任务2：设计指数型组织画布

为了确保你的组织做好落实指数型组织模型的准备，从而在行业富足的基础之上适应来自外部的颠覆，指数型组织画布将提醒你思考10个指数型组织属性的具体应用方式。现在，你需要为之前步骤中明确的每个外部颠覆/内部应对组合设计一个指数型组织画布。每个画布便代表一个指数型组织核心方案。利用画布中的不同模块，开展一次头脑风暴活动，这是形成构思的有效方法。

工具

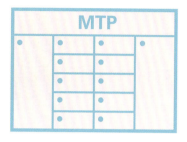

使用指数型组织画布模板。

资源

回顾"指数型组织画布"一节，温习如何确定每一个指数型组织属性（详见本书第58页）。

温馨提示

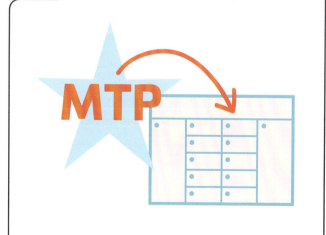

不要忘记将宏大变革目标或变革目标纳入你的指数型组织画布。

温馨提示

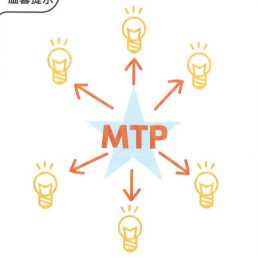

请你记住，每个指数型组织方案的画布中都应该包含宏大变革目标。所有的指数型组织核心方案都应该符合你为组织定义的宏大变革目标。

任务3: 为每个指数型组织核心方案准备一个加长版的电梯游说演讲

为每个即将呈现的指数型组织方案准备一个5分钟的游说演讲。

在这个时代，方案还只是处于想法的阶段，我们建议你编写一份电梯游说演讲稿，可以在电梯乘坐时长内准确地向对方传达你的想法和创意。通常情况下，电梯推销需要在60～90秒内完成，但针对目前的情况，你需要准备一个5分钟的加长演讲版本。

电梯游说应涵盖以下内容：

宏大变革目标

解释你的组织存在的原因，阐明这个特定的指数型组织核心方案将以何种方式助力你们实现宏大变革目标。

来自外部的颠覆

详细描述触发该指数型组织核心方案的外部颠覆。

内部应对

呈现你的内部应对方式，把重点放在你将如何处理外部颠覆、这种应对方式将为组织提供何种价值，以及它将如何让组织更具适应性，甚至是更具有可扩张性上。

指数型组织属性

讨论你将使用最多的指数型组织属性，明确哪些属性将帮助你的组织达到富足，哪些属性将帮助你的组织管理富足。

任务3: 为每个指数型组织核心方案准备一个加长版的电梯游说演讲

资源

你可以在无数的网站上找到海量资源，教你如何准备并发表你的电梯游说演讲。

资源

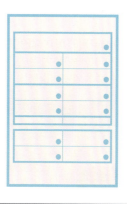

对于指数型组织的蓝色核心方案，也就是专注于产品或服务的方案，你可以尝试使用一个名叫Pitch Canvas的软件，那是一个在线的头脑风暴工具，可以帮助企业家在短短一页的篇幅中，实现整个演讲框架的可视化。

资源

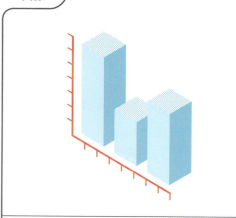

你的游说演讲中应当包含来自实验的真实数据。想法出色当然好，但经过验证的想法更好。

温馨提示

讲故事是展示你电梯游说演讲的好办法。

温馨提示

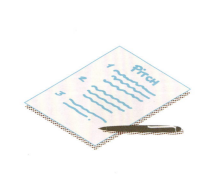

可以准备一份纸质的讲稿，方便你在日常反复练习。

温馨提示

时间管理也很重要。所以，最好将你的演讲时间控制在5分钟之内，而且是从容有序的5分钟，切忌手忙脚乱。

任务4：制作一份演示文稿为演说增添光彩

可以考虑制作幻灯片配合你的加长版电梯游说演讲。如果你选择的是视觉展示的形式，最好以简单的方式呈现。比如，仅使用一些鼓舞人心的图片和信息丰富的图表。

我的宏大变革目标

工具

使用本节提供的展示模板。

资源

演说之禅
加尔·雷纳德

一本帮助你准备的好书是加尔·雷纳德的《演说之禅》，这本书描述了如何使用简洁明了的风格和讲故事的方法打动听众。

温馨提示

把关于所在企业相关背景的知识也包括在内。因为在下周的颠覆会议上，一些来自企业外部的颠覆者也会看你的展示，但他们可能对你的企业不甚了解。

温馨提示

制作幻灯片的时候，尽可能用图片代替文字。因为你一定希望人们集中精力听你演讲的内容，而不是分心阅读你的幻灯片。

温馨提示

我的宏大变革目标

在设计你的指数型组织方案时，指数型组织画布和商业模式画布非常有用。但是，在你展示方案的过程中，并不需要描述细节性的内容，相反，你应该以更直观、更具创意的方式展示你的方案。

任务5：不断练习你的游说演讲

你将在这个展示中向听众呈现大量的创意想法。因此，你的表达必须简明扼要。而在此之前，你练习的次数越多，最后的效果就会越好。

练习、练习、再练习！

资源

你的音调、你的表达和你的激情。

资源

在这个阶段，来自外部的反馈至关重要。所以，在你的团队成员或是任何可以找到的人面前展示你的演讲。

温馨提示

时间管理也很重要，所以要尽可能多地练习，才能把控好时间。

温馨提示

轻松自然的演绎最为关键，所以再次强调，尽可能多地进行练习。

模板

智能生态的指数型组织画布

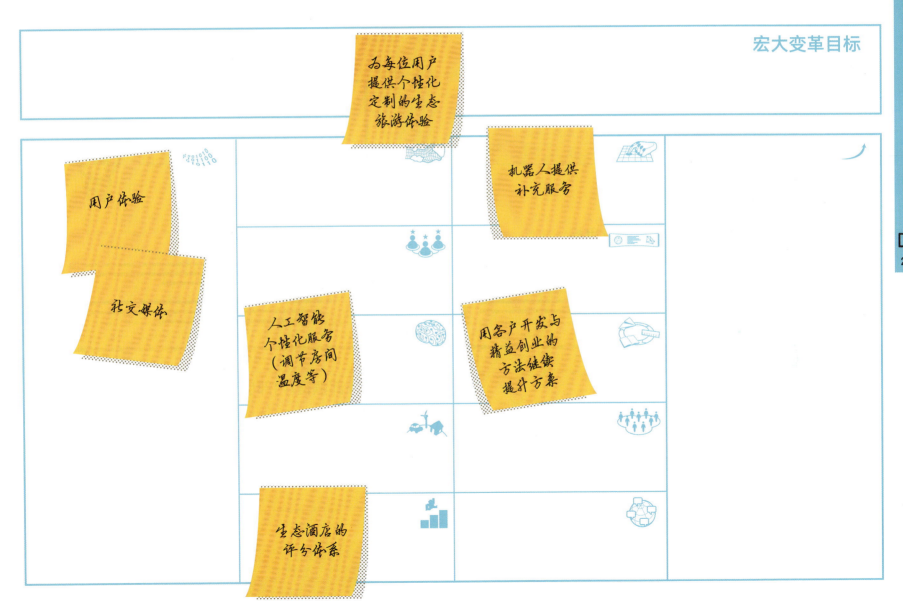

宏大变革目标

为每位用户提供个性化定制的生态旅游体验

机器人提供补充服务

用户体验

社交媒体

人工智能个性化服务（调节房间温度等）

用客户开发与精益创业的方法继续提升方案

生态酒店的评分体系

展示
你的演示文稿应包含以下内容：

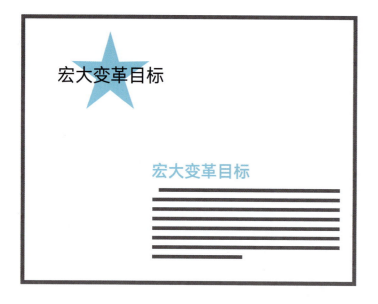

宏大变革目标

　　每个指数型组织核心方案均以陈述宏大变革目标或变革目标开场。请注意，所有核心方案的宏大变革目标都是相同的。

　　通常情况下，介绍宏大变革目标只需要一张幻灯片。

外部颠覆/内部应对

　　与小组成员认真地讨论外部的颠覆，因为这是指数型组织核心方案发展的主要驱动力。一旦我们认清了颠覆的本质，便可以开始讨论内部应对，它或将帮助我们免受颠覆带来的恶果，或将引导我们利用颠覆可能带来的机遇。

针对本周的建议

本周的完美工作流程：

第1天，你需要确定想法的优先级，并分配人员或是小组负责展示的各个部分。

第5天，向你的指数型组织教练展示你准备的游说演讲，以获得相应的反馈。同时在颠覆会议之前，请你不断地迭代并练习你的演讲。

| 周日 | 周一 | 周二　周三 | 周四 | 周五 | 周六 |

第2天和第3天应用于演示文稿的制作。

到了第4天，你需要和团队一起练习你的游说演讲，根据团队内部的反馈自我改进。我们建议大家在此时可以抽些时间看看下周的任务，你们将从中学到一些演讲的技巧。

指数型组织属性

指数型组织属性

展示你将如何使用SCALE属性找到富足，以及如何使用IDEAS属性管理富足。

你可能还想展示你的指数型组织模型，并解释指数型组织的各个属性如何应用于你的核心方案。

不要忘记呈现你从实验中获得的真实数据。出色的表现的确是加分项，但也只是加分项。如果你能提供从实际用户口中获得的数据和看法，并向听众说明你从中学到的知识，一定能为你的演说增添不少亮点。

如果你有充足的时间，开展附加的实验只有好处没有坏处。事实上，你手里拥有的数据越多越好，尤其是对于假设被否定后迭代出的指数型组织方案，这会让那些方案显得更有说服力。现在，你便有机会在任何指数型组织新方案（实际上是各类创新假设）的基础上开展更多的实验。

第5周:

颠覆

为什么选在本周

是时候抢在别人之前颠覆你所在的行业了！

本周你要完成的任务其实为你提供了一个机会，在一群颠覆者面前展示你最可能成功的指数型组织方案。在此之后，他们会就如何改进你的方案做出相应的反馈。

你要牢记：失败是转型过程的一部分。如果有些指数型组织方案在展示过后遭到否决，不要太过在意和难过。你是想在投入大量的时间和金钱之后失败，还是现在就终止这个项目呢？肯定是现在终止看起来比较经济实惠。

基于收到的反馈，你可能会选择亲手终止一些指数型组织核心方案。同时，你也可能创造一些新的东西，进一步改进你的方案。所以，请随时留意，新的机会可能就在下一个转角！

任务1：布置展示的场地，做好后勤工作

为方案展示营造适宜的环境。

　　根据团队成员的实际位置和预算，你可以选择面对面展示，或是通过网络会议进行展示。如果你们的颠覆会议采用的是面对面的形式，需要注意布置展示场地，最好能够营造出一种独特的氛围。如果选择线上的形式进行颠覆会议，请务必提前测试视频会议系统。还要注意，如果同时开展指数型组织边缘流程和核心流程的冲刺计划，那么颠覆会议将包含这两类团队的展示。

温馨提示

　　每个展示都需要遵循既定的会议流程，每个团队都有60分钟的时间展示他们的4个指数型组织方案，每个展示的间隙将有一小段的休息时间。每个团队的每个指数型组织方案的展示时间最好都能控制在5分钟之内，每个展示完成之后将有5分钟的评审反馈时间。

温馨提示

　　时间管理是高效展示的关键。提前和团队沟通你的会议流程，包括方案展示的顺序。

任务2：展示

最重要的时刻已经到来！是时候拿出你的最佳核心方案争取评审团的支持了。

每个团队有60分钟的时间展示他们的指数型组织方案，并接受评审团的评判。到场观看展示的与会者包括：公司的领导团队、参与冲刺计划的其他指数型组织团队、三五位来自行业外部的组织颠覆专家，他们在你的行业或是创新领域有着专门的经验。

温馨提示

每次演讲结束之后，评审团将提供5分钟的反馈。我们建议将会议的这一部分只用于反馈，不允许团队成员进行提问。因为，在这个阶段，我们的目标不是推销方案，而是学习。

温馨提示

记录展示的全过程，以备日后回顾。

任务3：收集反馈

278

收到来自你的同行或是颠覆专家的反馈后，把它们全部记录下来。因为，你听到的每条内容都很有价值。请记住，这次的展示以及收到的反馈，是你一直在进行的实验的一个方面。这些内容都应认真地记录，因为它们是你的指数型组织方案进步的助推器。

将得到的反馈按照不同类别归置妥当，比如说，其中某个类别可能包含新的假设。也不要忘记收集针对潜力方案的反馈。

工具

使用本节提供的反馈模板。

资源

对于指数型组织核心团队的参与者而言，观看指数型组织边缘团队的方案展示尤为重要，因为在构建指数型组织核心方案的时候，边缘团队想要解决的外部颠覆对核心团队也十分重要，因此必须考虑在内。这里，我们需要遵从的理念是实现组织生态系统与组织自身的兼容。

温馨提示

你可能会收到两类反馈：

● 重点关注指数型组织框架的反馈：深谙指数型组织方法论的颠覆者们能够提供关于组织如何进一步发展的有效建议，从而帮助你在转型过程中获得最大的收益。

● 重点关注内容的反馈：反馈与你提出的想法本身有关，有时可能针对的是你正为之努力的问题，或是针对解决方案。这样的反馈不一定会对你的方法产生影响，但它们可以为评估假设提供数据以外的观点。

任务4: 向领导团队汇报工作

你将向企业的管理团队汇报工作内容，确定哪些指数型组织核心方案符合公司领导层希望企业发展的方向。管理团队还可以从你呈现的宏大变革目标中选择其中一个，甚至是重新定义一个全新的宏大变革目标。

温馨提示

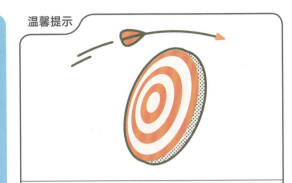

请记住，尽管你提出的方案可能让人赞叹，但有些方案最终仍有可能超出公司领导团队明确的冲刺计划范畴。

温馨提示

我们建议，安排指数型组织首席教练与领导团队进行一次单独会面，以促进决策的进程。

温馨提示

领导团队可能更倾向于选择他们希望看到的指数型组织方案，但是我们建议让领导团队的权限仅限于建议（以避免领导团队最终充当公司免疫系统的角色），并让参与指数型组织冲刺计划的团队自己做出决定。也就是说，领导团队有可能一意孤行地做出决定，要为这种可能性做好应对的准备。

温馨提示

MTP MTP MTP *MTP*
MTP MTP *MTP* *MTP*
MTP **MTP** **MTP** MTP
MTP *MTP* MTP MTP
MTP **MTP** MTP **MTP**

也许，你所在的组织还没有一个明确的宏大变革目标，但在私底下，非官方版本的宏大变革目标已经存在。如果你所在的组织符合这种情况，请你选择最符合组织定位的宏大变革目标。

温馨提示

我们建议，在评审团进行反馈时，向他们提供真实的数据。例如，为颠覆者们提供一份在线调查样卷，让他们现场完成，这样可以确保你在随后的工作汇报上获得评论和反馈。

任务5：将方案的数量缩减到3个

到现在这个阶段，是时候选择最可能成功的方案，进入下一阶段了。好好消化在颠覆会议和工作汇报会议中收到的反馈。最后选择排名最靠前的3个指数型组织方案（或是管理团队选择的方案）。

温馨提示

领导团队可能已经做出决定，要支持或是否决哪项方案。如果真是这样，便坦然接受现实。当然，如果被否决的方案数量比你预期的多，也不要太过失望。否决和失败是这个过程不可或缺的一部分，所以不要太过在意。只要全力以赴就好！

温馨提示

选择方案时的考量因素不仅限于得到的反馈。还有其他可能的因素，比如企业的战略原因，或是一种直觉上的选择。

温馨提示

请记住，你也可以基于颠覆会议的反馈，或是基于其他团队的方案创建新的边缘方案。我们的目标很简单，就是在本周结束前拥有3个指数型组织核心方案。

任务6：根据收到的反馈，进一步完善所选的方案

回顾迄今为止你在指数型组织核心方案中所做的工作，在此基础上，考虑来自评审团的反馈，从而进一步完善方案。如果你又想出了新的指数型组织核心方案，请尽可能多地拟订方案中包含的主要元素，如宏大变革目标、外部颠覆/内部应对组合，以及指数型组织画布，在接下来的几周内跟进完善。

如果你所在组织的领导团队已经为组织选择了一个明确的宏大变革目标，你也必须随即更新并调整你的指数型组织核心方案。

02指数型组织冲刺计划

第5周：颠覆

281

执行核心流程

温馨提示

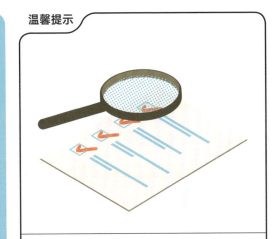

按照前几周的任务描述改进你的方案。

温馨提示

核心流程的目标在于帮助公司在面对外部环境的变化时更具适应性。你的想法是否符合这一要求？

温馨提示

颠覆会议可以突出参与者下一步需在哪些地方做进一步努力，也能帮助参与者充分理解指数型组织的模型和概念。所以，在本周请花些时间弄清楚自己在概念理解上的薄弱之处。例如，团队中的每位成员是否都能很好地掌握指数型组织的各大属性？他们是否理解方案的可扩张性意味着什么？他们是否清楚自己的宏大变革目标有哪些还能改进的地方？既然团队现在已经拥有了一定的实践经验，那么可以重新回顾一些基本的概念，这对团队成员的思路将大有裨益。

温馨提示

指数型组织冲刺计划到了这个时间点，我们建议将团队继续细分，并为每个小组分配一两个方案。例如，如果每个团队有6名成员，你可以将团队分成3组，每组由两名团队成员组成，并给每名成员分配一个指数型组织核心方案。你以何种形式组织团队无伤大雅，重要的是，不管他们的参与程度如何，所有的团队成员都要为所有的方案提供反馈。

项目展示流程表

 开场致辞

 第一个指数型组织
边缘团队进行方案展示
（每个团队展示时间为60分钟）

 短暂休息

 第二个指数型组织
边缘团队进行方案展示
（每个团队展示时间为60分钟）

 休息时间

 第一个指数型组织
核心团队进行方案展示
（每个团队展示时间为60分钟）

 短暂休息

 第二个指数型组织
核心团队进行方案展示
（每个团队展示时间为60分钟）

 会议闭幕，
下一阶段工作
启动

 指数型组织
冲刺计划的分管领导
同企业的领导团队
会面商讨

反馈的形式		
	总体反馈	是否与企业领导团队的目标一致？
智能酒店	领导团队喜欢这个商业目标	一致
宏大变革目标	领导团队为组织选择了这个宏大变革目标	
外部颠覆	颠覆团队和领导团队都认同这个概念将在行业内掀起颠覆的浪潮	
内部应对	指数型组织颠覆者们为这个商业模式提出了一些改进的建议（例如，可以储存客户的信息，作为一种资源使用）	
指数型组织属性	指数型组织颠覆者们对该方案中指数型组织属性的使用提出了改进建议（例如，设计一个智能手机应用程序，在其中配备智能小助手，完善客户的信息，以实现个性化的服务和机器人协助）	
（在这里填上方案名称）		
宏大变革目标		
外部颠覆		
内部应对		
指数型组织属性		
由指数型组织边缘方案得出新的核心方案	由于指数型组织边缘方案降低了对员工需求和利润率的要求，艾尔生态酒店的市场竞争力将大大提升。针对该指数型组织边缘方案的内部应对方法可以是启动一项指数型组织核心方案，为艾尔生态酒店配备酒店员工的服务。这将帮助艾尔生态酒店为顾客提供专业级别的酒店员工服务。同时，它也为现有的组织创造了机遇	
其他反馈（总体反馈、其他项目的反馈，等等）		
组织最终的宏大变革目标/变革目标	为每位顾客提供私人定制的生态体验	

针对本周的建议

最后的建议

本周的完美工作流程：

> 如果是进行面对面的现场展示，请布置好展示现场的环境，并完善后勤工作。

周日	**周一**	周二	**周三　周四　周五**	周六

> 把方案展示安排在本周的后半部分，这样团队就有足够的时间根据上周收到的反馈改进他们的展示。

正确的指数型组织核心方案应该具备以下特质：

适应性

你正使用指数型组织的框架，帮助所在的组织在面对外部颠覆时能更具适应性，所有的方案都应以这一目标为准。

可扩张性

因为你将定义的是一个宏大变革目标，或者至少是一个变革目标，所以你可能需要扩大现有组织的影响力。因此，请你对你的指数型组织核心方案是否有助于扩大组织的影响力做出评估。

指定某一位团队成员，负责记录所有的反馈。可以随意地向团队成员分配不同的方案，只要确保所有的反馈都能落实到位。

展示结束之后，同与会者（包括企业管理团队、其他参与冲刺计划的团队成员以及指数型组织颠覆者）深入讨论你的方案，以获得更多的反馈。

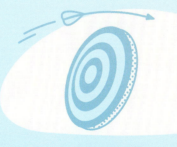

和往常一样，你要记住失败是这个过程中不可或缺的一部分。所以，不要因为得到负面反馈而感到沮丧。因为，如果你的方案需要修改、暂时被叫停或是否决，那么你知晓的时机总是越早越好。

如果在颠覆会议之后，你手中的一些（甚至是全部）指数型组织方案被领导团队否决，不要难过！因为这只是过程的一部分。

我们曾经与这样的团队合作过，他们的指数型组织方案在颠覆会议之后被全部叫停，但是在指数型组织冲刺计划结束时，他们的新方案或是计划经过团队改进的方案得到了全场的最高评价。所以，请把这个会议当作是一次学习、一次操练，以及一个提升和修改方案的机会。

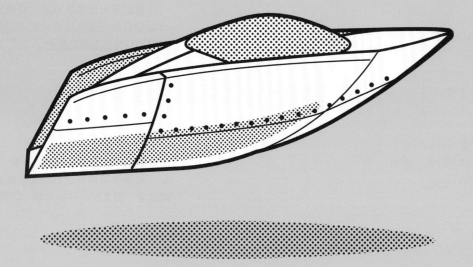

第6周:

产品原型

为什么选在本周

是时候把你的指数型组织方案提升到下一个层次了！

在这周，你需要正式确定你想法背后的假设，并做好准备，对其进行下一步的测试。

你可以从明确核心方案的商业模式开始，这样你就能明确需要进行下一步测试的关键假设。

接下来，我们要做的是构建一个最小可行产品，它可以帮助你更多地了解你的指数型组织核心方案，并知晓如何进一步提升它。

现在，你是否担心自己在一周之内无法完成这么多项任务？没关系，相信自己的潜能，你可以的！

任务1：进一步明确指数型组织核心方案

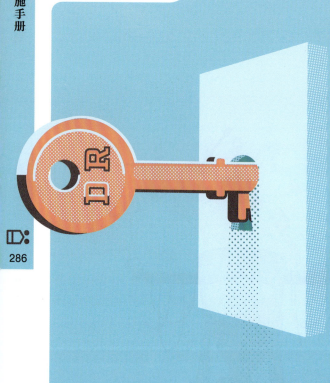

在前几周里，你已经明确了来自外部的颠覆，并确定了有助于所在组织适应外部环境的内部应对方案。你还需要明确哪些指数型组织属性该为你所用。

现在，是时候对指数型组织核心方案的实施细节进行更加深入的考量了。这样做的目的是更好地明确你的关键假设，并尽快对它们进行验证。

由于你手上的指数型组织核心方案的种类可能有很多（旨在提高组织灵活性或是工作效率的内部项目、新的产品或是服务等），其中的每个方案都需要你进一步明确。但无论如何，你都必须解决以下问题：

用户/客户

谁将使用或购买你提出的解决方案？他们的痛点和需求在哪里？你的解决方案将带来何种价值？

利益相关者

组织内部的哪些人会愿意批准并资助你的指数型组织方案？你的方案将为组织的利益相关者提供哪些价值？

解决方案

你的指数型组织核心方案一旦完成，将会呈现何种模样？用户的体验将会如何？为了实现你的方案，你需要哪些帮助？

经济

实现你的方案需要多少资金？你的组织将会如何从中受益？方案的投资回报率是多少？

工具

以下是几种工具，能够帮助你进一步明确你的方案：

同理心地图
（Empathy Map）

用户体验地图
（Customer Journey Map）

价值主张画布
（Value Proposition Canvas）

蓝海战略画布
（Blue Ocean Strategy Canvas）

你自己
独创的方法

任务1：进一步明确指数型组织核心方案

资源

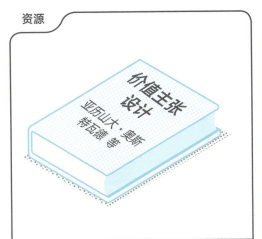

亚历山大·奥斯特瓦德等人所著的《价值主张设计》（*Value Proposition Design*）一书，将对你设计价值主张画布带来不小的帮助。

资源

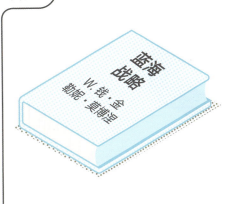

W. 钱·金和勒妮·莫博涅合著的《蓝海战略》，将为你设计蓝海战略画布提供很大的帮助。

资源

你可以在网上找到大量的资源，教你如何使用同理心地图、用户体验地图以及其他相关的工具。

温馨提示

对于纯粹核心方案和边缘核心方案，请选择最适合你当前项目的工具。举个例子，如果你正考虑为员工开发一个基于人工智能的决策支持系统，建议你使用同理心地图。如果你考虑的是如何改进或实现组织流程的自动化，使用流程地图实现可能更符合你方案的需求。

温馨提示

对蓝色核心方案而言，使用同理心地图或是价值主张画布能够帮助你更好地理解客户的需求。蓝海战略画布能够帮助你定义创新产品或服务。

任务1：进一步明确指数型组织核心方案

温馨提示

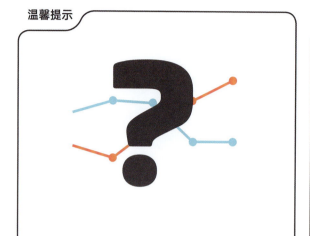

如果以上工具都不适用于你的指数型组织核心方案，你可以选择自己发明或是改造一个工具为你所用。

温馨提示

研究你提出的方案，考虑它所需要花费的经济成本。这可能需要你对方案的成本和投资回报率进行估算（在此阶段不需要高精度地计算），或是明确你的产品或服务的定价模型及其盈利能力。

温馨提示

在构建指数型组织核心方案时，我们通常建议聘用来自组织外部的技术提供者，而非企业自身费力钻研。我们没有必要为了跑得更快就必须重新发明一种轮子。

对于边缘核心方案，因为它们在未来有发展成为指数型组织边缘方案的可能，所以，我们建议在首次构建内部产品原型时，聘用组织外的技术供应商。在你的指数型组织方案启动之后，才让自己亲身参与技术的研发。

温馨提示

当你的核心方案的细节得到进一步的明确之后，不要忘记回顾你的指数型组织画布，同时对画布中的内容做出相应的改进。

任务2：在组织的商业模式中构建指数型组织核心方案

分析指数型组织核心方案在现有组织中将产生的影响及其范围，并把该方案中可能对当前商业模式带来提升的元素包括在内（所有的这些提升或是改变都不涉及原有商业模式的基础）。

在对商业模式画布进行更新的时候，你可以根据需要添加新的便笺，这样能方便你查看指数型组织核心方案将对原先的商业模式产生怎样的影响。

温馨提示

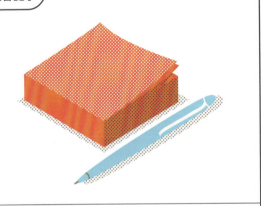

建议使用与之前不同颜色的便笺，这样你能更容易地发现组织的商业模式将如何获得提升。

温馨提示

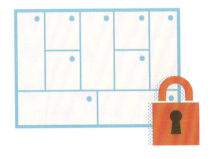

请你记住，指数型组织核心方案不改变组织原先的商业模式，而只是在原有的基础上进行改进。如果正在讨论中的方案对企业原有的商业模式产生了改变，那么这个想法可能不该被归入指数型组织核心方案，它可能是一个潜在的边缘方案。

任务3: 找出要用最小可行产品验证的关键假设

使用本节提供的模板,识别并评估假设。在这个阶段,你只需填写构建栏的内容,其中包括你正在评估的关键假设以及实验设计的细节。该表格的评估栏和学习栏将在未来的几周内填写完成。

温馨提示

每个指数型组织各不相同,因此,能够决定你业务成功的关键性因素,才是你需要考量的重点,它们才是需要你进行评估的重要假设。

温馨提示

想要确定高效度的销售实验标准(尤其在指数型组织蓝色核心方案中),则需要就整个流程确定有意义的指标。正确的度量指标通常以百分比的形式呈现,表示潜在客户从某一阶段向另一阶段转化的比率,比如购买该产品的受访者比率。这便是我们所谓的"创新核算"。

埃里克·莱斯发起过"精益创业运动",他将最小可行产品定义为"一种新产品的最简版本,它允许团队以最低的成本收集最多关于客户的信息,从而获取经过实践验证的知识"。在指数型组织的方案中,我们想利用最小可行产品的概念,构建一些东西,帮助你加深对方案的了解。在设计并构建你的最小可行产品之前,先认真思考一下它能带来的结果,换句话说就是,认真思考你在最小可行产品的构建以及测试过程中,想要学习到的东西是什么。

下一步,你要确定哪些关键假设是需要你进行评估的,也就是确定那些对方案成功并实现业务扩张至关重要的假设。在这个阶段,大多数的假设都被包括在你的指数型组织画布和商业模式画布之中。

● **指数型组织属性:** 你对不同指数型组织属性的定义是否正确?实现它们的方式是否可行?

● **价值主张:** 你的客户、用户以及企业中的利益相关者是否喜欢你的价值主张?

● **项目实施的可行性:** 你的方案是否能以你认为的方式顺利开展,尤其是当你的方案是基于某项创新技术的时候?

● **投资:** 你的方案是否值得投资?

任务4：确定最小可行产品

你不需要构建完整的产品或服务就可以开始学习和销售。我们也没有必要浪费时间和金钱构造一些没有人愿意使用或是为之消费的东西。相反，你可以使用最小可行产品开展你的实验。

在开发最小可行产品之前，首先要确定，测试版本需准备的最简功能有哪些？以下步骤可以帮助你顺利完成这项任务（注意，有些步骤在之前的任务中已经完成）：

1 基于你发现的外部颠覆和已经确定的内部应对方式，确定该指数型组织核心方案的用户流量来源和执行流程。

2 如需应对这些外部颠覆，你的指数型组织核心方案至少需要哪些不可或缺的功能？把它们全部罗列出来。

3 使用ICE法权衡每个功能的优先级。ICE是设置优先级时需要考虑的3个主要因素的缩写：影响（impact），衡量产品或服务为用户带来的价值；成本（cost），衡量为此付出的金钱；努力（effort），衡量开发所需的时间。你需要为每个因素确定一个介于0和2之间的值，其中2表示最高值（影响最大、成本最低、需花费努力程度最轻），0表示最低值（影响最小、成本最大、需花费努力程度最高）。

4 根据ICE的总值对各项功能进行优先排序。ICE得分最高的功能将被列入最小可行产品功能名单的首位。

5 分析得分结果，并根据以下的内容确定第一版的最小可行产品。

● 你需要评估的关键假设。请你记住，开发最小可行产品的主要目标就是学习，所以，在你的下一步实验确定之前，认真地考虑这些假设，认真地构建你的最小可行产品。

● ICE功能的优先级。针对第一版最小可行产品，你可能需要添加或删除某些功能。有些功能被删除可能是出于技术原因的考虑，它们目前还无法实现；有些则可能出于开发时长的考虑，功能的开发耗时太久，不够现实。

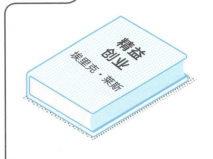

埃里克·莱斯的《精益创业》一书是一份学习最小可行产品及其概念基础的优秀资源。

请你记住，当前的目标不是构建最优秀的产品，甚至不是构建一个能得到用户喜爱的产品，而是开发一个让你能够从中学习知识的产品。为了达到这个目标，你需要在你的最小可行产品中包含以学习为目标的功能特性以及一些外接程序，因为它们将助你获得客户对产品的进一步反馈。

任务5: 开发最小可行产品

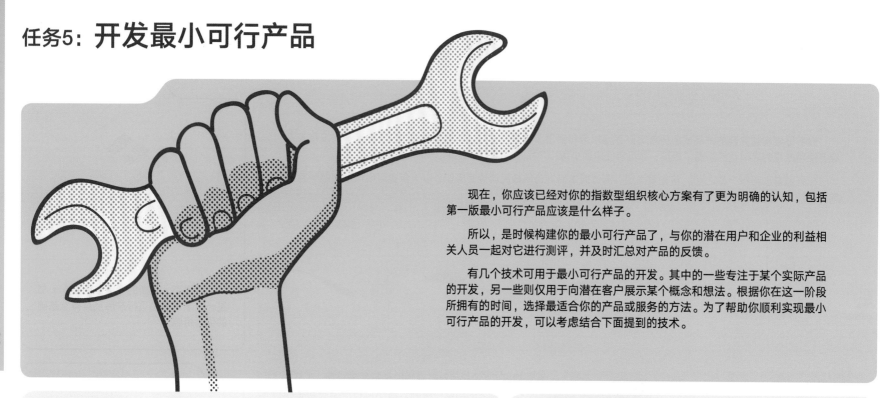

现在，你应该已经对你的指数型组织核心方案有了更为明确的认知，包括第一版最小可行产品应该是什么样子。

所以，是时候构建你的最小可行产品了，与你的潜在用户和企业的利益相关人员一起对它进行测评，并及时汇总对产品的反馈。

有几个技术可用于最小可行产品的开发。其中的一些专注于某个实际产品的开发，另一些则仅用于向潜在客户展示某个概念和想法。根据你在这一阶段所拥有的时间，选择最适合你的产品或服务的方法。为了帮助你顺利实现最小可行产品的开发，可以考虑结合下面提到的技术。

登录页面

开发一个描述最小可行产品的登录页面。这主要适用于蓝色核心方案和其他想要推出新产品或是服务的方案，目标在于同潜在客户一起评估你的价值主张。尽管我们的建议是将登录页面的重点内容放在最小可行产品的关键功能上，你也可以选择描述完整版本的产品或服务。除了描述产品或服务（不管是产品的最小可靠版本还是完整版本），你还要鼓励客户预订你的产品或服务。还有一个选择是开展A/B方案测试，该测试需要开发两个不同版本的登录页面，每个版本包含不同的价值主张，看看访客更喜欢哪个版本。

资源

访问www.launchrock.com和www.landerapp.com，获取关于创建登录页面方面的帮助。

你将学到多少

关于以下内容，你将有一些了解：你将能大致判断客户对你的产品或服务呈现的价值主张的认同和喜爱程度；基于网站收到的预购订单数量以及从网站使用分析中收集到的实际数据，你能大致确定产品或服务的价格。

视频

制作一个视频，展示并宣传你的最小可行产品。同样，这项技术在与客户和组织内部支持者一起评估你的价值主张时非常有用。

资源

使用专业的视频制作服务平台或是在线工具，比如www.animoto.com或www.goanimate.com。

你将学到多少

对以下内容你将有更多了解：根据用户和利益相关者看完视频之后的反应，你可以大致判断他们对指数型组织核心方案所包含的价值主张的喜爱程度；鼓励客户预购你的产品，并利用由此得来的数据，确定产品或服务的价格及收入模型。

任务5: 开发最小可行产品

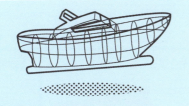

线框图

构建一组线框图或是数字化的设计图，这将有助于你清楚地阐述产品的模样。

这项技术在与客户和组织内部支持者评估你的价值主张时非常有用。

资源

使用任何你可以找到的快速原型制作工具，比如 www.invisionapp.com或是www.justinmind.com，甚至你也可以使用PPT制作产品或服务的原型。

你将学到多少

对以下内容你将比之前了解更多：基于用户和利益相关者对线框图的反应和互动，你可以大致判断他们对指数型组织核心方案包含的价值主张的喜爱程度。鼓励客户预购你的产品，并利用由此得来的数据，确定产品或服务的价格和收入模型。

可用的产品原型

构建一个简易可行的原型，只包含你想要深入了解的关键功能，这才是我们想要的最小可行产品。在大部分情况下，这样的产品在几天内就可以完成。记住，它无须尽善尽美，只需要能在短期内帮助你了解到你想知道的东西。

你将学到多少

关于以下内容你将了解很多：你将了解构建和交付真实核心方案的难度；根据用户和利益相关者与产品原型的互动，可以大致判断他们对其中包含的价值主张的喜爱程度；鼓励客户预购你的产品，并利用由此得来的数据，确定产品或服务的价格和收入模型。

参考书目

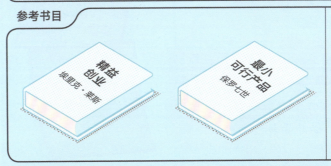

《精益创业》一书讲述了如何在短短几天之内实现最小可行产品的开发，书里有许多与之相关的有效方法。还有一本好书是保罗七世的《最小可行产品》，它阐述了如何利用敏捷开发方法构建最小可行产品，并介绍了相关的技巧。

温馨提示

最好先做好一份产品特性功能的优先级列表，表格内包括开发每个功能所需的具体时间。这份表格将让你知道能否在下周之内准备好你的产品原型。

交付模板
艾可生态酒店（主体组织）的商业模式画布

Eco Places

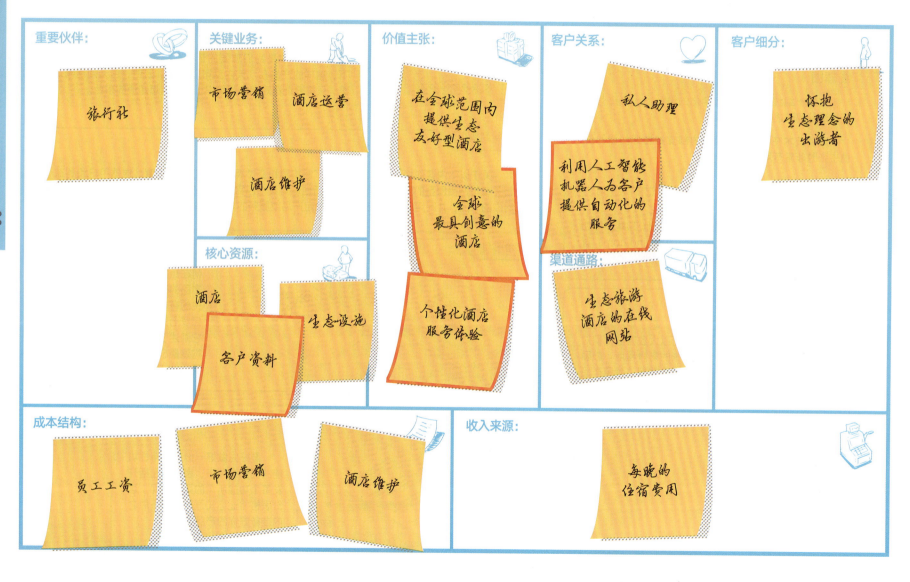

重要伙伴：

旅行社

关键业务：

市场营销

酒店运营

酒店维护

核心资源：

酒店

生态设施

客户资料

价值主张：

在全球范围内提供生态友好型酒店

全球最具创意的酒店

个性化酒店服务体验

客户关系：

私人助理

利用人工智能机器人为客户提供自动化的服务

渠道通路：

生态旅游酒店的在线网站

客户细分：

怀抱生态理念的出游者

成本结构：

员工工资

市场营销

酒店维护

收入来源：

每晚的住宿费用

交付模板
智能生态的指数型组织画布

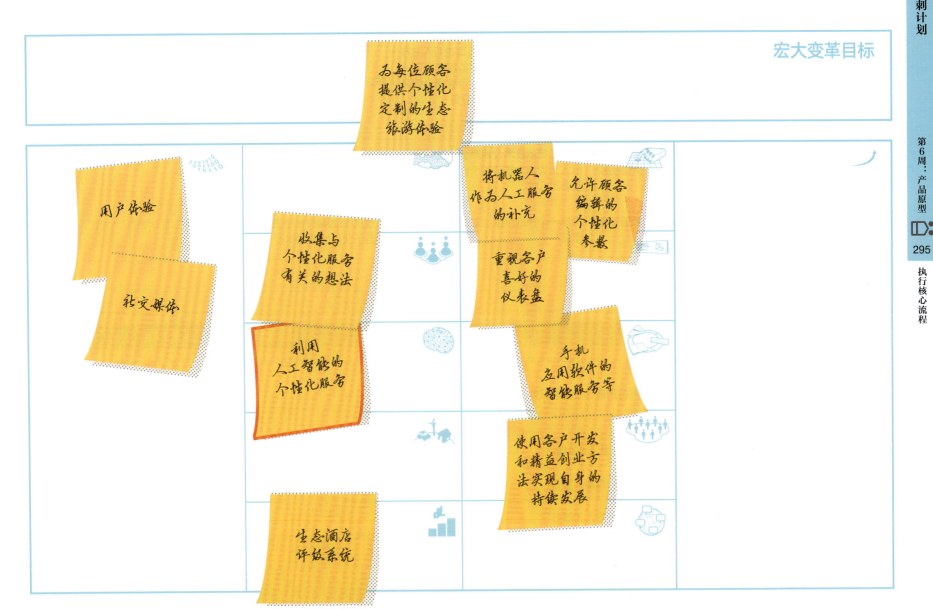

宏大变革目标

为每位顾客提供个性化定制的生态旅游体验

用户体验

社交媒体

收集与个性化服务有关的想法

利用人工智能的个性化服务

将机器人作为人工服务的补充

重视客户喜好的仪表盘

允许顾客编辑的个性化参数

手机应用软件的智能服务等

使用客户开发和精益创业方法实现自身的持续发展

生态酒店评级系统

交付模板
识别和评估关键假设的模板

指数型组织方案名称	关键假设	实验描述	评估标准	实验结果	重要学习成果
		构建		评估	学习
智能生态	顾客愿意选择一个配备人工智能服务,提供个性化出行体验且拥有机器人员工的酒店,并在此预订住宿	创建两个不同的登录页面进行A/B方案测试,一个展示现有的服务,另一个展示智能生态方案,看看哪个登录页面能够获得更多的预订量	至少有60%的访客更偏好以人工智能为基础的服务		
	提供以人工智能服务为基础的个性化出行体验,配备个人助手和机器人,该方案可行	与人工智能技术公司商谈,评估建构以人工智能为基础的个性化服务是否具有可行性	发现能够构建基于人工智能的服务的人工智能技术供应商		
	以人工智能为基础的服务能带来巨大的价值	构建一个产品原型,对这个假设进行测试	超过60%的客户能够在此服务下获得愉快的体验		

最小可行产品的设计

功能	影响(价值)	成本(金钱)	努力(耗费的时间)	优先级
登录页面	1	2	2	5
首个产品原型——提供基于人工智能技术的房间温度控制服务,为客户带来个性化的体验	1	1	1	3
首个产品原型——基于人工智能技术的酒店服务助手	2	0	0	2
首个产品原型——基于人工智能技术的机器人服务	2	0	0	2
基于人工智能技术的仿真助理,同时配备人工服务	2	2	1	5

最小可行产品的结论

在分析了不同的功能和选项之后，我们决定首先设计一个简单的在线登录页面，分别展示两种不同版本的最小可行产品。接下来，开展A/B方案测试，以确定客户是否更喜欢我们的价值主张。最后，我们选择构建一个基于人工智能的仿真助理，它配备一个基于智能手机的应用程序，交互界面十分简单。我们的目标是：确定客户最喜欢哪种交互形式，并将这种类型的交互嵌入最终的自动化版本当中。

针对本周的建议

本周的完美工作流程：

用接下来的几天时间，开发下周需要的最小可行产品。

周日	周一	周二　周三　周四　周五	周六

第1天，你应花些时间完成商业模式的概述，确定你的关键假设并设计你的最小可行产品。

第5天，你应与指数型组织教练一起回顾你们的进展情况。

设计一些东西能够用于测试你的价值主张，以及用户对此的反应。

对于登录页面等在线渠道，不要忘记加入一些收集反馈（如联系人表单）和数据（如数据引擎）的程序。

请牢记，到了下周，你将使用现在开发的最小可行产品，与潜在用户、客户以及利益相关人员接触，并从他们的反馈中学习可用于改进产品的知识。

在下周，你将对你的最小可行产品进行深度开发。但重要的是，我们现在就需要设计出一个产品的初始版本，并尝试开展运营。如果你想完成的是一个真正的原型，但需要两周的时间才能开发完成，我们的建议是至少在此期间先完成一个简易版本的登录页面。因为这样你就可以为两周后要进行的实验准备产品原型，同时还能收集相应的数据。

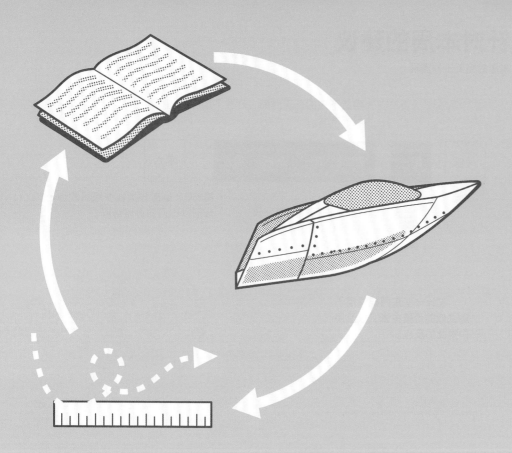

第7周：

测试

为什么选在本周

是时候用事实说话了！

在过去的一周里，你一直在开发最小可行产品的原型，这个过程帮助你对指数型组织核心方案形成了更加深刻的理解，并在此基础上对方案进行了改进。

本周的任务将为我们带来落实实验属性的更深层次经验。这次任务的目标是检验你的最小可行产品，以验证你的市场价值主张没有错误。

用实验的方法构建和测试最小可行产品，能够帮助你评估关键假设，从而确定你正在开发的指数型组织核心方案能否帮助你所在的组织适应来自外部的颠覆。

如果你的某个核心方案需要开发新的产品或是服务，那么你就有吸引客户的可能。对于任何一家初创企业而言，与第一位客户签约都是最令人兴奋的里程碑事件之一。让我们一起把它圆满完成吧！

任务1：找到早期采用者

早期采用者可以是个人或是企业，他们比其他任何人都更早地使用新产品或是新技术。他们认同你的愿景并乐于向他人分享。他们愿意尝试你的最小可行产品，即便它可能尚未得到最终的完善。目前为止，你的任务是明确在哪里能找到你的早期采用者，并让他们接受你的指数型组织核心方案。

用于寻找早期采用者的方式有许多，选择哪一个则取决于你开发的最小可行产品属于哪种类型：

针对蓝色核心方案（新的产品或是服务）：

如果你设计了一个登录页面作为你的最小可行产品，则应专注于线上渠道，比如以下3类引流手段：

● 投放在线广告（例如使用谷歌关键字广告），并将广告和你的宣传网页链接在一起。

● 在由潜在的早期采用者组成的在线社群中投放广告，提高网站的知名度。

● 通过电子邮件的形式将页面链接发送给已经确定的潜在早期采用者。

如果你开发的是一场销售展示会、一组线框图、一段视频或是一个真正完整的产品原型，则应专注于线下渠道，直接与早期采用者接触：

● 直接在当初接受问题/解决方案假设测试的这些受访者中推广你的最小可行产品。

● 创建一个潜在早期采用者列表。

● 创建一个可能由最小可行产品的潜在先行者组成的社群列表。

针对纯粹核心方案和边缘核心方案：

不管你的最小可行产品属于哪种类型，你都需要辨别各式各样的早期采用者：

利益相关者

他们是你所在组织中的决策者，他们手握批准以及资助某项方案的权力。

内部用户

他们是你所在组织的内部员工，他们选择使用你的产品，并能从你的核心方案中获益。

外部客户/用户

企业外部的潜在客户，他们选择使用你的产品，并能从你的核心方案中获益。

任务1：找到早期采用者

资源

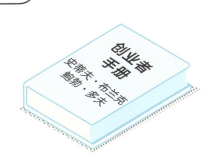

对蓝色核心方案而言，史蒂夫·布兰克和鲍勃·多夫合著的《创业者手册》十分有用，它向我们概述了如何找到早期采用者，并完成销售。你需要熟悉本书中客户验证阶段的流程。

资源

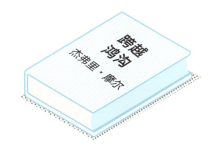

还有一本好书也适用于蓝色核心方案，那就是杰弗里·摩尔的《跨越鸿沟》，他在书中不仅介绍了如何向早期采用者销售产品，而且还探讨了如何扩张目标市场。

温馨提示

当涉及指数型组织核心方案时，通常有两种类型的早期采用者：

企业外部的用户

你的核心方案提升了现有的某个产品或服务的水平。或者说，你的方案创造了一种新的产品或是服务。

宏大变革目标

共享你对未来的愿景的人。

在过去几周内都饱受某个问题困扰的人，而这个问题正是你在努力解决的。

正尝试用某种方法解决这个问题，但尚未获得成功。

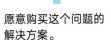

愿意购买这个问题的解决方案。

诚实可信，并且愿意提供富有价值的产品反馈。

企业内部的支持者

你的指数型组织核心方案为现有的组织带来了提升，所以拥有了一定的内部支持者和用户。

承认你正在努力解决的外部颠覆确实存在。

可能也曾经尝试过用某些方法应对这个外部颠覆，但尚未取得成功。

可能正在（或是愿意）为应对颠覆倾注资源。

诚实可信，并且愿意提供富有价值的产品反馈。

任务1：找到早期采用者

温馨提示

若想找到早期采用者，试着站在他们的角度思考。这将帮助你确定他们所在的位置。

温馨提示

请记住，你的目标是学习，所以要尽可能多地与早期采用者们进行交流互动。

● 对于网站这样的在线渠道，需要在每个用户或买家完成交易流程之后，向他们发送一封电子邮件，询问他们关于价值主张和定价模型等方面的改进建议。

● 对于线下的渠道，比如当面的交易或是电话销售，千万不要将销售流程外包，你要亲力亲为。花费一周的时间与早期采用者们交流，以便尽可能多地了解你的产品。除此之外，还要多多鼓励他们购买你的产品。

任务2：评估成果，学习新知

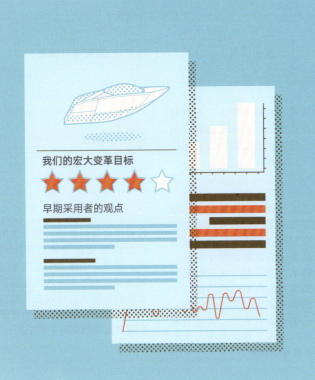

在完成最小可行产品的开发并完善销售流程之后，你将得到很多的经验和数据，实现对关键假设的评估。

你不能一上来就想在整个组织中落实指数型组织核心方案，至少不应该在一开始就这么急于求成。除了寻找早期采用者，你还需要决定你的核心方案应从组织的何处开始实施。

销售流程完成之后，下一步便是深入挖掘收集到的数据。

工具

利用模板明确并分析你上周力图验证的假设，现在可以填写模板中的评估栏和学习栏。

温馨提示

不要忘记分析定性数据与定量数据（指标）。在早期阶段，定性信息比定量信息更为重要。

温馨提示

实验结果往往会产生许多不甚有效的噪声数据，但对数据进行深入研究也能为我们提供不少学习的机会。例如，在评估完解决方案之后，你可能会发现某些客户群体喜欢你的产品或服务，而有些人却很讨厌它。结果可能表明45岁以下的人群喜欢你的产品或服务，而45岁以上的人群则不感兴趣。从这里能学到什么呢？那就是将解决方案集中面向45岁及以下的客户群体。

交付模板
艾可生态酒店（主体组织）的商业模式画布

指数型组织方案名称	构建			评估	学习
	关键假设	实验描述	评估标准	实验结果	重要学习成果
智能生态	顾客愿意选择一个配备人工智能服务，提供个性化出行体验且拥有机器人员工的酒店，并在此预订住宿	创建两个不同的登录页面进行A/B方案测试，一个展示现有的服务，另一个展示智能生态方案，看看哪个登录页面能够获得更多的预订量	至少有60%的访客更偏好以人工智能为基础的服务	结果显示，展示基于人工智能服务的登录页面与展示现有服务的登录页面相比，前者的注册用户数量高出50%	假设得到验证
	提供基于人工智能的个性化出行体验，配备人工助手和机器人助手，该方案可行	与人工智能技术公司商谈，评估构建以人工智能为基础的个性化服务是否具有可行性	发现能够构建基于人工智能的服务的人工智能技术供应商	市面上没有能够同时满足我们所有需求的人工智能服务技术供应商。我们提出的大部分需求都遇到或多或少的限制。举个例子，因为技术上的限制，人工智能供应商要求我们在目前的情况下，限制机器人进入房间提供服务。但他们也向我们表明，在接下来的几年内，人工智能的技术水平将得到显著的提升	**假设得到部分验证**，并不是所有想法都能在技术上得以实现。但是，即便我们现在暂时无法实现机器人进入房间提供服务的功能，也可以先开发首个产品的简化版本，以期在未来技术允许的情况下改进提升
	以人工智能为基础的服务能带来巨大的价值	构建一个产品原型，对该假设进行测试	超过60%的客户能够在人工智能的服务下获得愉快的体验	多达80%的顾客对基于人工智能的个性化服务表示喜爱	**假设得到验证**。我们发现客户最常见的要求是能够将食物直接送到他们的房间。对于人工智能助理能够记住他们的喜好这一功能，客户表示非常喜欢，尤其是在他们入住某个连锁酒店品牌的新酒店时

针对本周的建议

本周的完美工作流程：

用第1天的时间明确找到早期采用者的方法，然后尽可能快地与他们取得联系！

第5天，与你的指数型组织教练一起回顾得出的结果。

| 周日 | 周一 | | 周二 周三 周四 周五 | | 周六 |

本周剩余的时间将用于完成直面早期采用者的销售实验。如果你需要更多的时间收集数据，这个步骤可能会顺延到下周初，影响下周的任务进度。所以不管怎样，你应该在本周末前得到初步的结果，才能方便与指数型组织教练进行讨论。

本周的目标是从实验中收集足够的数据，确保得到有效的结论，以便尽可能多地学习。当然，如果你能在整个过程中实现想法的输出就更好了，因为这是你在最终展示中给评审小组留下深刻印象的绝佳方法。在不到10周的时间里，你要从一无所有到拥有真正的客户，现在让我们开始吧！

请记住，早期采用者不仅仅是你的第一批客户，他们也可以是拥有特定思维模式的人群或企业组织。

为了评估不同类型的假设，你可能需要求助于外部的顾问，他们可以是你所在行业的专家，或是特定技术或方法方面的专家。

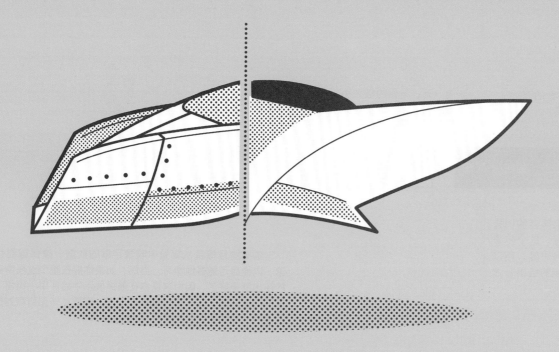

第8周：

改进

为什么选在本周

上周，通过直接面向客户对最小可行产品进行实验，你应该对你的指数型组织核心方案有了更加深刻的理解。在本周，你将继续对最小可行产品进行实验与开发。

在本周的某些时间点上，你将获得足够的数据。所以，是时候面对现实，针对数据对你的指数型组织核心方案做出必要的完善，从而使成功的可能最大化。

改进你的指数型组织核心方案吧！

任务1：进一步开发指数型组织核心方案

（工具箱图示）

仅仅花费两周的时间就要完成最小可行产品的设计，时间似乎有点太够用。尽管我们的进度安排十分紧张，但这并非不可能实现。

分配本周的几天时间用于实验，并根据你所学习的新知识进一步开发并迭代你的最小可行产品。

工具

如果你仍然选择对早期采用者开展实验，便请继续使用对早期采用者的模板来明确并评估在过去两周中一直采用的假设。

温馨提示

从早期采用者参与的实验中，你将获得一些思考和见解，它们会为你带来新的想法碰撞，新的假设也可能由此诞生。定义和评估假设的过程需保持动态的变化。这个方法的本质就是用你学到的新东西来不断地重新定义你的实验。

温馨提示

我们建议尝试探索各种敏捷开发方法（如Scrum），它们是宏大变革目标得以产生和发展的技术基础。这些方法的主要前提是你能够不断地重新定义产品功能，并不断变更开发优先等级，以便你能在短短几天或是几周的时间内完成产品的迭代。即便在当前的指数型组织冲刺计划中，你不会用到这些技术，但了解它们的工作原理以备不时之需也不是坏事。

任务2：提升，前进

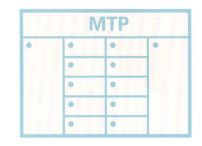

如果想要改进你的商业模式，请使用在指数型组织冲刺计划早期就使用过的指数型组织画布（详见本书第60页）。

　　一旦你收集到了足够丰富的信息，或是已经没有更多的时间进行其他实验，也无法再继续深入开发你的最小可行产品，那么决策的时刻就到来了。

　　根据你所学到的新知，现在是时候迈上指数型组织核心方案的新台阶了，以下是针对不同方案的下一个步骤：

针对纯粹核心方案和边缘核心方案

　　对之前已经确定的组织元素进行更新，包括指数型组织画布、最小可行产品所包含的功能要求以及其他元素或画布，并寻求其他方式进一步改进你的指数型组织核心方案，从而满足用户与利益相关者的需求。

针对蓝色核心方案

　　对之前已经确定的组织元素进行更新，包括指数型组织画布、蓝海战略画布、最小可行产品所包含的功能要求以及其他元素或画布，并寻找其他方式进一步改进你的指数型组织核心方案，从而满足用户与利益相关者的需求。你还应巧妙地设计你的定价模型，让客户为该产品或服务付费的可能性最大化。

任务2：提升，前进

工具

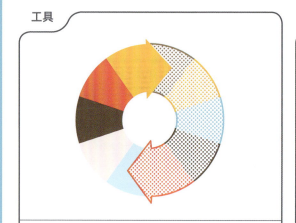

如果你选择使用敏捷开发法（考虑到冲刺计划的时间有限，这不太可能实现），对产品或服务进行迭代时可能需要你更新产品待办事项列表。

温馨提示

针对蓝色核心方案，有几种方法可以帮助你实现产品或服务的迭代：

- **客户需求：** 你可能会发现用户的一个新需求，该需求的解决方案看起来比你目前正在考虑的方案更有前景，也更有可能成功。

- **功能：** 你可能会发现产品所需的功能集合需要进行一定的更改。

- **定价：** 你可能需要对产品或服务的定价结构进行修改。

温馨提示

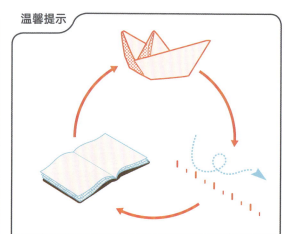

仔细思考来自客户、用户以及利益相关人员提供的反馈，并根据现实的需要对最小可行产品的功能优先级重新排序。不要忘记"构建—评估—学习"的3步循环，它适用于冲刺计划的方方面面！

交付模板
智能生态的指数型组织画布

宏大变革目标

为每位顾客提供个性化的生态旅游体验

用户体验

社交媒体

收集与个性化服务有关的想法

利用人工智能提供个性化的服务，并在连锁酒店系统内部保持对客户信息的检索

将机器人作为人工服务的补充

手机应用的智能服务等

重视客户喜好的仪表盘

允许顾客编辑的个性化参数

使用客户开发和精益创业方法实现自身的持续发展

生态酒店评级系统

交付模板
艾可生态酒店（主体组织）的商业模式画布

Eco Places

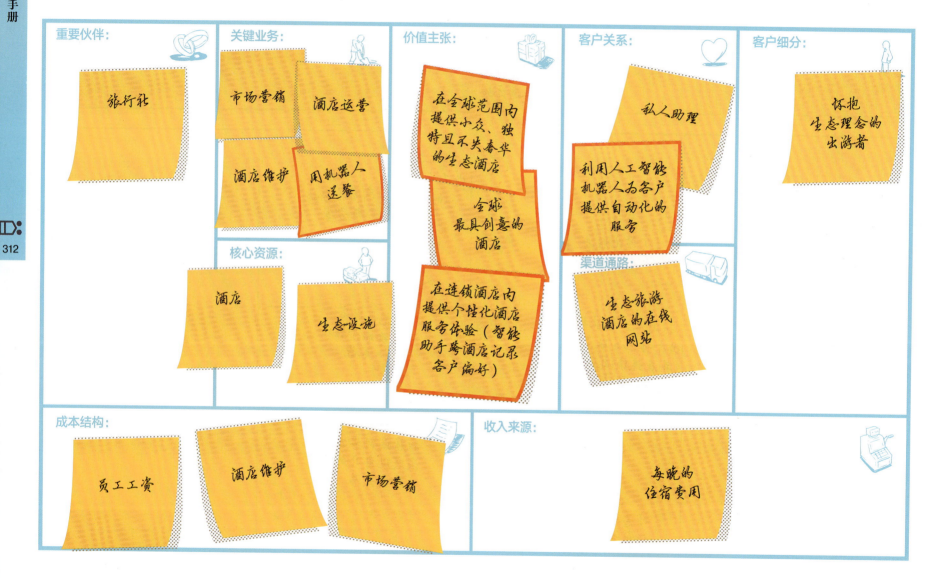

重要伙伴：

旅行社

关键业务：

市场营销

酒店运营

酒店维护

用机器人送餐

核心资源：

酒店

生态设施

价值主张：

在全球范围内提供小众、独特且不失奢华的生态酒店

全球最具创意的酒店

在连锁酒店内提供个性化酒店服务体验（智能助手跨酒店记录客户偏好）

客户关系：

私人助理

利用人工智能机器人为客户提供自动化的服务

渠道通路：

生态旅游酒店的在线网站

客户细分：

怀抱生态理念的出游者

成本结构：

员工工资

酒店维护

市场营销

收入来源：

每晚的住宿费用

针对本周的建议

本周的完美工作流程：

在第1天和第2天，尽可能多地收集来自早期采用者的数据，完善你的最小可行产品。

第5天，与你的指数型组织教练分享你们的进展情况，并为方案呈现与批准会议上的最后展示做好准备！

| 周日 | 周一 周二 | 周三 周四 | 周五 | 周六 |

在第3天和第4天，认真分析结果并在此基础上对你的指数型组织核心方案进行优化。

在你的指数型组织方案中做改动可能对你是个挑战，因为放弃你认同且吸引你的想法并非易事，但请不要等到企业的免疫系统对方案产生反应之后才想到改进，到那个时候就已经太迟了。因此，你应根据在冲刺计划不同阶段中学到的知识，尽量构建出最佳指数型组织方案。

你应养成并保持由数据驱动决策的习惯。保持中立通常需要你把自我放在一边，放弃对自己喜欢的想法或提议的任何依恋和不舍。

为了有效评估不同类型的假设，你可能需要与外部顾问进行沟通，因为他们是你所在行业、特定技术或是特殊方法方面的专家。

请你记住，在指数型组织模型冲刺计划的过程中，每个人都处于平等的地位，公司原有的等级制度在此一概不谈。简而言之，在冲刺计划的过程中，永远不该基于某人在公司的资历做出决策。

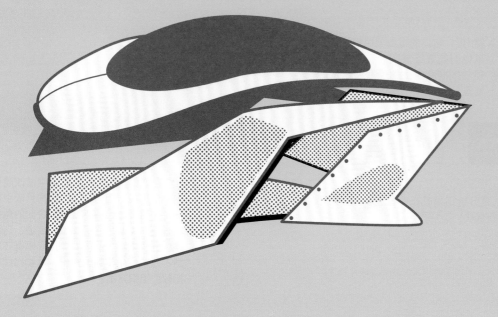

第9周：

组合

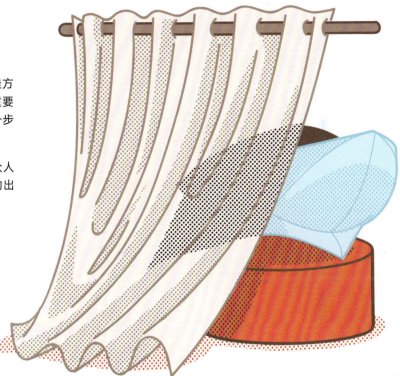

为什么选在本周

准备最终展示的时间到了！

到了下周，你将向企业的领导团队展示你的最佳方案。展示的目标是获得来自企业领导层的反馈，最重要的是，争取方案开发所需资金，并为核心方案的进一步发展做好准备。

本周的任务在于完成一份全面的展示方案，向众人呈现你们的团队在指数型组织冲刺计划过程中完成的出色工作。

任务1：将方案的数量减少到一个或两个

在最终展示之前，提前挑选出最可能成功的方案。

根据之前在实验中学到的知识，现在的你应该能够做出选择。所以，请放弃一些缺陷较大的指数型组织方案，并将重点放在两个最有希望的选项之上。

任务2：用关键里程碑和预算丰富指数型组织核心方案的细节

关键里程碑可能包括：

●在企业内部找到合适的
部门实施这项方案。

●寻找合适的方案执行团队。

●开展更进一步的实验，
对假设进行评估。

●构建一个最小可行产
品并不断修正完善。

●确保你和早期采用者之间
的联系、企业内部的资金
支持，以及外部的创收。

●在合适的领域找寻合作
伙伴关系。

　　预测并规划该指数型组织核心方案的发展，并确
定在未来12~18个月中你的方案将经历哪些关键里程
碑。与此同时，你还需要预估方案预算，并将关键里程
碑与实现它们所需的投资关联起来。

　　如果可以，请你尝试计算该方案的投资回报率。然
而，要想准确计算某个创新项目的投资回报率并非易
事，所以，无论何时你向听众提到这些数字，都要向他
们明确，这些数字只是初步草拟的结果。

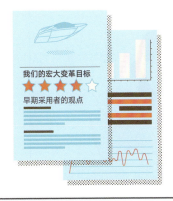

我们的宏大变革目标

早期采用者的观点

　　为了预估收入，你需要
构建一系列的业务参数，它
们要能够把你在前一周定义
并用实验检验的创新核算指
标全部考虑在内。

任务2：用关键里程碑和预算丰富指数型组织核心方案的细节

温馨提示

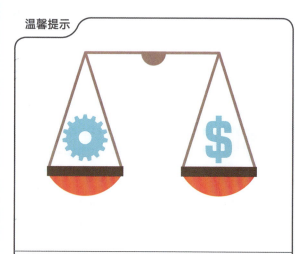

在预估成本时，要从现实出发，考虑实现关键里程碑事件所需的所有资源以及外部帮助。关键里程碑应该同容易获得批准的资金数额相匹配。

温馨提示

如果你的指数型组织核心方案严重依赖某一项新兴技术，那么你的关键里程碑可能需要体现在这项技术成熟前你对该技术的暂时替代方案。

温馨提示

创建一系列可管理的关键里程碑。例如，某个里程碑可以是在某个细分市场中测试某个概念，也可以是测试方案中某个单独的部分。

任务3：为指数型组织核心方案准备最终的演示文稿

为了做好最终展示的准备，你需要为每个指数型组织核心方案开发一个平台。

在这一轮的最终展示中，简短的电梯游说演讲已经不合时宜，你需要为每个方案制作耗时更长、更加全面的演示文稿。所以，请使用下文中提供的大纲模板。

工具

使用本节提供的模板。

资源

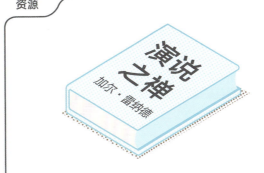

有本书将给你提供不小的帮助，那就是加尔·雷纳德的《演说之禅》。

温馨提示

只要可能，在展示幻灯片时一定要用图片代替文字，这样能够避免听众只是在阅读你的幻灯片，而非认真倾听你的演讲。

任务3：为指数型组织核心方案准备最终的演示文稿

温馨提示

为每一个方案编一个引人入胜的故事。你可以从问题开始，故事中要包括对价值主张的清晰定义。这个概念是否容易为听众所理解？它的价值是否容易得到听众的认可？

温馨提示

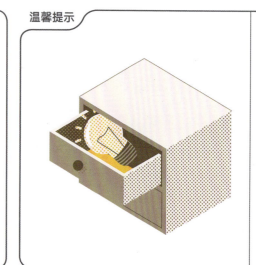

如果你最终放弃了一个或是多个指数型组织方案，也不用太过担心。

尽管我们建议你应在方案呈现与批准会议中提出至少两个指数型组织核心方案，但是你仍然可以恢复任何在颠覆会议之前努力开发的方案。所以，你可以按照前几周概述的流程，尽可能多地开发一些新的附加方案。

温馨提示

请你记住，每个方案的展示时间只有15分钟。

温馨提示

尽早开始练习吧！

展示
每个方案的展示应包括以下内容

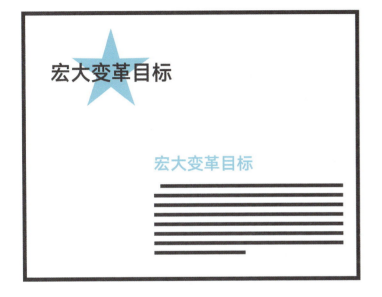

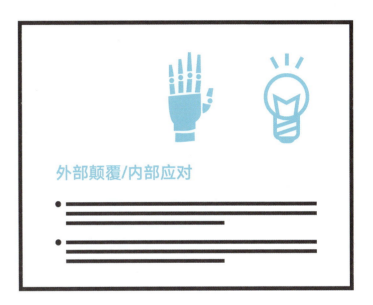

宏大变革目标

　　为了给你的核心方案设定一个框架，每个指数型组织核心方案的展示都必须从宏大变革目标开始。

　　通常，介绍宏大变革目标只需要一张幻灯片。

外部颠覆/内部应对

　　解释外部颠覆也是必要的，因为外部颠覆是指数型组织核心方案诞生和发展的主要驱动力。当然，如果颠覆来自某个指数型组织边缘方案，不要忘记向听众提及这一点。

　　对外部颠覆的说明一旦完成，随即展示内部的应对方案。向听众清楚说明，这个应对之策是能让你免受外部颠覆的威胁，还是能帮助你利用颠覆带来的机遇。

展示

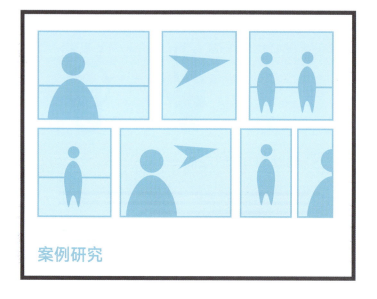

案例研究

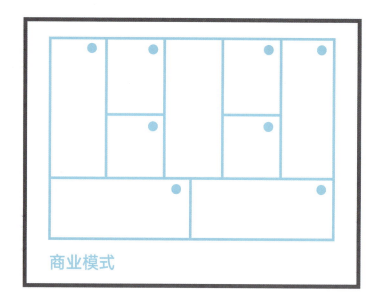

商业模式

案例研究

在交流新想法之时，运用讲故事的技巧能给你带来很大的帮助。

你可以选择编一个故事，并用图片及图表详细阐述问题，解释你的解决方案如何解决该问题。

如果你提出的方案数量少于6个，我们建议你使用案例研究的方式呈现你的方案。每个方案耗时大约5分钟。

商业模式

向听众呈现你的核心方案如何与组织当前的商业模式相契合，这是一个很好的办法。

你需要说明你将如何对当前的商业模式进行改进和调整（而非全盘推翻），从而让它适应来自外部行业的颠覆。

展示

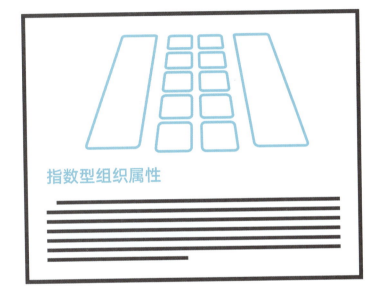

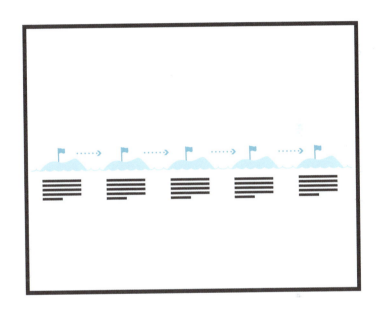

指数型组织属性

　　因为你既要帮助组织适应来自外部行业的颠覆，又要将其与行业之外的富足相连，所以你需要说明你计划如何利用指数型组织的SCALE属性找到富足，以及如何利用指数型组织的IDEAS属性管理该富足。

　　展示你的指数型组织画布，并对如何将关键指数型组织属性应用于你的方案做出解释。

关键里程碑

　　概述未来几个月里的重要里程碑。

　　详细介绍你的长期里程碑，不要忘记运用指数型思维。最后总结你将如何实现宏大变革目标。

展示

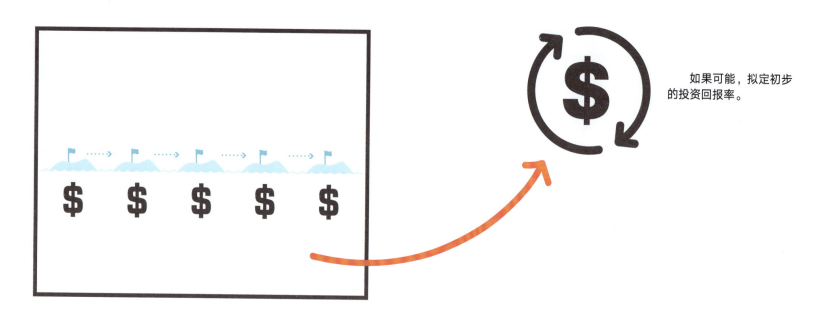

如果可能，拟定初步
的投资回报率。

预算

评估达成短期里程碑所需的预算。

针对本周的建议

本周的完美工作流程：

第1天，根据前一周收到的反馈继续改进你的指数型组织方案。

第4天用于练习展示演讲。把展示演讲多演练几次，这样你在最终呈现时会更加应对自如，对时间点的把控也会更加合理。你要明确地知晓有哪些团队成员将在这场会议中进行方案展示。

| 周日 | 周一 | 周二　周三 | 周四 | 周五 | 周六 |

利用第2天和第3天的时间计划好关键里程碑、估测方案预算，以及制作演示文稿。

第5天，也就是方案展示的前一天，向指数型组织教练提交展示方案，从而获得最后的反馈和建议。

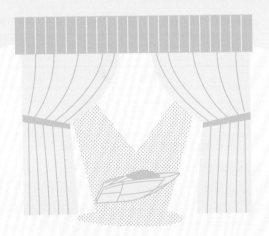

展示形式需富有创意。例如，团队可能希望使用音频和视频增强展示的效果。

在你的展示里不要忘记加入实验获得的真实数据。以出色的方式完成展示能为你加分，但那也只是加分项。向听众呈现来自真实客户的数据和见解（比如客户评价）更加重要，因为这些数据表明你真的从中学到了新的知识。

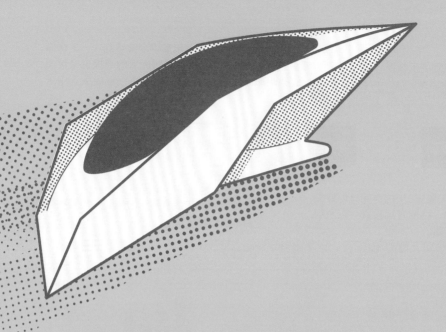

第10周：

呈现与批准

为什么选在本周

展示的重要日子终于到来了！

本周，你将向公司的领导团队以及受聘的顾问团队展示你的指数型组织核心方案，他们将最终决定资助哪些方案，进行进一步开发。

事实上，这个遴选的过程并不是终点，远远不是。你开发的指数型组织核心方案标志着你所在企业的转型拉开序幕！

任务1：布置现场环境，做好后勤准备

创造合适的环境并完善后勤保障，为展示做好准备。

演讲可以采取面对面的会议方式，也可以选择在线上进行。这很大程度上取决于员工的地域分散情况以及你们企业的预算。如果你们选择了面对面的会议形式，可以考虑对展示的场所进行一定的装饰，营造出一种独特的氛围。如果你们选择在网上进行展示，请提前测试企业的视频会议系统。

温馨提示

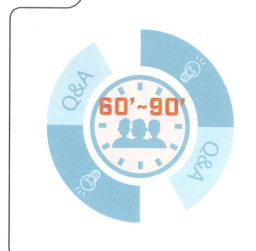

按照既定的流程（我们将在下文列出大纲）进行方案的展示，根据需要展示的核心方案数量，展示时间应为60～90分钟。每个方案有15分钟的展示时间，紧接着是10分钟的问答环节。在下一个展示开始之前会安排一个短暂的休息。

温馨提示

时间管理是高效展示的关键。所以，请提前沟通你们的展示流程，包括演讲的顺序。

任务2：展示和讨论

团队将向企业领导层以及其他利益相关者展示团队的成果。与颠覆会议不同，这一次团队将同时接收反馈并回答问题。

最终的演示文稿也会比颠覆会议上的要长，不过最终的文稿也是基于之前的电梯游说演讲拓展而成。

温馨提示

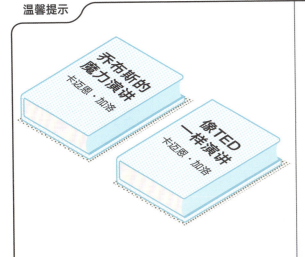

有两本书可以提升你的演讲水平：《乔布斯的魔力演讲》和《像TED一样演讲》，这两本书都由卡迈恩·加洛所著。

温馨提示

我们建议为每个方案留出10分钟的问答时间。

任务3：最终的评估

演讲结束后，领导层和聘请的顾问团队将聚集在一起，决定哪些指数型组织核心方案能得到企业的资金支持继续进行开发，以及每个方案分配到的资金数额。方案的评估必须从核心方案本身出发，标准是方案是否能够帮助企业免受外界颠覆的威胁、是否能够帮助企业在面对外界的动荡时更具适应性，甚至帮助企业利用颠覆带来的机遇。除此之外，企业的领导层也要加倍小心，不要一不留神就扮演了企业免疫系统的角色，处处阻挠变革。

工具

本节中的模板将帮助领导团队评估各个方案，并最终决定哪些方案能获得企业的资金支持，继续发展。

温馨提示

为了先发制人，避免未参与冲刺计划的领导团队成员扮演免疫系统的角色，我们建议，让颠覆领域方面的专家参加最后的评估会议，就像他们参与第5周的颠覆会议那样。因为他们独立于组织及其领导存在，能够使反馈更加诚实和公正。

温馨提示

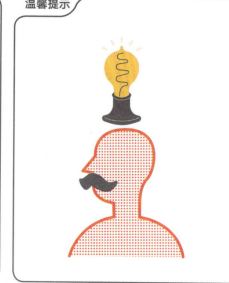

记住，老式且传统的思维在这里并不适用，所以要避免有这类思维模式的员工的输入和建议。但如果你是行业内的人士，你会发现避开他们将是巨大的挑战！

任务3：最终的评估

温馨提示

请时刻牢记，指数型组织核心方案仍处于开发的早期阶段，这意味着它们在未来的几个月内随时可能变更。所以现在，高屋建瓴地看待你的核心方案更为重要，也就是关注核心方案的目标，而不是在这里抠细节。

温馨提示

领导团队不必为所选的方案提供全部的资金。因为方案的开发可以遵循精益创业的方法，只需分配足够实现下一个关键里程碑的资金即可。

温馨提示

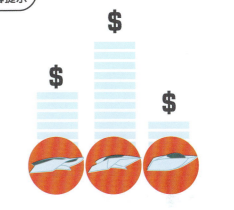

通常，大家都想提前知晓在冲刺计划之后的阶段里你需要花费的资金总额。提前明确你的资金预算，接下来便可根据对每个方案的期望，将资金分配给不同的方案。

对执行团队的选择标准是要确保成员能够监督该核心方案实现进一步发展。团队同时也要包括一些在冲刺计划阶段参与该方案开发的人。

任务4：结果公布

及时告知指数型组织冲刺计划的参与者，哪些指数型组织方案已经获得了企业的资金支持，这一点十分重要，这是保持冲刺势头的关键。

温馨提示

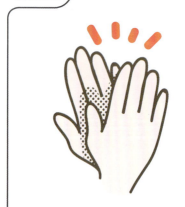

让所有冲刺计划参与者都参与其中至关重要，不论他们的方案被选中与否。一定要向他们表达你对他们出色工作的赞赏。这样，每个人都将在短时间内迸发惊人的能量，完成大量工作。

温馨提示

将核心方案未来产生的利润的一定比例抽出，与所有指数型组织冲刺计划参与者（如果可能也包括指数型组织边缘团队）共享，这是让每位成员保持参与并共享成果的有效方法。

展示流程

最后一天的展示流程模板

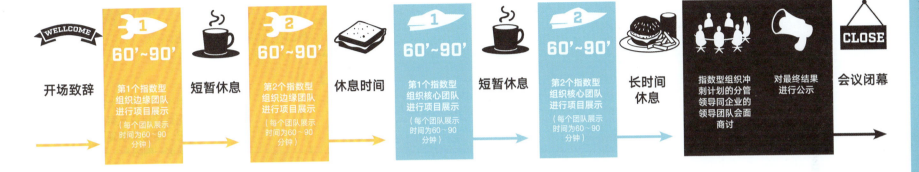

| WELLCOME | 第1个指数型组织边缘团队进行项目展示（每个团队展示时间为60～90分钟） | 短暂休息 | 第2个指数型组织边缘团队进行项目展示（每个团队展示时间为60～90分钟） | 休息时间 | 第1个指数型组织核心团队进行项目展示（每个团队展示时间为60～90分钟） | 短暂休息 | 第2个指数型组织核心团队进行项目展示（每个团队展示时间为60～90分钟） | 长时间休息 | 指数型组织冲刺计划的分管领导同企业的领导团队会面商讨 | 对最终结果进行公示 | 会议闭幕 |

开场致辞

交付模板

指数型组织边缘方案	方案是否与指数型组织冲刺计划的范围相匹配？	方案是否能帮助现有组织适应行业的颠覆？	方案是否让现有的组织更具可扩张性？	方案是否可行？	是否入选？	资金分配
智能生态	是	是	是	是	是	15万美元

针对本周的建议

最后的温馨提示

尽可能多地练习，不断改进你的演讲。

当你终于可以和大家分享你的指数型组织方案时，放松自己，尽情地享受在聚光灯下的这一刻吧！

向大家宣布最终入选的
方案以及每个方案获得的资
金十分重要。

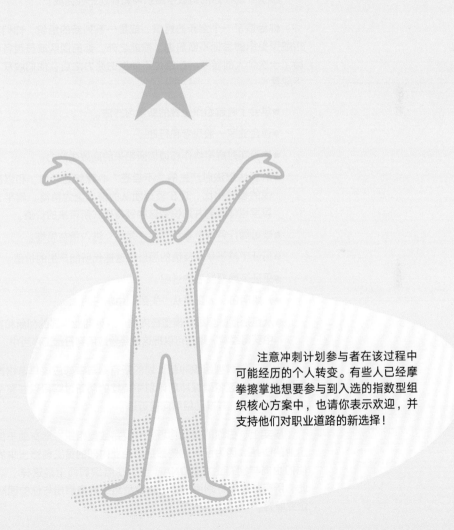

注意冲刺计划参与者在该过程中
可能经历的个人转变。有些人已经摩
拳擦掌地想要参与到入选的指数型组
织核心方案中，也请你表示欢迎，并
支持他们对职业道路的新选择！

后续跟进阶段

恭喜！现在你的指数型组织冲刺计划已经完成！

你缔造了一个全新的组织，或是一系列新的组织，你们正向指数型组织的目标不断前进。除此之外，你的团队成员也各自经历了一次个人的转变。在经过不间断的努力之后，他们收获了以下成果：

● 学会了跨越组织边界的新学习方法。

● 像企业家一般思考和行动。

● 体验实时虚拟协作和通信所带来的高效生产力。

● 对表达想法时产生的"不自在"心理感到习惯。和以前习惯的模式相比，现在领导团队的模式更为精简、扁平，领导层也体验到并意识到这种领导模式所带来的价值。

● 被每周任务的节奏和强度"强迫"进入精益思维。

● 见证了基于早期反馈的思想快速迭代所能产生的价值。

● 见证了颠覆发生的过程。

● 开始明白，人正是从"失败"中学习的。

● 从包括指数型组织模型在内的一系列商业模式的创新和实践中获得经验，现在可以把这些经验应用到日常工作当中。

现在，指数型组织冲刺计划的所有参与者都应该具备指数型的思维模式，这将确保冲刺计划中持续的创新过程得以在整个组织中继续保持，并推动组织向前迈进。

事实上，由你的团队构思并开发指数型组织方案有助于保持企业的DNA，因为所有这些都是由企业内部的员工创造出来的，他们也同样拥有企业的DNA（至少在组织层面上是这样）。因此，所有从冲刺计划中产生的指数型组织方案都能与你的团队和企业兼容。

根据你在开始阶段设定的目标，你会得到以下的某个结果：

如果你所在的企业是业界翘楚，你们怀抱着缔造全新行业的目标，并希望在外部颠覆的浪潮中实现企业的转型升级，那么你的冲刺计划产出的结果就是一系列指数型组织边缘方案和核心方案。一方面，指数型组织边缘方案将产生新一代的组织，成为你所在行业甚至是其他行业的领头羊；而指数型组织核心方案也从另一个方面帮助你所在的组织适应外部行业的颠覆，包括新的边缘方案带来的颠覆。

如果你所在的企业是一个成熟的企业，希望能够适应外部行业带来的颠覆干扰，那么你的冲刺计划的结果就是一系列指数型组织核心方案。成功地实施这些核心方案之后，你的企业将有能力在未来多年的快速变化中屹立不倒。

如果你是一名企业家或企业构建人员，希望开发一个或是多个指数型组织，从而实现特定行业的转型，这种目标下，指数型组织冲刺计划的结果就是一个或多个边缘方案。这些边缘方案的开发一方面能够帮助你实现目标，另一方面它们有可能带来行业的下一次重大变革。

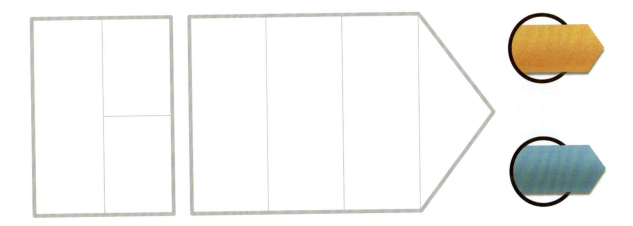

下图提供了一个模板，可用于指数型组织方案成果的定位，方便你总结指数型组织冲刺计划的成果。

如果你开展的是一套完整的指数型组织冲刺计划流程，产出的结果将不仅仅是一系列独立的指数型组织方案，而是一个全新的生态系统。在这个生态系统中，你的组织适应的不仅是行业带来的颠覆，更是你构建的边缘方案所带来的变化。

如果你开展的是指数型组织边缘流程，产出的结果就是一个或是多个随时准备好领导行业的组织。

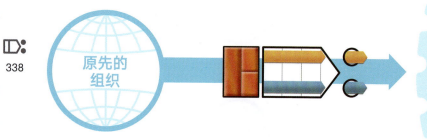

如果你开展的是指数型组织核心流程，产出的结果就是一个能够适应外部颠覆的组织，也是一个随时准备连接到其他生态系统的组织，而这个生态系统可能诞生于你的行业内部。

正如你所看到的，指数型组织冲刺计划不仅使现有组织转型升级，更为整个行业的转型升级做出了贡献！

下一节，我们将为你介绍一些实操建议，帮助你的指数型组织进一步发展，让它迈上更高的台阶。

●●●● 生态系统

┈┈┈┈ 主体组织实现生态系统的自适应

┈┈┈┈ 主体组织适应外部行业所带来的颠覆

你的指数型组织冲刺计划成果

绘制自己的冲刺计划成果图

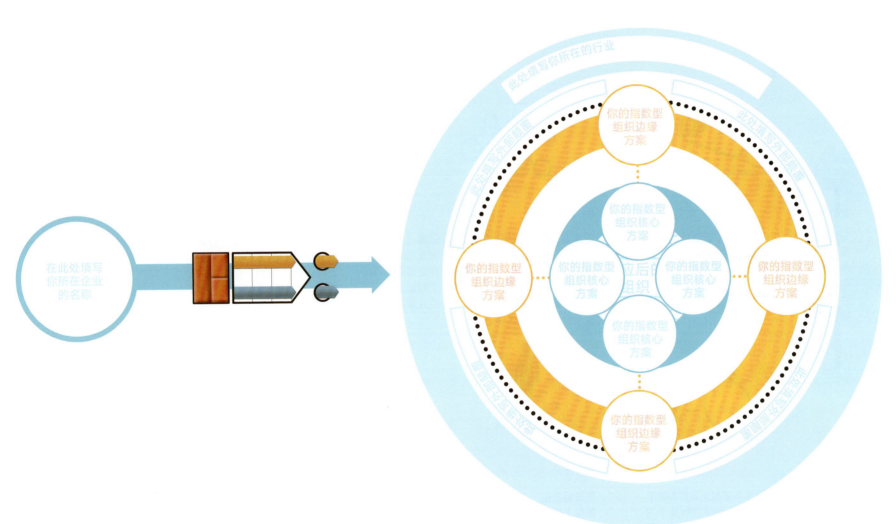

指数型组织边缘方案的实施

要想成功地实施指数型组织核心方案，你需要考虑以下因素：

范围

专注你的最小可行产品，不断迭代，直到实现产品/市场的匹配。当客户中有很大一部分人对你的产品表示满意时，你便能知晓这项任务已经完成。接下来，需要把注意力转向数据的增长，促进市场营销和销售推广。

环境

你需要找到合适的环境或是某些元素（比如创新的生态系统），才能把指数型组织核心方案推向下一个阶段。企业建设师和企业孵化器可以在这方面为你提供帮助。你还需要找到关键的合作者——企业家、投资者以及合作伙伴。

团队

选择一位首席执行官，组建一个团队。从外部的创新生态系统中寻找首席执行官的人选不失为一个很好的方法，因为在一个已建立的组织中，大多数的人都专注于基于执行的方法，而不是基于检索的方法。不要忘记，将一定比例的股权分给初创团队。

资源

将资源分配给与关键里程碑相关联的指数型组织边缘方案。在达成里程碑且重要学习成果得到应用后，更新资源的分配方式。寻求外部的资助，获得第2轮投资也是一个极好的主意。因为，除了能够提供资金上的支持，外部的投资者同样也可以验证你的指数型组织是否具备成功的可能。

支持

在开始之前，请确认你的指数型组织方案获得了公司领导团队的全力支持。每个指数型组织团队必须能够在没有任何干扰的情况下自由运作，新组织的首席执行官有权利和自由完成所有的决策。这有利于避免原有企业的免疫系统对新公司发动攻击，这一点至关重要。

投资回报率

不要给处于早期发展阶段的指数型组织分配投资回报率，因为这些指数型组织在本质上仍是初创企业。事实上，在找到正确的商业模式并实现产品/市场匹配之前，你也无法向他们分配所谓的投资回报率。

指数型组织核心方案的实施

想要在主体组织内部成功开展你的指数型组织核心方案，请你考虑以下因素：

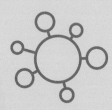

范围

你最先要做的，是在组织的特定范围内或是业务单元内部开展试点项目。接下来，把从试点项目中学到的重要知识应用于实际，实现项目范围的扩展。

环境

在组织内部实现指数型组织核心方案的成长。从指定的"沙箱"，也就是你的试点项目开始，逐步让方案生根发芽，最终枝繁叶茂地扩展到整个组织的每个角落。

团队

指派一名领导，一个参与了指数型组织冲刺计划的员工来监督实施方案的团队。该团队的成员不一定非得参加过该指数型组织的冲刺计划过程。

资源

将资源分配给与关键里程碑相关联的指数型组织边缘方案。在达成里程碑以及重要学习成果得到应用之后，更新资源的分配方式。

支持

在开始之前，请确保你的指数型组织方案获得了公司领导团队的全力支持。

投资回报率

为你的核心方案设定一个投资回报率，并持续关注，但你需要保持期望值的弹性。请你记住，创新项目本身就包含许多假设，因此很难为它设定一个实际的投资回报率，至少在实验阶段完成之前我们无法做到这一点。

完成指数化转型

　　开展指数型组织冲刺计划带来了指数级的成果。它们实现了你所在企业的改造升级，让你的企业能够适应来自外部的颠覆，并对指数技术加以利用。

　　但你还可以走得更高更远！你可以继续完成以下的任务，它们既可以帮助你创立一个新的指数型组织，又可以帮助它实现对全球范围的影响。

技术的应用

　　要想扩大某个事物的规模，唯一的方法就是运用技术获取并管理富足。

　　OpenExO是一个全球性的转型生态系统，它的在线平台提供大量得到认证的指数型组织随需随聘员工（有指数组织教练、指数型组织顾问等）、其他开展冲刺计划的重要资源，以及其他指数型组织服务。不仅如此，OpenExO还提供了一个平台，支持并鼓励冲刺计划的参与者（包括组织的领导者和中层管理人员在内）之间进行不间断的反馈。

重复！

　　无论你是否在外部的帮助下（也就是指数型组织教练和其他相关人员的支持下）开展了指数型组织冲刺计划，在完成第一个冲刺计划之后，你便处于一个优势位置，可以自己开展更进一步的指数型组织冲刺计划。

　　现在，所有冲刺计划的参与者都对指数型组织的模型和如客户开发、设计思维、精益创业等相关的创新方法有了丰富的经验。同样，你也锻炼出了一个团队，团队成员拥有指数型组织必要的知识及思维方式，他们能够帮助你开展或是推动未来可能进行的指数型组织冲刺计划。如果你有需要，同指数型组织教练联系仍不失为一个好主意，但是现在你需要他们帮助的时间可能会比第一次参与冲刺计划时少得多。

　　公司定期开展指数型组织冲刺计划，其目的不仅是为了开发新的方案，更是为了鼓励员工发展，更新员工的技能储备，加深员工对企业文化的理解与认同，最终实现共同进步。

　　将指数型组织冲刺计划的过程融入员工的DNA之后，你自己的团队就具备了管理并领导未来冲刺计划的优秀能力。

　　现在就做好下一次指数型组织冲刺计划的时间安排吧！

03
指数型组织模型
成功案例研究

INTERprotección

 墨西哥城　　⧗ 10周　　👥 36位参与者

INTERprotección是一家位于墨西哥的集团化企业,专注从事高品质的保险经纪、再保险和担保工作。作为一家保险经纪公司,INTERprotección与承保人协商最适宜的条款,致力为客户提供最具经济效益的保险方案。该公司在拉丁美洲拥有5000多家机构客户,业务遍及全球并获得了业界的广泛认可。

在选择进行指数型组织冲刺计划之前,INTERprotección就已经意识到,各个行业都在发生颠覆,保险行业也不例外。在这种意识的驱动下,该公司选择掌握主动权,成为一名颠覆者,而不是坐以待毙。这家公司还意识到,应用新技术和新商业模式,比如说,他们推出了极具颠覆性的B2C商业模式,将使保险行业超越目前的市场,实现指数级的增长。

准备

该公司开展冲刺计划的目标是实现自身组织、所在行业以及相关行业的转型,因此所有的指数型组织方案均专注于保险领域和邻近行业。

INTERprotección的指数型组织冲刺计划开展的时间最早,所以,就指数型组织团队的数量与类型而言,他们当时采用的方法与我们现在推荐的有所不同。事实上,本书介绍的指数型组织冲刺计划正是一本经验和教训的集合,是在INTERprotección等早期团队开展了数次冲刺计划之后的经验结晶。

执行

INTERprotección的指数型组织冲刺计划开始于2016年3月,开展的周期为11周。其中有一周用于冲刺开始阶段的觉醒会议和同步会议,另外的10周用于布置和完成冲刺计划的每周任务。

INTERprotección的首席执行官帕基·卡萨努埃瓦(Paqui Casanueva)是这个冲刺项目的负责人,同时他也亲身参与了这场冲刺计划。他的参与对他的团队而言是一股强大的动力,推动员工改变了心态。

该公司创建了6个团队:其中2个是指数型组织核心团队,专注于公司的主营业务;2个是指数型组织边缘团队,专注于新业务的拓展,希望从新兴的技术中获取灵感;另外2个也是指数型组织边缘团队,同样专注于新业务的拓展,但希望从其他行业的新型商业模式中获取创意。每个团队都配备一名指数型组织教练,弗朗西斯科·帕劳作为主教练,在方法论上为所有的指数型组织教练提供支持,并严密把控冲刺计划的进程。

在这过程中,主要挑战是6个指数型组织团队的管理和协调,因为团队的数量实在是太多了。其中一个突出的问题是留给指数

指数型组织教练

首席教练:
弗朗西斯科·帕劳

教练

肯特·兰利
(Kent Langley)

乔尔·迪茨
(Joel Dietz)

拉尔斯·林·维尔贝克
(Lars Lin Villebæk)

丹尼尔·马科斯
(Daniel Marcos)

迭戈·索罗亚
(Diego Soroa)

勒内·德保拉
(Rene de Paula)

型组织的颠覆会议和之后的方案呈现与批准会议的时间很短，这些团队几乎没有足够的时间展示他们的指数型组织方案。尽管如此，他们的指数型组织团队还是成功地交出令人满意的答卷。INTERprotección是指数型组织冲刺方法的真正先行者，我们利用从中学到的知识对冲刺计划的流程和方法加以改进，这给后来的项目带来了极大的帮助。

成果

这项冲刺计划一共产生了6个指数型组织方案，包括2个核心方案和4个边缘方案。在冲刺过程中，他们还设计建造了一个创新实验室。团队提出的全部方案都得到了进一步的开发，共获得250万美元的资金支持。

总而言之，INTERprotección在冲刺计划的过程中，学会了通过组织内部的渐进性创新和在主体组织外部的颠覆性创新，实现了组织的转型升级。该公司还学到，重要的不仅是生成大量的指数型组织方案（内容），更要设计一个创新实验室（容器）或是找到一个组织外部的企业建设师，这样才能在冲刺计划完成后实现指数型组织方案的进一步开发。

INTERprotección还在当前颠覆的基础上，预见了保险业未来的模样，由此推出的指数型组织方案巩固了他们在业界的领导地位。总而言之，INTERprotección采用了一种"干"中学的方法完成了自身的转型。

最后，INTERprotección的冲刺计划实现了整个组织思维的转变，将具有免疫系统反应型思维的员工转变为具有指数型组织思维的创新者。

方案跟进

指数型组织冲刺计划在不同的维度上都产生了巨大的影响。其中一些方案在推出的几天之内，就为企业创造了数千美元的收益。新成立的创新实验室现在正在进行指数型组织边缘方案的开发，同时也投资企业外部的项目。最后，公司的思维模式也发生了转变，由于在指数型组织冲刺期间经历的密集考验，实现了个人专业的快速发展，大多数冲刺计划的参与者要么得到了提拔，要么被调往新的岗位。

项目赞助人
弗朗西斯科·卡萨努埃瓦（Francisco Casanueva）
INTERprotección首席执行官

当时，我们正处于一个最容易受到颠覆困扰的位置，却不知道变革将从哪里开始。指数型组织冲刺计划给了我们答案。它是我们向前迈进的最有益投资，震撼了我们整个组织。它彻底地改变了我们的企业文化，并打破了组织的界限，为我们开启了一个创新世界的大门。

我们的心态已经发生了彻底的转变，这种转变在无形中敦促我们做最好的自己。我们的所有竞争对手都想知道到底是什么让我们发生了这样的转变。

迪拜水电局

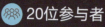

📍 迪拜　⧗ 10周　👥 20位参与者

自1992年以来，迪拜水电局便是迪拜的公共事业单位，负责电力、水力和区域供冷需求的管理。目前，他们共有7条业务线，一共雇用12000名员工，服务B2B和B2C的客户，业务涵盖商业、住宅和工业市场领域。它的年收入约为60亿美元，盈利18亿美元，是海湾地区公认的行业榜样。根据世界银行提供的数据，阿拉伯联合酋长国在全球电力供应的便捷性方面居世界首位，迪拜水电局就是其代表单位。

准备

在2016年，迪拜水电局意识到全球和地方层面的行业变革即将到来。因此，他们决定重新定义自己的创新战略，确保自己不会被激烈的市场竞争淘汰。更重要的是，他们希望通过创新抓住新的机遇，在未来占据行业的领先地位。为此，他们参考了指数型组织的框架，深度开展了指数型组织的工作，成功推动了转型。

迪拜水电局的主要目标是从传统的公用事业企业转变为数字化的、创新驱动的企业。业务的范围包括能源、公用事业、金融、服务和政府的方方面面。

迪拜水电局迫切希望能在企业内部测试指数型组织冲刺计划的方法。在迪拜政府的创新鼓舞下，他们开始尝试，指数型组织冲刺计划就是一个完美的实验渠道，迪拜水电局的所有部门都参与其中。他们的目标是实现行业和组织的转型升级。

执行

迪拜水电局尽可能快地开始了这段非凡的旅程。指数型组织冲刺计划于2016年12月5日在迪拜展开，一直持续到2017年3月12日。

团队

首席教练：
米歇尔·拉皮埃尔

核心团队教练

奥古斯托·法齐奥利（Augusto Fazioli）　埃米莉·西德尼-史密斯（Emilie Sydney-Smith）

边缘团队教练

拉尔斯·林·维尔贝克　米卡尔·莫尼特（Michal Monit）

那时，他们想要加快冲刺前的流程，并且在选定整个领导团队和最终参与者团队之前就开始。然而后来，他们意识到，这些开始前的准备对于冲刺计划的成功而言至关重要。如果下一次再开展这种类型的项目，他们还将选择一年中较为空闲的时候，这样就不需要同大多数冲刺计划的参与者们争抢有限的时间。

成果

指数型组织冲刺计划为不同的部门提供了一个独特的机会，可以在某个共同的目标上开展密切的合作，并体验到它所带来的丰富经历。这段经历还有助于在组织内部发掘未被开发的人才，还能为实验提供机会。

所有团队一共开发出7个方案，它们一起为公司创造了新的商业生态系统。这些项目的开发都基于颠覆性的商业模式，并结合如区块链、人工智能、空气中的水和能源存储等指数型技术。

我们在多个方面均取得了惊人的成果：

● **战略方面**：迪拜水电局是该地区第一个学习指数型组织方法论的组织，成为指数型组织的先行者，并在创新的正确方向上得到了助力。

● **文化方面**：指数型组织冲刺计划为企业引入了高效的协作方式，帮助员工克服了文化上的障碍，并为开发创意和落实解决方案提供了新的方法。

● **个人方面**：指数型组织冲刺计划为员工带来了新的资源，包括内部资源和外部资源。员工对于在何处以及如何实现新兴的技术产生了新的理解。

● **想法方面**：其中一些产生于冲刺计划的方案由研发部门负责开发实施，比如将空气转化为水的方案；还有一些则列入由迪拜政府发起的"迪拜10X颠覆性创新计划"，由他们开发落实。

方案跟进

迪拜水电局在后续的工作中仍然延续着指数型组织冲刺计划中的思想。他们投资了一系列的初创企业，作为迪拜政府加速器项目及其综合研发项目的一部分。

迪拜水电局的员工对创新资源和创新技术有了更高的认识，企业文化也向协作性方向转变，这显然是员工思想和心态转变的结果。

该组织的目标之一是测试一种全新的方法，用新的决策速度创造价值。最终，他们不仅达成了这一目标，还在其他方面显著获益，比如团队协作有所增强，对工作各个方面的新技术和新趋势敏锐地进行了探索。

项目赞助人
马尔万・本・海德尔（Marwan Bin Haider）
迪拜水电局创新和未来项目执行副总裁

指数型组织的方法论为我们创造了一条康庄大道，帮助我们将伟大的想法转化为切实可行的商业机遇。

StanleyBlack&Decker

史丹利百得

📍 北美洲及欧洲 ⏳ 10周

👥 30名参与者

　　史丹利百得总部位于美国康涅狄格州哈特福德市新不列颠，是世界上最大的工具和存储设备公司，第2大电子安全公司，在工程紧固领域也处于世界领先地位。

　　该公司年收入超过120亿美元，在全球范围内拥有约5.8万名员工。其品牌销往全球包括各大主流市场在内的175个国家。由于提供大量的B2C和B2B产品，史丹利百得吸引了广泛的客户群。在过去的10年里，该公司的总收入平均增长了20%。

准备

　　在过去几年里，史丹利百得便已开始努力，希望通过有机增长和收购的方式，在未来5年内收入翻一番。想要实现这样的增长，企业须对新的商业模式持开放的态度，通过使用创新技术，找寻并构建具有高增长机遇的崭新业务。通过指数型组织冲刺计划，史丹利百得看到了这样的独特机遇，可以在其中体验构思和测试想法创意的过程，更重要的是，他们由此开启了具有指数级潜力的方案。

　　史丹利百得希望对组织实施迅速且深刻的变革。他们选择开展4项指数型组织冲刺计划，每项冲刺计划专注于不同的业务单元，以期实现全公司范围的影响。与此同时，他们选择了一些现有的内部项目，与指数型组织孵化伙伴一起加速发展。并且，我们建立了一个内部孵化部门，一个指数学习部门，来协调新的指数型业务。

　　史丹利百得的第一个指数型组织冲刺计划项目开展于安全业务部门，该部门处在一个正面临服务快速商品化的行业。他们冲刺的目标是消除外部颠覆的影响，创建快速增长的全新业务。

执行

　　位于北美洲和欧洲的安全业务部门参与了这项冲刺计划。觉醒会议于2017年8月24日正式开始，之后又经历了10周的执行阶段，到2017年12月12日最终展示完成。

　　学习新的方法，并忘却所在组织原有的实践方式，也就是通常工作的方式，是一个不小的挑战。例如，当团队必须对他们提出的假设进行验证的时候，员工的思维惯性就会表现得很明显。他们会很自

指数型组织教练

首席教练：
露西安娜·莱德斯马
（ Luciana Ledesma ）

核心团队教练

洛朗·布瓦诺
（ Laurent Boinot ）

拉尔夫·巴默特
（ Ralf Bamert ）

边缘团队教练

克里斯蒂娜·M. T.
古特雷斯（Kristina
M. T. Gutierrez ）

爱德华多·拉巴
尔卡（Eduardo
Labarca ）

然地想让第三方来完成这项任务，而不是"跳出自己所在的一方天地"去亲手完成。冲刺计划的重要价值也在于将更为敏捷的工作方式带入日常的工作生活之中。对参与者来说，一个最大的挑战在于保证在指数型组织冲刺计划上投入的时间。学习如何在为组织创造新的价值结构的同时，仍能兼顾日常的业务职能其实异常艰难，但史丹利百得认识到，对于任何一个希望在这个颠覆时代不被行业抛弃的组织而言，这都是一项至关重要的工作。

在领导层的大力支持下，团队成员克服了季度业绩会议与冲刺计划之间的时间冲突，带领参与员工探索未知的领域。公司的领导者在尝试新方法的过程中表现出了强烈的变革意愿和一往无前的勇气，并在整个过程中给予了冲刺计划参与者们坚定的支持。

成果

在冲刺计划的过程中，史丹利百得取得了出色的成绩。许多团队带着方案参加了最终的展示。在最终的展示会议上，提出的8项方案中有7项当场便获得了评审团的认可与资金支持，顺利进入下一个开发阶段。

指数型组织冲刺计划为开拓新市场、解决当前挑战以及运用新兴技术和应用程序创造了机遇。此外，冲刺的过程促进的不仅仅是参与者的思维方式转变，更促进了被冲刺过程所吸引并对冲刺成果感到惊讶的外部员工的思维方式转变。

从这个过程中，史丹利百得学到：

● 组织内部就拥有非常优秀的人才。如果没有这样的机会让他们通过一种敏捷的流程，为公司精心策划，从而创造结构性的价值，这些人才就会一直被埋没。

● 创造的开始阶段似乎有些力不从心，但在参与者的坚持和实践下，他们逐渐获得自信，创新也就变成了一种让人备受鼓舞的体验。

● 创造价值的机会无处不在。

指数型组织冲刺计划的过程和结果均向领导层表明了转型升级的必要性，以及抓住新的机遇从而实现增长的必要性。

方案跟进

指数型组织方案带来的影响十分巨大：新的业务正在启动，核心方案帮助公司在一些领域的效率提高了10倍，收购初创企业也正在探索进行之中，预计这些企业将加快某些指数型组织边缘方案的开发。

从指数型组织冲刺计划的执行过程中，史丹利百得从识别、构建和快速验证指数机遇的能力中获益，从而实现组织对外界环境的适应和增长。他们逐渐形成了一种影响深远的思维模式，从只专注于实现季度目标的单速运营模式转变，现在能够在专注于实现季度目标的同时，利用超级连接和技术驱动所带来的富足创造价值。

现在，史丹利百得正在开展针对另外两个业务部门的冲刺计划项目。

项目赞助人

杰米·拉米雷斯（Jaime Ramirez）
史丹利百得全球新兴市场高级副总裁兼董事长

我们正在利用指数型组织冲刺计划改造我们的整个企业。

惠普宽幅印刷

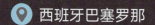 西班牙巴塞罗那 10周

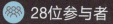 28位参与者

惠普公司针对宽幅印刷业务的指数型组织冲刺计划在西班牙巴塞罗那开始，历时10周。觉醒会议于2017年9月7日举行，并在2017年的12月14日进行方案的最终展示。

惠普的宽幅印刷是宽幅领域毫无疑义的领导者，而且遥遥领先于行业的其他竞争者。惠普已在宽幅领域保持领先长达25年！惠普宽幅印刷服务的客户范围广泛：技术设计（建筑师、设计师、建筑、公用事业、工程师）；生产（房屋再造、复印店、意见回馈文档汇编）；室内外图形制作；平面设计和专业摄影。惠普通过不断创新重塑自我，创造了3D和Latex等新业务。

准备

惠普宽幅印刷的指数型组织冲刺计划持续10周，在第1周开始之前有一周的休息时间，在冲刺完成之前有两周的休息时间。他们的目标是以宽幅印刷设计业务的成功为基础，采用一种出人意料的创新方法，在指数型技术的帮助下，找到探索和提升的方向，并提高企业持续创新的能力。

工作的范围已经确定，重点在宽幅设计领域，变革的目标有两个：一是实现宽幅印刷行业的转型，二是让当前的企业更加灵活，更具有适应性。该公司发现，利用宽幅设计部门的核心竞争力，可以实现多个行业的转型，如制药行业、化妆品行业、印刷行业、通信行业和建筑行业等。

惠普决定从宽幅设计印刷开始转型，因为项目赞助人是公司在创新和新方法应用方面公认的远见者。

执行

惠普公司为指数型组织冲刺计划设定了4个符合企业需求的标准：

1 边缘团队愿意在现有业务核心竞争力的基础上，颠覆其他行业。

2 该公司创建了一个全部成员均为千禧年后出生的"无污染"团队，他们进入公司的时间不超过6个月。

3 该公司邀请来自企业外部的指数型组织顾问参加最终的闭幕会议。

4 该公司在第9周额外开展了一次反馈循环，帮助团队真正利用实验属性，这从根本上改变了他们通常的工作方式。

正如冲刺计划团队成员所料，指数型组织冲刺计划的挑战主要在于让参与者们习惯以往工作方式的改变，适应以周为单位的交付进度，并且引入新的外部视角。

参与者们同样发现，教练的"软技能"，包括同理心、鼓励、再构造等，在支持参与者经历新体验方面很有价值。参与者们还解决了冲刺设计范围过窄的问题，为此，团队引入了更多的参与者。

指数型组织教练

首席教练：
科丽娜·阿尔马格罗
（Corina Almagro）

指数型组织冲刺
计划顾问
弗朗西斯科·帕劳

核心团队教练

索莱达·略伦特
（Soledad Llorente）

托尼·曼利
（Tony Manley）

边缘团队教练

迭戈·索罗亚

米卡尔·莫尼特

成果

　　在冲刺计划结束之时，团队一共提出了以下8个方案（名称未公布），附带详细的实施步骤：

方案1：

● 1个月内委派3名工程师参与该方案的研发。
● 1个月内委派1名产品经理参与该方案的研发。
● 指派技术支持参与该方案的研发。

方案2：

● 得到5万美元的资金支持，继续方案的开发。
● 指派技术支持参与该方案的研发。

方案3：

● 得到2万美元的资金支持，继续方案的开发。
● 1个月委派1名该领域的专家参与该方案的研发。
● 1个月内委派50%的产品经理和50%的客户体验人员参与该方案的研发。
● 指派技术支持参与该方案的研发。

方案4：

● 得到5万美元的资金继续研发。
● 团队分配，投入25%的资金。

方案5：

● 寻找外部的企业建设师或企业家，挑战1个月内实现方案。
● 预期在1个季度内完成决策。

方案6：

● 在现有产品线上开发新产品的功能。
● 30%的客户体验人员和30%的研发。

方案7：

● 与现有产品合并。

方案8：

● 1周内向不同的业务部门汇报。

方案跟进

　　最后的成果非同凡响。在组织的整体方面，产生了以下变化：

● 执行更加敏捷。组织逐渐远离对尽善尽美的追求，转而重视想法变现的速度。

● 企业的文化开始重视客户的远见。企业开始针对文化的实验（客户开发和快速原型）。

● 对外公开的业务。例如，指数型组织的顾问将定期（每月一次或两次）检查方案的进展情况。

● 将"颠覆"这以词汇纳入战略会谈，在这之前，这个词汇是一个禁忌。

● 深入了解颠覆技术和指数型组织属性。

● 创造新的机会并探索新的想法，将指数型组织的理念融入了公司当前的创新流程。

　　现在，其他业务部门也已经跟上步伐，开展自供应的指数型组织冲刺计划，他们的内部协调员由曾经参与过惠普公司冲刺计划的员工担任。

项目赞助人

吉耶特·圣马丁
(Guayente Sanmartin)

惠普公司宽幅印刷业务总经理

我看到的最重要的是企业文化的转变。

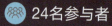

Grupo Cuerva

📍 西班牙格拉纳达   ⏳ 10周

👥 24名参与者

从2017年10月开始，Grupo Cuerva 的指数型组织冲刺计划在西班牙格拉纳达开展，为期10周。

Grupo Cuerva在电力行业已经活跃了75年，负责电力生产、分配和销售的监管，同时还参与电力设施的建构和维护。

除此之外，该公司还有一个颠覆创新的"边缘实验室"，名为"逆转"（Turning Tables）。该项目开始于几年之前，目标是为能源行业孵化新一代业务。

Grupo Cuerva雇用的员工约有80人，涵盖了该组织所有部门的共约30%的员工，他们参与了这场指数型组织冲刺计划。

准备

能源行业正面临着诸多动荡，这些动荡最终将改变这个行业。这场变革的程度之深让人难以想象，也许10年之后人们使用的电力将成为免费的公共资源！考虑到这个行业将产生的结构性变革，Grupo Cuerva的主要目标是将企业转变为一个以创新为中心的组织。他们的目标不仅是实现电力行业的转型，也要实现企业的转型。为此，边缘流程的设计能够用于任何部门，无论它涉及的市场是否与电力相关。

执行

这个项目由首席执行官伊格纳西奥·库埃瓦（Ignacio Cuerva）领导，他为本书提供了提纲（当时还出于起草阶段），这份提纲是我们的行动指南，帮助我们取得了巨大的成功。

Grupo Cuerva的冲刺计划项目包含4个团队，两个核心团队和两个边缘团队，每个团队由5个人组成。帕基·鲁维奥（Paqui Rubio）是核心团队的指数型组织教练，同时她也是一名参与到边缘团队中的成员。"逆转"项目的首席执行官阿尔弗雷多·里韦拉（Alfredo Rivela）担任两个边缘团队的指数型组织教练，而弗朗西斯科·帕劳则担任这场冲刺计划的首席教练，每当这两位指数型教练对方法论有任何问题时，他都提供相应的支持。

指数型组织教练

首席教练
弗朗西斯科·帕劳

边缘团队教练
阿尔弗雷多·里韦拉

核心团队教练
帕基·鲁维奥

成果

方案呈现与批准会议上，参与者们提出了10个方案：其中5个来自核心团队，5个来自边缘团队。库埃瓦带领的领导团队从中选出了8个方案，为下一阶段的开发提供了资金。这些指数型组织核心方案直接并入企业内部的创新部门，而Grupo Cuerva的"逆转"创新实验室则负责指数型组织边缘方案的开发。

虽然对最近开展的方案进行汇报还为时尚早，但该组织作为一个整体，它的心态已经出现了完全的变化，那些参加了冲刺计划的员工在尝试新事物的时候怀有强烈的使命感，并怀抱着宏大目标，要领导行业的转型升级。

方案跟进

指数型组织边缘方案中有两个最有可能催生出两家新公司，而另外的两个将成为颠覆创新实验室生态系统的一部分，该生态系统是作为实施合作伙伴的"逆转"实验室启动的。Grupo Cuerva的指数型组织核心方案主要集中在数字转型，包括新工作角色的设计，例如数据科学家。与此同时，核心方案也帮助主体企业更能适应来自清洁能源的颠覆。

这项指数型组织冲刺计划所面临的最大挑战是员工所需的投入程度。要解决这个挑战，需要管理层始终明了，员工需要将超过50%的时间投入到冲刺计划之中。然而，从最终的出色成果来看，来自公司首席执行官的大力支持以及冲刺计划参与者的高度热情，让整个项目成为每个人的一段美好回忆。

值得一提的是，这项冲刺计划的参与者们十分重视他们的新型思维方式，也就是聚焦实验，并在早期阶段与客户接触。他们目前正在试着将这种新的思维方式应用到日常工作中去。

有1/3的员工参与了这项冲刺计划，指数型组织冲刺计划是一个巨大的承诺，它实现了企业文化的转型并且定义了成员们原本以为不可能成功的事情。现在，许多员工都采用了这种转型的变革心态，在日常的基础上创造并测试新的假设已经成为他们工作生活的新"常态"。

项目赞助人

伊格纳西奥·库埃瓦
Grupo Cuerva首席执行官

我们的公司现在知道自己该如何准备，才能很好地应对下一次行业的颠覆。与此同时，我们也储备了一支准备充分的团队，面对变革，他们已经摩拳擦掌，跃跃欲试。

附录

指数型组织研讨会

指数型组织研讨会是一个为期一天的活动，旨在帮助冲刺计划的参与者理解指数型组织的框架，并获得框架实践的经验。它可以单独为一个企业开展，也可以作为多个企业共同组织的活动。研讨会之后，参与的企业便可以实施完整的冲刺计划过程，从而实现真正的组织变革。

在一次指数型组织研讨会上,你将达成何种目标?

- 用指数型技术和组织的转型激发参与者的潜在力量。
- 成员理解组织内部变革的必要性。
- 了解指数型组织模型及其属性。
- 了解指数型组织冲刺计划将通过何种方式实现组织的变革。
- 认识创新和颠覆之间的区别,并了解实现两者的方法。

有哪些是在一次指数型组织研讨会上无法达成的?

- **行为上的转变。**指数型组织冲刺计划为期10周,最终在参与者中产生一种新的心态。你无法在指数型组织研讨会中看到相同的行为转变,但是它将激发参与者的积极性,学习并理解指数型组织方法论的工作原理。
- **产生成熟的指数型组织方案。**虽然通常情况下,指数型组织研讨会将产生很棒的想法,但它不会帮助组织做好实现这些想法的准备。即使你的组织进行这样的尝试也会失败,最终造成挫折和不满。事实上,成员的想法并非转型过程中最重要的部分。至少在最初的阶段,更重要的是理解如何抑制企业免疫系统的反应(在变革的迹象出现时,企业的免疫系统就开始工作了),并为企业领导层决定开展的内部转型做好准备。

谁应该参加?

- **领导团队:**因为,指数型组织研讨会的主要目标是在组织内部形成转型的意识,并了解指数型组织的框架能够提供何种帮助。因此,领导团队的参与十分必要。首席执行官和其他执行团队的成员(包括首席信息官、首席技术官,甚至首席财务官)是抵御企业免疫系统的第一道防线。
- **中层管理人员:**你可能也想邀请中层管理人员了解指数型组织的框架(特别是在研讨会仅针对一家企业开展的情况下)。然而,他们参与研讨会并不像在冲刺计划中那样是强制性的(因为中层经理人是执行指数型组织方案的人,而方案正产生于指数型组织冲刺计划)。

内容

研讨会一般为期一天，也可以是半天，但我们通常推荐一天。参与者能通过研讨会对指数型组织模型进行探索，并从中获得一个契机，对指数型组织的框架以及关键概念进行实验。

指数型技术学习会议

与冲刺计划中的觉醒会议类似，指数型组织研讨会的第一阶段介绍的是前沿的指数型技术及它们对各行各业的影响。

案例研究举例

为了给参与者提供具体的情境，我们研究了所有操练方式的案例，为的是探索企业的商业模式及其他相关信息。

指数型技术操练

参与者就哪些技术可能影响研究案例所在的行业进行了头脑风暴。每个团队至少提出3种可能会威胁到该行业的技术，并探讨每种技术将对案例企业带来的各种风险和机遇。

指数型组织学习会议

介绍指数型组织的框架，让大家了解这个模型将使他们所在的组织跟上行业的变革，并且帮助组织充分利用指数型技术所带来的富足。

指数型组织操练

参与者将思考，如何将指数型组织的属性应用到研究的案例之中，才能帮助企业与富足相连，并实现对富足的有效管理。

指数型组织执行学习会

概述如何运用10周的指数型组织冲刺计划，来实现指数型组织的框架。除此之外，研讨会还详述指数型组织核心方案和边缘方案之间的区别。

指数型组织核心/边缘方案操练

参与者在案例研究中思考不同类型的指数型组织核心方案和边缘方案。

汇报及接下来的步骤

在研讨会的总结结束之后，参与者将明确他们的主要收获并确定接下来的步骤。

> 指数型组织研讨会提供了一个完美的环境，帮助参与者将对指数转化转型的认识与理解提升到一个新的高度！

筹备

- 认真地筛选指数型组织研讨会的参与者。如果能把首席执行官和尽可能多的领导团队成员邀请到研讨会中是最好的（根据这场研讨会的性质，参与者可能来自同一家企业，也可能来自多家企业）。因为他们在研讨会之后，将成为冲刺计划的后续跟进人员，而后续跟进关系到转型的成功与否。邀请组织上下的中层管理人员参与到这场研讨会中来也十分必要。

- 参与者组成不同的团队。团队的数量会影响研讨会的动态，因为所有团队都会在每次练习之后展示他们的成果。所以，我们推荐团队的数量在4～6个为宜，每个团队由4～8人组成。研讨会的参与总人数为16～48人。

- 如果想要创造一个受大家欢迎并能鼓舞人心的环境，你需要寻找一个开阔的场地，自然采光，再布置一些生机勃勃的植物。除此之外，你还需要为展示的人员准备一个舞台，为每个团队准备一张大圆桌。

执行

- **工作人员**：指数型组织研讨会由一位指数型组织培训师负责流程的组织推进，他熟悉指数型组织的框架并富有研讨会流程推动的经验。如果你希望在团队进行操练的时候能够得到额外的支持和帮助，选择一个第三方人员监督整个过程也不错。

- **流程**：指数型组织研讨会的特色是专门讨论关键的概念，然后对这些概念进行实践操练，从而帮助参与者将这些概念付诸行动。研讨会有足够长的时间让所有团队对结果进行展示，同时也能让指数型组织的培训师对成果进行反馈和答疑。

后续跟进

- 指数型组织研讨会帮助与会者了解指数型组织的框架将以何种方式帮助他们的组织实现成功的转型。指数型组织冲刺计划的开展是自发的结果，冲刺计划将帮助参与者管理公司的免疫系统，构建内部功能，从而实现成功的转型。

有益的实践

- 在指数型组织研讨会上，选择一个不同于你所在公司的组织作为案例来研究。如果用你所在的组织作为案例进行研究的话，将鼓励参与者相信自己在操练中提出的指数型组织方案已经可以准备实施，然而事实并非如此。

- 在选择研究案例时，请你找找B2C的商业模式。以消费者为中心的业务为众人所熟知，因此在应用指数型组织的框架时能更容易让大家理解。选择一家每个人都能轻易与之产生联系的企业也是个好主意，比如某个零售商、航空公司、汽车公司或是银行。

- 鼓励实验和学习。指数型组织研讨会允许参与者利用指数型组织的框架开展实验，它提供了一种"干"中学的方法。由此，与会者应该能够猜到，研讨会操练的目的不是产生一个完美的结果，而是践行指数型组织框架内的关键元素。

361

针对冲刺计划中不同角色的温馨提示

经验永远是最好的老师，这也是我们采访数百名冲刺计划亲历者并收集他们的建议的原因。现在，正如你所知，指数型组织冲刺计划是一个强大的方法，可以实现你所在组织的转型升级。接下来你将看到一些建议，它们能帮助你实现企业的转型和提升！

指数型组织冲刺计划赞助人

- 指数型组织冲刺计划赞助人应该由组织内部职位最高的人担任，如首席执行官、总经理，或者至少是冲刺计划针对的业务部门的副总裁。

- 赞助人应该对冲刺计划感到兴奋，并相信它所能创造的价值。他也应准备好足够的时间，以跟踪冲刺计划的进展，其中包括用高质量的时间倾听每个小组的汇报，并提供支持。

- 与指数型组织首席教练一起设定冲刺计划的目标与期望，并将这些目标与期望传达给所有冲刺计划的参与者。

- 请你记住，指数型组织冲刺计划可能会让参与者们感到沮丧且不知所措，特别是在前半部分。这是正常的情况，因为他们在这个过程中将以不同于以往的方式工作，所以需要一些时间来适应。

- 花些时间寻找合适的冲刺计划参与者，并确保他们能够为冲刺投入足够的时间。

- 创建一个由年轻人组成的团队，他们在公司的时间最好不要太长，行业的经验也不要太丰富，这样，他们才能为指数型组织方案的构思和开发进程带来新的思路。

- 你自己也应直接参与到冲刺计划当中去。选择这样做的首席执行官们都称那是一段令人惊讶的学习和团队建设经历。你的直接参与还将使冲刺计划的成果最大化。

- 与冲刺计划的参与者充分沟通，让他们明白，在冲刺计划的过程中无所谓输赢，最重要的是遵循冲刺计划的各项流程并尽自己的最大努力。这种理解将帮助他们免受挫败感之苦。例如，他们提出的方案可能在指数型组织颠覆会议后便被叫停。

- 选择正确的冲刺计划项目执行团队。认真选择优秀的指数型组织发言人和指数型组织培训师，因为他们能够利用冲刺计划内在的无限可能震撼冲刺计划参与者们的心灵。选择的指数型组织教练要专门接受过冲刺计划方法论的培训。

- 请提前确认你们准备了充足的资金预算，能够在方案呈现与批准会议后，给被选中的指数型组织方案提供足够的资金支持。在指数型组织冲刺计划结束后的几个月里，最好对选出的方案进行直接的管理，以保持团队的势头，从而获得最大效益。

指数型组织边缘团队参与者

指数型组织核心团队参与者

指数型组织冲刺计划参与者

● 要意识到在你的企业之外，有很多事情正在发生，而且其中不少都与你的业务相关。你要对这些处于发展中的事物展开探索，并充分利用它们！

● 从一开始就保持开放的心态。不管最初的想法或实验是否太过于疯狂，在这个过程的结尾，你将会收获一些东西，它们弥足珍贵。

● 不要执着于任何一个想法，要乐于改变。你要记住，最好的想法来自迭代。不要让你的自我牵涉其中！

● 接受并适应让你不舒服的改变。对冲刺计划保持全程的信任。这个过程有一部分就是让你学习如何使用新的管理和创新方法，所以你有任何不确定和不明白都很正常，尤其在指数型组织冲刺计划的前半部分。学习是你完成指数型组织冲刺计划的一个重要组成部分。

● 投入足够多的时间，因为只有当你把时间投入其中，你才能从中获得想要的收益。所以，每天请至少安排两个小时与你的团队见面，并独自完成指派的任务。设定每天的工作里程碑、每周的优先事项和优先的任务。

● 利用这个能够同其他部门同事一起工作的机会，他们有着与你不同的工作经验。与他们建立联系，并从中学习。这将对你的个人和职业发展产生积极的作用。

● 寻找那些哪怕只能提供很小贡献的人，如负责实物模型建造、原型构建、实施调查等的人，因为他们也能为你方案的成功贡献自己的绵薄之力。

● 与指数型组织从业者和指数型技术专家就你的方案进行头脑风暴，并仔细思考他们的意见。

● 指数型组织冲刺计划是一个理想的空间，在其中你可以大胆展望，并在企业内外产生一定影响。所以请义无反顾，勇往直前！

● 指数型组织冲刺计划的过程改变的不仅是你的组织，更将改变作为参与者的自己。所以，请你做好准备，用指数型的思维方式思考生活的方方面面。尽情地享受这段奇妙的旅程吧！

指数型组织首席教练

指数型组织首席教练

- 了解指数型组织冲刺计划的项目目标，并理解赞助人对此的期望。力求最终的成果能够超越原有的目标与期待。
- 在指数型组织冲刺计划开始之前，同赞助人合作，在优化团队成员和团队组成方面给予相应的支持与帮助。
- 每周与指数型组织冲刺计划的赞助人会面一次，确保他们对冲刺计划的进展感到满意，同时解决可能影响最终成果的问题。
- 与所有指数型组织教练保持每周的联系，了解冲刺计划的进展情况，听取他们对前一周方案进展情况的汇报，并让所有人做好下周的准备。
- 在每周结束的时候，参加所有团队的周会，回顾他们的任务进展情况。

- 给指数型组织教练留点空间。当涉及对团队的指导时，避免自己扮演教练的角色，而应该在教练需要你的时候给予支持。
- 确保冲刺计划的参与者充分参与这场冲刺计划，并对此感到兴奋，还要确保他们得到了来自冲刺计划赞助人的必要支持。
- 给予冲刺计划参与者和指数型组织教练情感上的支持，并在学习过程中营造有趣的氛围，帮助他们释放紧张的情绪，让他们能够享受冲刺计划的整个过程。
- 尽快发现任何与免疫系统相关的问题，并与冲刺计划的赞助人合作解决问题。
- 确保冲刺计划的支持软件及时到位。

365

指数型组织教练

指数型组织教练

- 确保你的团队没有开发出明显不符合公司利益的指数型组织方案。根据实际的需要，按照指数型组织首席教练明确的范围对他们进行及时的引导。
- 避免从内容的角度对团队进行指导，例如自己提出或评估想法。相反，应该从过程的角度引导团队，帮助成员完成指定的任务并开展适当的实验来对他们的想法进行评估。
- 连点成线。每周的任务都建立在前一周的基础之上。因此，确保你的团队是构建在从前基础之上的。
- 让你的团队保持指数型的思维模式。
- 推进你的团队在"探索模式"下开展实验，避免让他们在"执行模式"下运作。

- 每周检查他们的学习成果，无论是从指数型组织方案的角度还是从个人成长的角度。
- 永远不要替你指导的团队完成任何任务。你的工作是引导，而不是代劳。
- 向你的团队征求反馈意见，这可以帮助你改进自己的指导方式。
- 永远保持在线的状态！永远不要让你的团队成员联系不上你。比起和他们在一起的实际时间，更重要的是让他们能够随时随地寻求你的帮助。
- 人性化管理。记住，现在你打交道的对象是人类，他们有血有肉有感情。所以，要控制好团队内部的各种动态变化，这样才能帮助你解决过程中任何可能出现的矛盾。

指数型组织颠覆者

指数型组织
颠覆者

- 在颠覆会议开始之前，及时了解企业的大致情况和冲刺计划的具体目标，这能让你在之后的颠覆会议中给出更符合实际的反馈。

- 在参加颠覆会议之前，先自己了解所在行业的其他初创公司和行业内存在的颠覆。这样的研究将提高你提供有力洞见的能力。

- 以书面的形式为每个团队提出的每个指数型组织方案写下所有反馈，并在每个团队展示之后口头分享反馈的关键内容。你也可以选择在颠覆会议和方案呈现与批准会议之后向团队发送更为完整全面的评估报告。

- 反馈应从积极的方面开始，先赞许团队为方案的构建所做出的贡献。接着，用简明直接的语言告诉他们可以从哪些方面对方案做出改进。

- 提供以过程为导向的反馈与指导，遵循指数型组织的框架。比如说，帮助团队成员明确哪些属于指数型组织核心方案，哪些属于指数型组织边缘方案，以及这些概念背后蕴含的深意。

- 根据你在特定领域的专业知识和丰富经验，向团队成员提供针对内容的反馈和输入。请你记住，如果你提供的是针对内容的输入，你必须说明这只是你的一家之言，你的评论和反馈同样也是需要检验的假设。

- 鼓励团队用指数型的思维方式进行思考。

- 对于指数型组织边缘方案而言，你需要评估这些方案是否"合适"，并思考它们是否具有颠覆性和可扩张性。

- 针对指数型组织的核心方案，评估它们是否"合适"。它们是否在不对原有商业模式做大刀阔斧改革的前提下改进了当前的商业模式？是否帮助组织适应了来自外部行业的颠覆？

- 为团队提供下一步的建议，例如开展某个特别的实验，构建某个原型。并告诉团队成员在冲刺计划结束的时候，你希望从他们的方案中得到什么成果。

推荐阅读

《富足》（*Abundance*），彼得·戴曼迪斯（Peter Diamandis）、史蒂芬·科特勒（Steven Kotler）著

《蓝海战略》（*Blue Ocean Strategy*），W. 钱·金（W. Chan Kim）、勒妮·莫博涅（Renée Mauborgne）著

《创业无畏》（*Bold*），彼得·戴曼迪斯（Peter Diamandis）、史蒂芬·科特勒（Steven Kotler）著

《商业模式新生代》（*Business Model Generation*），亚历山大·奥斯特瓦德（Alexander Osterwalder）、伊夫·皮尼厄（Yves Pigneur）著

《跨越鸿沟》（*Crossing the Chasm*），杰弗里·摩尔（Geoffrey A. Moore）著

《指数型组织》（*Exponential Organizations*），萨利姆·伊斯梅尔（Salim Ismail）、迈克尔·马隆（Michael Malone）、尤里·范吉斯特（Yuri van Geest）著

《四步创业法》（*The Four Steps to the Epiphany*），史蒂夫·布兰克（Steve Blank）著

《最小可行产品：获得最小可行产品的21条建议与Scrum的初级学习和投资回报》（*MVP: 21 Tips for Getting a Minimum Viable Product, Early Learning and Return on Investment With Scrum*），保罗七世（Paul VII）著

《乔布斯的魔力演讲》（*The Presentation Secrets of Steve Jobs*），卡迈恩·加洛（Carmine Gallo）著

《演说之禅》（*Presentation Zen*），加尔·雷纳德（Garr Reynolds）著

《重塑组织》（*Reinventing Organizations*），弗雷德里克·莱卢（Frederic Laloux）著

《设计冲刺》（*Sprint*），杰克·纳普（Jake Knapp）、约翰·泽拉茨基（John Zeratsky）、布拉登·科维茨（Braden Kowitz）著

《像TED一样演讲》（*Talk Like TED*），卡迈恩·加洛（Carmine Gallo）著

《第四次工业革命》（*The Fourth Industrial Revolution*），克劳斯·施瓦布（Klaus Schwab）著

《精益创业》（*The Lean Startup*），埃里克·莱斯（Eric Ries）著

《妈妈易用测试》（*The Mom Test*），罗伯·菲茨帕特里（Rob Fitzpatrick）著

367

《第二次机器革命》（*The Second Machine Age*），埃里克·布莱恩约弗森（Erik Brynjolfsson）、安德鲁·麦卡菲（Andrew McAfee）著

《服务创业：设计思维精益化》（*The Service Startup: Design Thinking gets Lean*），坦尼·皮涅罗（Tenny Pinheiro）著

《创业者手册》（*The Startup Owner's Manual*），史蒂夫·布兰克（Steve Blank）、鲍勃·多夫（Bob Dorf）著

《价值主张设计》（*Value Proposition Design*），亚历山大·奥斯特瓦德（Alexander Osterwalder）、伊夫·皮尼厄（Yves Pigneur）等 著

未来，属于终身学习者

我这辈子遇到的聪明人（来自各行各业的聪明人）没有不每天阅读的——没有，一个都没有。巴菲特读书之多，我读书之多，可能会让你感到吃惊。孩子们都笑话我。他们觉得我是一本长了两条腿的书。

——查理·芒格

互联网改变了信息连接的方式；指数型技术在迅速颠覆着现有的商业世界；人工智能已经开始抢占人类的工作岗位……

未来，到底需要什么样的人才？

改变命运唯一的策略是你要变成终身学习者。未来世界将不再需要单一的技能型人才，而是需要具备完善的知识结构、极强逻辑思考力和高感知力的复合型人才。优秀的人往往通过阅读建立足够强大的抽象思维能力，获得异于众人的思考和整合能力。未来，将属于终身学习者！而阅读必定和终身学习形影不离。

很多人读书，追求的是干货，寻求的是立刻行之有效的解决方案。其实这是一种留在舒适区的阅读方法。在这个充满不确定性的年代，答案不会简单地出现在书里，因为生活根本就没有标准确切的答案，你也不能期望过去的经验能解决未来的问题。

湛庐阅读APP：与最聪明的人共同进化

有人常常把成本支出的焦点放在书价上，把读完一本书当做阅读的终结。其实不然。

时间是读者付出的最大阅读成本

怎么读是读者面临的最大阅读障碍

"读书破万卷"不仅仅在"万"，更重要的是在"破"！

现在，我们构建了全新的"湛庐阅读"APP。它将成为你"破万卷"的新居所。在这里：

- 不用考虑读什么，你可以便捷找到纸书、有声书和各种声音产品；
- 你可以学会怎么读，你将发现集泛读、通读、精读于一体的阅读解决方案；
- 你会与作者、译者、专家、推荐人和阅读教练相遇，他们是优质思想的发源地；
- 你会与优秀的读者和终身学习者为伍，他们对阅读和学习有着持久的热情和源源不绝的内驱力。

从单一到复合，从知道到精通，从理解到创造，湛庐希望建立一个"与最聪明的人共同进化"的社区，成为人类先进思想交汇的聚集地，共同迎接未来。

与此同时，我们希望能够重新定义你的学习场景，让你随时随地收获有内容、有价值的思想，通过阅读实现终身学习。这是我们的使命和价值。

湛庐阅读APP玩转指南

湛庐阅读APP结构图：

三步玩转湛庐阅读APP：

读一读 ▼

湛庐纸书一站买，
全年好书打包订

书城

听一听 ▼

泛读、通读、精读，
选取适合你的阅读方式

扫一扫 ▼

买书、听书、讲书、
拆书服务，一键获取

扫一扫

APP获取方式：

安卓用户前往各大应用市场、苹果用户前往APP Store
直接下载"湛庐阅读"APP，与最聪明的人共同进化！

使用APP扫一扫功能，
遇见书里书外更大的世界！

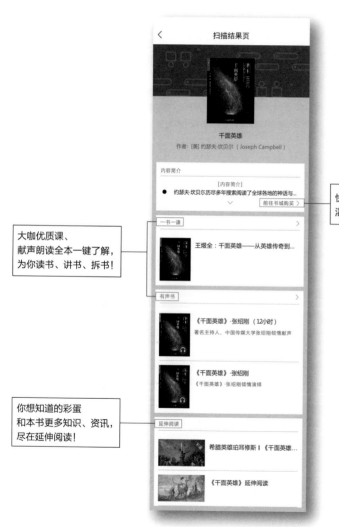

大咖优质课、
献声朗读全本一键了解，
为你读书、讲书、拆书！

你想知道的彩蛋
和本书更多知识、资讯，
尽在延伸阅读！

快速了解本书内容，
湛庐千册图书一键购买！

延伸阅读

《指数型组织》

◎《指数型组织》是一本指数级时代企业行动手册。作者奇点大学创始执行理事萨利姆·伊斯梅尔归纳了指数型组织的 11 个强大属性，并提出了建立指数型组织的 12 个关键步骤。

◎ 为什么小米、海尔和阿里巴巴能进入"指数型组织世界 100 强"名单？"独角兽" Uber、Airbnb、谷歌等知名企业是如何指数化自己的组织的？

《创业无畏》

◎ 您是否有大胆的商业梦想？您是否想把一个好主意快速转化为一家市值几百亿甚至几千亿元的公司？《创业无畏》不仅分享了成功创业家的真知灼见，更为我们绘制了一幅激情创业的行动路线图！一次针对语言与思想之间的关系深刻的论述。

◎ 掌握指数级增长的 6D 框架，读懂指数型发展路线图，开发出简洁而优美的用户界面，读懂《创业无畏》，你就获得了颠覆世界的力量。你完全可以开创一项过去连想都不敢想的事业，因为大众可以成为你的员工或投资人，甚至是问题解决者。

《富足》

◎ X 大奖创始人、奇点大学执行主席彼得·戴曼迪斯震撼之作！

◎ 实现生活富足是人类的挑战，《富足》告诉我们应该怎样奋起迎接这个挑战。戴曼提斯以丰富而有力的证据告诉我们：指数型增长的技术、"DIY"创新者、科技慈善家和崛起中的 10 亿人是实现人类富足的 4 大力量，未来比我们想象的更美好。

《绝地谈判》

◎ 国际权威谈判机构施汉纳谈判学院创始人马蒂亚斯·施汉纳多年绝地谈判的经验凝练。这是一本不可多得的谈判指南，也是一个充满谈判技巧的工具箱。

◎《绝地谈判》提供了 7 大谈判原则，5 种谈判策略，10 种谈判战术，28 个谈判小贴士，助你掌控谈判。

EXPONENTIAL TRANSFORMATION by Francisco Palao, Michelle Lapierre and Salim Ismail

Copyright © 2018 by Francisco Palao, Michelle Lapierre and Salim Ismail

Simplified Chinese translation copyright © 2019 by Cheers Publishing Company

Published by arrangement with authors c/o Levine Greenberg Rostan Literary Agency through Bardon-Chinese Media Agency

All rights reserved.

本书中文简体字版由作者授权在中华人民共和国境内独家出版发行。未经出版者书面许可，不得以任何方式抄袭、复制或节录本书中的任何部分。

版权所有，侵权必究。

图书在版编目（CIP）数据

指数型组织实施手册 /（西）弗朗西斯科·帕劳，
（加）米歇尔·拉皮埃尔,（加）萨利姆·伊斯梅尔著;
黄静译 . —杭州：浙江人民出版社，2019.10
　书名原文：Exponential Transformation
　ISBN 978-7-213-09460-6

Ⅰ.①指…　Ⅱ.①弗…②米…③萨…④黄…
Ⅲ.①公司—企业管理—手册　Ⅳ.① F276.6-62

中国版本图书馆 CIP 数据核字（2019）第 196982 号

浙江省版权局
著作权合同登记章
图字：11-2019-206 号

上架指导：趋势 / 创新管理 / 经营管理

版权所有，侵权必究
本书法律顾问　北京市盈科律师事务所　崔爽律师
　　　　　　　　　　　　　　　　　　张雅琴律师

指数型组织实施手册

［西］弗朗西斯科·帕劳 ［加］米歇尔·拉皮埃尔 ［加］萨利姆·伊斯梅尔　著
黄静　译

出版发行：浙江人民出版社（杭州体育场路 347 号　邮编　310006）
　　　　　市场部电话：（0571）85061682　85176516
集团网址：浙江出版联合集团　http://www.zjcb.com
责任编辑：方　程
责任校对：戴文英
印　　刷：北京盛通印刷股份有限公司
开　　本：889mm×1194mm 1/16　　　印　　张：24
字　　数：536 千字　　　　　　　　　插　　页：1
版　　次：2019 年 10 月第 1 版　　　印　　次：2019 年 10 月第 1 次印刷
书　　号：ISBN 978-7-213-09460 6
定　　价：139.90 元

如发现印装质量问题，影响阅读，请与市场部联系调换。